머리말

행정학 분야의 여러 교과목 중에서 계량행정은 강의 전달면에 있어서 매우 독특한 성격을 가지고 있다고 생각된다. 주요 내용에 있어서 수학을 기초로 하고 있다는 특징과 배운 내용을 적용하기 위한 훈련이 많이 필요하다는 특성이 그것이다. 오랜 강의 경험을 거치면서 이 두 가지 문제를 극복하기 위한 시도를 많이 하였는데 결코 쉽지 않았으며 지금도 크게 개선된 점은 많지 않다고 생각된다. 하지만, 조금씩 쌓인 노하우를 바탕으로 이 문제들을 해결하는 데 기여히 보자는 것이 본서 집필의 가장 큰 동기가 되었으며 그러한 방향으로 구성하고자 노력하였다.

먼저, 수학에 익숙하지 않은 사회과학도들이 쉽게 이해하도록 하기 위하여 첫째, 통계에 관한 복잡한 수학공식 설명을 최대한 줄이도록 노력하였다. 대신에 통계 전반에 흐르는 원리를 설명하고자 하였다. 통계를 크게 기술통계와 추론통계로 나누고 "기술통계는 요약이다"라는 점을 부각하는 방향으로 정리하였다. 추론통계 부분은 제 계량기법들이 구체적인 계산방법이나 원리는 다르지만 '관계의 유무 검증'과 '관계의 강도에 관한 지표'라는 공통점으로 전체를 꿰어보려 노력했다.

둘째, 너무 방법에 집착하면 내용면에서 공허해지기 쉬운데, 이러한 문제를 극복하기 위하여 손에 잡히는 내용을 조금은 설명하고자 했는데 이것이 "제4장 주요 행정변수의 측정사례" 부분을 추가하는 것이었다. 행정이 어떤 변수들로 구성되어 있는지를 개략적으로라도 알면 접근하기 좀 더 쉽고 계량분석 방법에 대한 이해도 구체화될 수 있다는 생각에서 최근 행정학계에서 많이 사용하고 있는 개념과 변수들을 간략히 정리하였다.

셋째, PSAT 과목 중에 하나인 자료해석 부분을 추가하였다. 고도의 수학적 기법을 사용하는 계량기법들을 설명하는 것만이 계량행정의 목표는 아니라고 생각되며 간단한 분석방법으로 자료를 해석하고 응용하는 훈련을 하는 것이 더 일상 업무에 많은 도움을 주리라는 기대에서 자료해석을 추가하였다.

다음으로, 계량행정 지식을 적용하고 활용하는 연습을 많이 하도록 하기 위하여 첫째, 고가의 통계 패키지를 사용하는 것보다 쉽게 접할 수 있는 엑셀을 활용하여 분석할 수 있도록 사용법을 설명하는 것이다. SPSS의 경우 마우스 클릭 몇 번만으로 통계처리를 수행할 수 있도록 편리하게 되어 있지만 전문프로그램이다 보니 너무 많은 메뉴와 옵션들이 있어서 익숙하지 않은 사용자라면 무슨 기법을 써야 할지 옵션을 어떻게 선택해야 할지를 알기 어렵다. 무엇보다도 설치된 곳이 대학 정도에 국한되어서 접근하기가 어렵다. 반면에, 엑셀은 사용법이 다소 불편하게 되어 있어서 많이 쓰이지 않고 있으며 존재도 모르는 경우가 많지만, 사용법을 조금만 익힌다면, 사무용 프로그램으로 널리 배포되어 있는 엑셀을 활용하여 언제 어디서든 분석이 가능해질 것이다.

둘째, 사례분석을 많이 추가하여 실제 분석을 경험해 볼 수 있도록 하였다. 실습에 사용되는 가상 및 실제 자료를 다운받아 직접 분석하여 보고 분석방법에 대한 이해를 높일 수 있도록 하였다. 이론을 이해하고 난 다음 실습사례를 읽지만 말고 반드시 따라해 보아서 이론에 대한 이해를 더욱 깊이 있게 하고 계량분석 방법을 내 것으로 만들기를 바란다.

본서가 세상에 나오기까지에는 많은 분들의 도움이 있었다. 우선, 출간을 흔쾌히 수락해주신 대영문화사 임춘환 사장님과 예쁜 책으로 다듬어 주신 정재훈 과장과 장선옥 선생과 모든 관계 직원께 감사드린다. 일일이 열거할 수는 없지만 이 책이 탄생되는 과정에서 나에게 도움을 주신 모든 분들에게 감사드린다. 사랑하는 나의 가족은 더 나은 세상을 추구하는 힘의 원천이 되었고 항상 고마워하고 있다는 마음을 전한다.

2017년 1월

박국흠

차 례

제 1 장 계량행정의 개념

제 1 절 계량행정의 의미

1 계량행정의 정의

계량행정의 뜻을 단순하게 표현하면 통계학을 행정에 적용하는 것이라고 할 수 있다. 물론 통계학만을 활용하는 것은 아니지만 대부분의 행정자료 수집 및 분석방법으로 통계기법을 원용하고 있는 것이다. 그런 의미에서 과거에는 계량행정이라는 이름 대신에 '행정통계'라는 용어를 주로 사용하였다.

그러나 '행정통계'라는 용어는 행정에 통계기법을 적용한다는 협소한 의미를 벗어나기 어렵다는 제한이 있었다. 분석기법에 초점을 둔 용어가 아닌 행정을 계량적으로 분석한다는 뜻에 중점을 둔 '계량행정'이라는 용어가 최근에는 널리 사용되고 있다.

계량행정의 의미가 사전적으로 정해진 바가 없으므로 본서에서는 다음과 같이 정의하고자 한다. "행정현상을 계량적으로 측정하고 분석하여 필요한 정보와 지식을 산출하여 실용적 처방에 활용하고, 행정학의 발달을 꾀하는 것"이라고 정의할 수 있다.

2 계량행정 연구의 목적

계량행정 연구의 목적은 크게 두 가지로 생각해 볼 수 있다. 학문적 지식을 획득하는 목적과 현실적 문제해결의 정보를 취득하는 목적이 그것이다. 즉, 학술연구를 위한 목적과 정책문제 해결을 위한 목적 이 두 가지가 그것이다. 이 두 가지 목적 공히 현상의 정확한 파악이 있어야만 달성 가능하다. 따라서 현상의 정확한 이해는 계량행정 연구의 가장 중요한 목적이 된다. 구체적으로 계량행정의 목적을 상술하면 다음과 같다.

첫째, 객관성을 확보하여 준다. 연구의 대상 내지는 정책의 대상에 관한 자료의 수집에 있어서 객관성의 확보는 보편타당성 및 공감대 형성의 근거가 되는 것인데, 계량적인 측정을 통해서 객관성을 확보할 수 있다. 객관성이란 대상을 바라보는 데 있어서 나의 인식과 타인의 인식이 같은 것을 말한다. 그 인식이 같은 근거는 대상을 중심으로 바라보기 때문이다. 반면, 주관성이란 나의 인식과 타인의 인식이 다른 것을 말한다. 그 인식이 다른 근거는 대상을 바라보되 나의 주체적인 관점에서 그것을 보기 때문이다.

객관성을 가지고 대상을 파악하고 이해하는 것은 학문에 있어서 누가 어느 시점에 적용하여도 같은 결과를 가져올 수 있는 보편타당한 지식의 도출을 가능케 하여 주고 정책에 있어서 누구든지 공감할 수 있는 정책을 도출케 하여 준다.

객관성 있는 자료의 수집은 계량적인 측정에 의해서 가능하다. 계량적인 측정은 대상을 객관적인 기준을 가지고 측정하는 것이므로 객관성을 확보하는 것은 당연하다고 할 수 있을 것이다.

객관성을 확보할 경우 또 하나의 이점은 정보의 공유가 가능하다는 것이다. 계량적으로 측정된 자료는 누구든지 그 정보를 활용할 수 있다. 즉, 자료의 활용 시 자료수집자의 의도라든지 자료수집 배경, 자료수집 목적, 자료수집 시의 심리적 상태 등에 전혀 신경쓸 필요가 없다. 즉, 어떠한 목적으로 자료수집이 되었든지 간에 다른 목적으로 쉽게 활용할 수 있으므로 다양한 목적을 가진 사람들 간에 정보를 공유할 수 있게 된다.

둘째, 자료의 활용성과 정보의 응용가능성을 높여준다. 계량적으로 측정되고 분석된 자료는 손쉽게 기호화·수식화될 수 있으며, 그렇게 됨으로 인하여 다른 수식으로 연역되거나 다른 목적을 위하여 활용될 수 있다. 우리는 수학적으로 증명된 수많은 정리·증명들을 논리적으로 활용하여 여러 가지 다양한 결론을 도출할 수 있다. 또한 정보화의 진전에 따라 대용량 정보처리가 가능한 PC 등이 보급되고, 편리한 S/W가 보급됨에 따라 이러한 정보활용의 추세는 더욱더 확장될 것으로 보인다.

셋째, 자료관리 비용을 획기적으로 감소시켜 준다. 정보를 수식화하는 것은 표현의 효율성을 극대화시킨다. 복잡하고 많은 정보를 압축적으로 표현한 것이 수식이기 때문이다. 그리고 수식화된 정보는 다른 형태로 변형하기가 매우 용이하다. 따라서 계량적으로 측정된 정보는 곧바로 전산화된 코드로 저장될 수 있으며 다른 형태의 정보로 손쉽게 전환될 수 있어서 자료의 전달비용을 획기적으로 감소시킬 수 있다. 예를 들어서, 업무담당자가 근무 일지를 매일 기록한다고 할 때 그것을 서술식으로 기록하는 경우 그 일지의 작성·보관·관리의 시간과 비용이 매우 많이 들 것이다. 반면에, 체크리스트를 만들고 체크를 하게 했을 경우 그 작성·보관·관리의 시간 및 비용은 매우 절감될 것이다. 또한 그 자료는 신속히 다른 용도의 자료로 변환될 수 있을 것이다.

넷째, 체계적 학문발달 및 지식의 축적을 가능하게 한다. 계량적인 측정에 의하여 수집된 자료는 기존에 존재하는 자료와 체계적인 비교가 될 수 있으므로 정보의 체계적인 축적이 가능해진다. 이것은 결국 학문의 발달과 지식의 축적을 가능케 하여 준다.

다섯째, 정책적 처방의 자료, 즉 현실문제 해결에 필요한 자료를 산출하여 준다. 우리가 당면하는 현실문제는 사전에 예측된 문제는 별로 많지 않으며 오히려 거의 대부분의 문제가 새롭게 당면하는 문제이다. 이러한 문제를 해결하기 위해서는 기존의 수집된 자료로써는 대응하기 힘들며, 새로이 자료를 수집하든지 기존의 수집된 자료를 새로운 용도로 사용하기 위하여 변형하여 응용하여야 한다. 이 과정에서 계량적인 분석기법은 필수적으로 활용된다.

계량행정의 목적

① 객관성 확보(정보의 공유)
② 정보 활용성의 제고, 정보 응용의 확대(통계분석 및 제 수학적 기법의 발달, 정보처리기술의 발달)
③ 정보수집 · 관리 · 전달 비용의 감소
④ 체계적 학문발달 및 지식축적
⑤ 정책적 처방의 자료

제 2 절 통계학의 개념

1 통계의 개념

최근 들어 우리는 생활 속에서 각종의 수많은 통계자료를 접하게 되었다. 우리가 일상에서 자주 접하는 언론매체를 보면 거의 항상 통계를 제시하고 있다. 주가지수, 실업률, 금리, 환율, 사고율, 야구, 축구, 일기예보, 오존농도 등등 거의 대부분의 정보를 통계수치의 형태로 제공하고 있는 것이다. 왜 이렇게 많은 통계를 사용할 수밖에 없는가?

우리가 살고 있는 세상은 매우 다양한 구성요소들이 복잡하게 얽혀 상호작용하고 있으므로 방대한 양의 자료를 산출하며 움직이고 있다. 그러나 그 속에 살고 있는 개인의 관심 범위는 상대적으로 협소하며 자료의 분석능력 또한 한정되어 있다. 이러한 상황에서 우리의 관심 사항을 효과적으로 달성하기 위해서는 보다 능률적으로 자료를 분석하는 것이 요구된다. 즉, 같은 능력을 가진 사람이라면 보다 정확하고, 신속하고, 능률적으로 자료를 처리하여 필요 정보를 산출하는 사람이 더 많은 관심 사항을 충족시킬 것이다. 이러한 연유로 통계의 산출이 생겨나게 된 것이다. 통계를 통하여 세상을 바라보면 보다 신속히 정확하게 더 많은 내용을 알 수 있게 되는 것이다.

통계가 효율적이라는 것은 어떤 의도로 요약된 정보이기 때문이다. 요컨대, 통

계란 다음과 같이 정의될 수 있을 것이다.

통계의 정의

관심 있는 대상에 관하여 계량적으로 자료를 수집하여 쉽게, 정확히 특징을 파악할 수 있도록 요약해 놓은 것

통계는 우리가 관심을 가지는 연구대상이나 문제해결 대상의 속성·성격·움직임 등의 관한 자료들을 손쉽게 알 수 있도록 정리해놓은 것을 말한다. 정리해놓았다는 것은 대상이 발생시키는 자료를 한눈에 알 수 있도록 요약을 해놓았다는 의미이다. 따라서 통계들은 하나의 수치로 표현되며 그 수치를 봄으로써 손쉽게 한눈에 세상의 속성을 파악하게 된다. 단적으로, 통계의 가장 큰 특징은 요약이라고 할 수 있다.

통계의 또 다른 특징은 불확실성에 대응하게 하여 준다는 것이다. 우리가 사는 세상은 매우 불확실하다고 할 수 있다. 불확실한 환경 하에서 산출되는 자료들은 그 자료의 해석에 있어서 상당한 위험을 가지게 된다. 상황이 확률적이므로 나타난 현상에 관한 자료들을 잘못 해석하면 오류를 낳을 수 있기 때문이다. 따라서 통계의 또 다른 목표는 우리로 하여금 불확실한 상황 하에서 가능하면 신뢰할 수 있는 정보를 산출할 수 있도록 하여 주고, 그렇지 않다고 할 지라도 우리가 산출한 정보의 신뢰성이 어느 정도 되는지를 앎으로써, 그 정보의 사용의 한계를 깨닫게 해주는(신중히 사용하게 해주는) 역할을 하게 된다.

정리하자면, 통계의 목적은 크게 두 가지로 나눌 수 있다. 첫째, 현상에 관한 자료를 요약·정리하여서 신속하게 대상을 손쉽게 파악하고자 하는 것, 둘째, 불확실한 상황 하에서 발생하는 자료를 정리하여 우리가 믿을 수 있는 정보를 산출하고 산출된 정보의 믿을 수 있는 정도(신뢰도)에 관한 지표를 산출하는 것이라고 할 수 있다.

통계의 목적

① 현상에 관한 자료를 요약·정리하는 것
② 불확실한 상황 하에서 발생하는 자료를 분석하여 필요한 정보를 산출하고 그 정보의 신뢰도에 관한 지표를 산출하는 것

참고로 현상을 측정·서술(description)하여 생긴 것을 '자료(data)'라고 하고, 이 자료들을 특정한 목적에 이용하기 위하여 가공해 놓은 것을 '정보(information)'라고 한다. 이 용어의 구별은 상대적인 것이다. 어떤 목적을 위하여 자료를 가공해 놓은 정보라도 그 정보를 이용하여 다른 정보를 산출하고자 할 때는 전자의 정보를 자료라고 지칭한다.

한편, 자료를 가공하는 절차와 방법을 '지식(knowledge)'이라고 한다. 대상 자료를 가공하여 정보를 생산하는 것을 '자료처리(data processing)'라고 하는데 이 자료처리 절차가 바로 지식인 것이다. 결국, 정보는 지식에 의하여 산출된다고 할 수 있다.

일기예보의 예를 들어 설명하면 구름의 위성사진, 기압, 풍향, 풍속, 온도 등은 일기와 관련된 자료이다. 이들 자료들을 분석하여 내일의 날씨를 예보할 경우 이것은 정보라고 할 수 있다. 이 과정에서 자료를 분석한 방법과 절차가 바로 지식인 것이다.

한편, 기상청이 올바르게 일기예보를 하고 있는지를 평가하기 위하여 과거의 일기예보 정보를 분석하고자 한다면 그 정보는 분석의 대상이 되어 다시 자료가 된다.

그림 1-1 자료, 정보 및 지식의 변화흐름

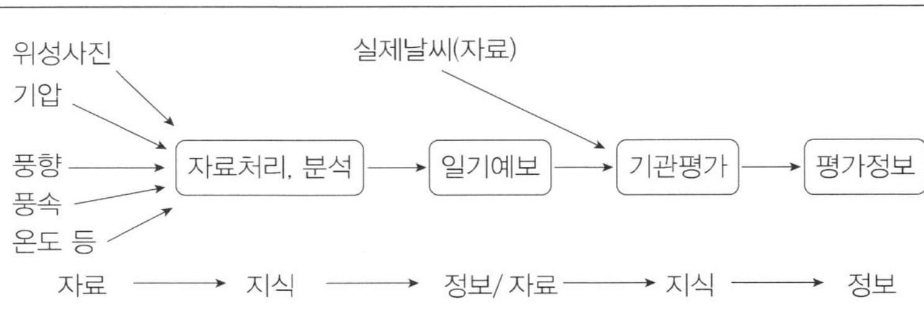

자료(data): 현상을 측정 · 서술한 것
정보(information): 특정 목적에 맞도록 자료를 가공한 것
지식(knowledge): 자료를 가공하는 절차와 방법

2 통계학의 의미

통계학은 통계를 산출하기 위하여 자료를 수집하고 분석하여 의사결정에 도움이 되는 정보를 산출하는 방법과 절차를 연구하는 학문이라고 할 수 있다. 통계의 연원은 정부의 인구센서스조사에서 비롯되었는데 모집단의 특성을 파악하기 위한 표본을 사용함과 더불어 본격적인 통계학의 발전이 이루어졌다. 통계학의 성격을 이해하기 위하여 통계학을 분류하여 설명하면 다음과 같다.

통계학은 두 가지로 나누어 볼 수 있다. 기술통계학(descriptive statistics)과 추론통계학(inferential statistics)이 그것이다.

기술통계학은 자료를 수집하고, 정리하고, 표현하기 위하여 통계적 기법을 활용하는 분야라고 정의할 수 있다. 이러한 자료는 조사를 통해서 또는 실험을 통해서 수집할 수 있으며, 이렇게 수집된 자료를 표, 그래프 또는 요약특성치(예: 평균, 분산 등)로 분류하고 정리할 수 있다. 예를 들면, 한 야구선수의 타율, 한 권투선수의 KO율, 물가지수, 주가지수, GNP, 실업률, 환율, 부도율 등은 기술통계에 해당한다.

기술통계학이란 측정이나 실험을 통해 수집한 자료를 요약하고 그의 특성을 기술하는 방법과 절차에 관한 학문이다.

기술통계학의 절차는 표본이나 모집단의 측정을 기술하는 데 이용된다. 모집단의 규모가 작을 때에는 문제가 없으나, 모집단이 클 때에는 비용, 시간, 정확성 등으로 모집단 전체를 측정할 수 없으므로 표본을 추출하게 된다. 여기서 표본측정을 기술하는 것으로 끝나는 것이 아니고 표본정보를 이용해서 모집단 전체에 대해 일반적 결론을 내릴 수도 있다.

이와 같이 추론통계학 또는 추리통계학은 표본정보에 입각해서 모집단의 특성을 추론하는 데 사용하는 절차와 기법과 관련이 있다.

추론통계학이란 한 모집단으로부터 추출한 표본 속에 내포된 정보에 입각하여 그 모집단의 특성에 대해 어떤 결론을 내리는 절차에 관한 학문이다.

제 3 절 계량적 측정

1 측정의 대상

1) 개 념

사람은 생각하는 존재로서 살아가면서 경험한 현상들에 대하여 어떤 생각을 가지게 되고 그것이 반복되면서 개념을 형성하게 된다. 물의 개념을 예로 들면, 유아는 갈증을 해소하는 것으로 물의 개념을 형성하고, 좀 더 자라서는 몸을 씻는 것으로 인식하고, 청소년기에는 분자개념과 기화열 개념을 배우면서 물이 분자로 구성되어 있고 기화열에 의하여 차가워진다라는 것을 이해하게 된다. 같은 대상을 놓고 다양한 개념화가 가능하며 많은 개념을 가질수록 우리는 대상을 정확히 이해하며 풍부한 문화생활을 영위할 수 있게 된다.

이러한 개념의 형성은 대부분 비슷하게 이루어지지만 때로는 사람마다 다르게 형성될 수도 있다. 그리고 존재하지 않는 것도 사람들의 상상력이 더해져서 형성되기도 한다. 예를 들어, 용이라는 개념은 동양과 서양 공통적으로 존재하지만 실제로는 존재하지 않는 동물이며 동양과 서양의 용에 대한 개념이 약간 다르다. 그럼에도 용이라는 개념은 동서양을 막론하고 유용하게 자주 쓰인다. 결론적으로, 개념은 사회화 과정을 거쳐서 형성되며, 다양한 뜻을 가지게 되고, 사람마다 다른 뜻으로 사용될 수 있다.

학문의 역할이란 이러한 기존의 개념들을 정립하거나 새로운 개념들을 발굴하는 것이다. 즉, 개념들의 다양한 의미를 상호 이해할 수 있도록 정리하고 사람들이 생각하지 못했던 유용한 개념들을 발굴하는 것이 바로 학문의 역할이다.

개념형성의 단계는 계량행정의 영역이 아니다. 계량행정은 형성된 개념을 이용하여 행정문제를 확인하고 분석하는 것이다. 계량행정의 출발은 형성된 개념을 측정하는 데서 비롯된다. 개념의 형성은 기존 연구의 새로운 정리, 기존 연구의 문제점의 해결 시도, 연구자의 직관 등에 의하여 일어나게 된다.

2) 변 수

개념은 다양한 차원의 양태로 발현된다. 물의 예에서도 물의 온도, 물의 색깔, 물의 부피 등 시시각각 다양한 차원에서 변화하고 있다. 어떤 차원에서 변화하고 있는 양태를 통칭해서 '변수(variables)'라고 한다. 예를 들어서 설명하면, '사람의 크기'라는 개념이 있다면 길이와 무게라는 차원에서 측정되는 '키', '체중'은 변수가 된다.

변수: 개념을 측정할 수 있는 척도를 도입하여 어떤 차원에서 개념을 관찰·측정한 것

변수는 반드시 그 변화량을 측정할 수 있는 척도(scale)를 가지고 있다. 즉, 변수는 개념의 측정을 전제로 하여 사용하는 것이다. 바라보는 관찰의 관점에 척도를 부여한 것이 변수가 된다.

3) 모집단

측정의 대상 전체를 모집단이라고 한다. 관찰의 대상 하나하나를 '사례(case)'라고 하고, 이 구성원소들의 전체집합을 '모집단'이라고 한다. 모집단은 구성원소의 수에 따라 유한모집단과 무한모집단으로 구분할 수 있다.

모집단: 관찰의 대상이 되는 모든 사례의 집합

모집단의 특성을 축약해 놓은 수치를 '모수(parameter)'라고 한다. 모집단의 평균, 모집단의 표준편차, 모집단의 크기 등을 모평균 μ, 모표준편차 σ라고 부르고 이것들을 모수라고 한다.

4) 표 본

모집단에서 구성원소의 일부를 추출한 것을 '표본'이라고 한다. 표본을 분석하는 것은 모집단 전체를 분석하는 것보다 비용과 시간이 훨씬 적게 소요된다. 표본을 사용함으로써 위험을 감소시킬 수도 있다. 모집단의 특성을 고르게 대표할 수 있는 표본을 추출한다면 오히려 정확도를 향상시킬 수도 있다. 이러한 이유로 표본조사를 통해 모집단에 대한 제한된 정보 또는 불완전한 정보에 입각하여 모집단의 특성에 대해 추론을 하게 된다. 그러나 표본 결과를 이용하여 미지의 모집단에 대하여 어떤 결론을 내리는 데는 위험이 따른다는 사실도 인식하여야 한다.

모집단의 모수를 추정하는 데 사용되는 것이 표본의 통계량(statistic)이다.

통계량: 통계량이란 모집단에서 추출한 표본의 특성을 나타내는 수치를 말한다.

표본의 통계량에는 표본평균 $\overline{X}$, 표본분산 S^2, 표본표준편차 S 등이 포함된다.

그림 1-2 모집단의 모수와 표본의 통계량

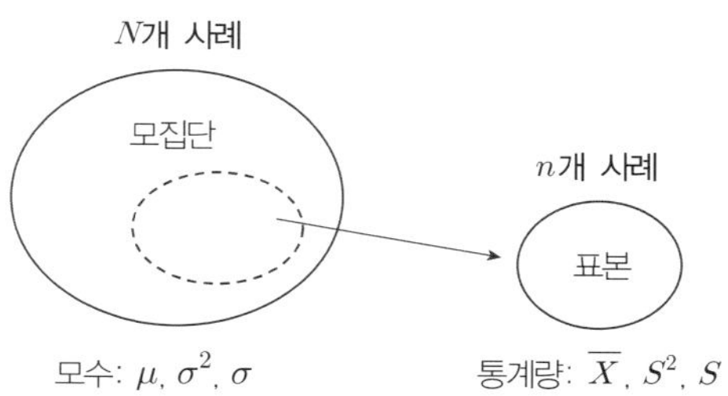

2 척 도

관찰의 대상인 사례들을 측정하는 기준을 '척도(scale)'라고 한다. 척도의 종류로는 명목척도, 순위척도, 등간척도, 비율척도가 있다. 하나하나 상술하면 다음과 같다.

1) 명목척도

명목척도(nominal scale)는 어떤 기준점을 설정하고 그 기준에 따라 대상을 집단별로 분류하고 분류된 집단에 이름을 부여하는 척도를 말한다. 분류된 집단에 이름을 부여했다는 의미로 명목척도라고 한다. 그리고 그 분류된 집단의 특징은 명목에 의하여 부여된다. 성별, 종교, 인종, 출신지, 전공, 정당 등에 관한 자료는 명목척도를 가지고 측정된다. 이 명목척도는 연구조사의 가장 기본적인 척도가 된다.

2) 서열척도

서열척도(ordinal scale)는 명목척도와 같이 대상을 집단으로 분류한다는 점에서 같은 척도이나 분류된 집단들을 크기·강도·순서 등의 차원에서 비교 가능하게 해주는 척도이다. 예를 들어, 소득을 기준으로 저소득층·중산층·고소득층으로 분류하였다면 그 척도는 순위척도가 된다. 이 척도는 연구대상을 어떤 기준점으로 분류하였다는 점에서는 명목척도와 같지만 중산층이 저소득층보다는 소득이 많다는 비교가 가능하므로 명목척도와는 다르다.

이 척도를 도입하면 어떤 방향성을 분석할 수 있게 된다. 명목척도가 단순히 집단 간의 특성의 차이를 비교하기 위한 것이라면 순위척도는 그러한 특성의 차이를 비교함과 동시에 방향성도 분석할 수 있다. "교육수준이 높을수록 소득이 높다"와 같은 방향성을 분석할 수 있다.

서열척도는 순위척도라고도 하며 이 척도의 예로, 교육수준, 인기순위, 만족도, 선호순위 등을 들 수 있다. 3점척도, 4점척도, 5점척도, 7점척도 등도 여기에 해당된다.

3점척도: ① 싫다 ② 보통이다 ③ 좋다
4점척도: ① 아주싫다 ② 약간싫다 ③ 약간좋다 ④ 아주좋다
5점척도: ① 아주싫다 ② 약간싫다 ③ 보통 ④ 약간좋다 ⑤ 아주좋다
7점척도: ① 아주싫다 ② 싫다 ③ 약간싫다 ④ 보통 ⑤ 약간좋다 ⑥ 좋다 ⑦ 아주좋다

사람의 심성을 측정하기 위해서는 주로 설문지 조사를 이용하게 되고 설문지의 문항은 5점척도를 많이 사용한다. 이 5점척도에는 1, 2, 3, 4, 5라는 숫자가 부여되어 있지만 사실상 구간 간의 간격이 동일한지 모르는 상태이다. 그러므로 원칙적으로 5점척도는 서열척도로 사용되어야 한다. 그러나 보다 정교한 분석기법을 적용하기 위하여 아래에 설명하는 등간척도로 간주하기도 한다. 7점척도 등도 같은 논리가 적용되지만 보다 세분화된 척도일수록 등간척도에 가까울 것이다.

3) 등간척도

등간척도(interval scale)는 크기를 비교할 수 있다는 점에서 서열척도와 같지만 크기의 간격이 구간마다 동일하다는 점에서 서열척도와 구별된다. 간격이 동일하다는 의미에서 등간척도라고 한다. 등간척도는 방향성의 분석 이외에도 산술적인 차이를 분석할 수 있게 된다. 구체적인 차이가 얼마인지를 분석할 수 있으며, 복잡하고 정교한 분석기법을 적용할 수 있게 된다.

등간척도의 예로는 온도, 나이, 키, 체중, 성적 등을 들 수 있으며, 앞의 서열척도에서 예로든 만족도 등 사람의 심성에 관한 자료를 측정하는 척도도 등간척도로 간주하는 경향이 있다.

4) 비율척도

등간척도라 할지라도 의미있는 원점(0)이 없다면 배수와 비율을 분석할 수 없게 된다. 온도가 그 예이다. 2℃는 1℃의 두 배의 온도인가? 그렇지 않다. 0℃가 절대기준점이 아니기 때문이다. 기준점으로 절대적 0점을 가지고 있고 배수를 분석할 수 있는 척도가 비율척도(ratio scale)이다. 비율척도와 등간척도가 구별되기는 하지만 구별의 실익은 없는 편이다. 비율의 차이를 분석하는 기법이 그리 많지 않기 때문이다. 특히, 본서에서 다루는 분석기법들은 비율의 차이를 분석하지 않는

다. 따라서 본서에서는 등간척도와 비율척도를 구별하지 않고 다룬다.

5) 척도의 변환

척도의 구별이 중요한 이유는 다른 척도로 측정된 자료를 다른 방법으로 분석해야 하기 때문이다. 즉, 측정된 척도가 다르면 적용되는 분석기법이 달라진다. 하지만, 상위의 척도로 측정된 자료는 하위의 척도로 변환될 수 있다. 비율척도는 등간척도로, 등간척도는 순위척도로, 순위척도는 명목척도로 변환될 수 있다. 따라서 가능하다면 상위의 척도로 자료를 수집하는 것이 바람직하다.

3 자료의 종류

자료는 측정의 결과 생겨난다. 자료는 수집시 적용된 척도에 따라 분류될 수 있다. 자료는 크게 질적자료(범주자료, qualitative data)와 양적자료(수치자료, quantitative data)로 나눌 수 있다. 질적자료는 명목자료와 서열자료를 말한다. 양적자료는 등간자료와 비율자료를 포함한다.

이산적자료는 구간 사이에 갭이 존재하는 자료를 말하고, 연속적자료는 비어있는 공간이 없는 어느 점에서나 값을 가질 수 있는 자료를 말한다.

자료의 분류를 요약하면 다음과 같다.

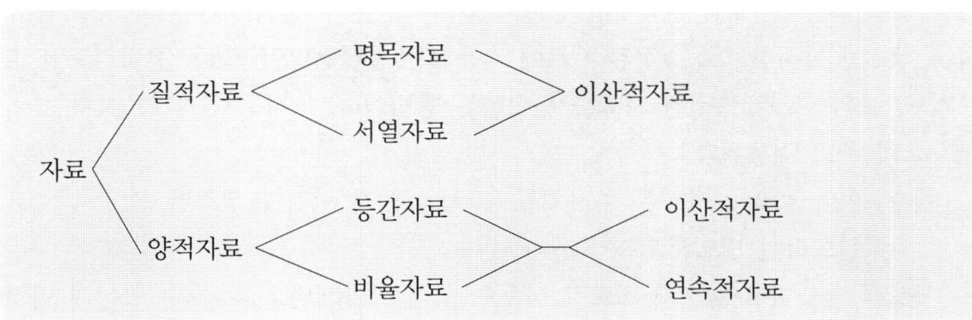

제 2 장 기술통계

제 1 절 빈도분포

1 이산자료

어떤 현상의 종류별 발생모습을 분포라고 한다. 빈도(frequency; 도수; 빈도수)란 어떤 사건이 발생한 횟수를 말한다. 따라서 빈도분포는 어떤 종류의 사건이 얼마나 자주 발생하는지를 알려주는 통계기법이라고 할 수 있다. 따라서 종류를 분류하는 척도인 질적척도로 측정된 자료에 적용되는 통계방법이다. 즉, 질적척도인 명목척도, 순위척도로 측정된 자료를 분석하는 방법이다. 그리고 연속자료보다는 이산자료에 주로 적용된다.

예를 들면, <표 2-1>은 주사위를 6,000번 던진 결과를 정리한 표이다. <표 2-2>는 전형적인 빈도분포표가 된다.

사상별 발생빈도를 전체 빈도로 나누면 상대적 발생빈도를 알 수 있는데 이것을 상대도수라고 한다. 상대도수는 사상별 발생확률이라고 할 수 있다.

따라서 상대도수는 사상별 발생빈도를 서로 비교하기에 용이한 지표라고 할 수

표 2-1 이산자료의 빈도분포표

주사위눈	빈도수
1	986
2	1,016
3	1,000
4	995
5	987
6	1,016
합계	6,000

있다. 그런데 상대도수는 소수점으로 표현되어 숫자에 익숙하지 않은 사람에게는 친근감이 없다. 이를 방지하기 위한 것이 백분율이다. 전체 100번의 시행 중에서 발생한 빈도를 나타낸 것이 백분율이다.

표 2-2 이산자료의 빈도, 상대도수 및 백분율

주사위눈	빈도수	상대도수	백분율
1	986	0.1643	16.4%
2	1,016	0.1693	16.9%
3	1,000	0.1667	16.7%
4	995	0.1658	16.6%
5	987	0.1645	16.5%
6	1,016	0.1693	16.9%
합계	6,000	1	100.0%

2 연속자료

연속자료의 경우 경우의 수가 너무 많아서 빈도를 세기가 어렵다. 이런 경우 어떤 기준별로 분류하여 집단화하면 빈도를 측정할 수 있게 된다. 이것이 앞에서 설명한 척도변환에 해당된다. 이때 집단분류는 자연발생적인 것이 아니라 인위적인 분류이므로 어떤 기준을 가지고 분류하지 않는 이상 의미를 찾기 어렵다. 예를 들어, 연령을 분류할 때 10대, 20대, 30대와 같은 분류는 그 의미를 찾기 어렵다. 그러나 미성년자와 성인, 청소년층, 중 · 장년층, 노년층과 같은 분류는 분류기준에 따라 의미를 가지고 있다.

우선, 연속자료를 빈도분석할 경우 필요한 용어를 정리하면 다음과 같다.

- 계급(class): 집단으로 묶은 것을 말한다.
- 계급한계(class limit): 각 계급의 시작값과 끝나는 값을 지칭한다. 시작값을 하한계라고 하고 끝나는 값을 상한계라고 한다. 예를 들어, 10대라는 계급은 하한계가 10세이고 상한계가 19세이다. 하한계는 보통 0이나 5로 시작하는 것이 좋다.
- 중간점(midpoint): 각 계급의 중간값을 말한다. 상한계와 하한계의 평균으로 구한다.

연속자료를 가지고 빈도분석을 하는 예를 설명하면 <표 2-3>과 같다.

표 2-3 음식물 쓰레기 배출량 가상자료

(단위: kg)

A시 환경위생과에서는 A시 일반음식점 50개를 무작위 선정하여 1주일 간의 음식물 쓰레기 양을 조사한 결과 다음과 같다.																
75	65	73	64	52	83	72	45	59	54	84	78	65	34	86	70	62
74	55	66	72	67	55	62	77	48	62	59	56	73	56	94	62	69
47	56	64	72	81	42	76	68	69	71	80	61	65	58	69	72	

<표 2-3>을 그냥 봐서는 도대체 A시의 음식점들에서 배출되는 음식물 쓰레기의 양이 얼마나 되는지 파악하기 어렵다. 그 이유는 구체적인 자료가 너무 많이 제시 되어 있기 때문이다. 따라서 자료의 요약이 필요하다. 빈도분석은 방대한 자료를 요약하는 기술이라고 할 수 있다.

가장 일반적인 방법으로서 10kg 단위로 집단화하면 <표 2-4>와 같은 빈도분포표를 구할 수 있게 된다.

표 2-4 음식물 쓰레기 배출량 빈도분포표

계급구간	빈도수
30~39	1
40~49	4

50~59	10
60~69	16
70~79	13
80~89	5
90~99	1
합계	50

3 히스토그램

빈도분포는 빈도를 숫자로 표현한 빈도분포표로 요약된다. 표는 독자로 하여금 숫자를 해독하도록 요구한다. 따라서 표가 복잡한 경우 오히려 더 알아보기 힘들게 하는 경우도 발생할 수 있다. 숫자에 익숙하지 않은 독자로 하여금 손쉽게 빈도분포를 인식시키는 방법은 그림으로써 표를 표현하는 것이다. 이때의 표현상의 핵심은 숫자와 그림과의 비례관계이다. 이를 히스토그램이라고 한다. 이것은 빈도분포표를 빈도분포그래프로 표현한 것이다.

그림 2-1 음식물 쓰레기 배출량의 히스토그램

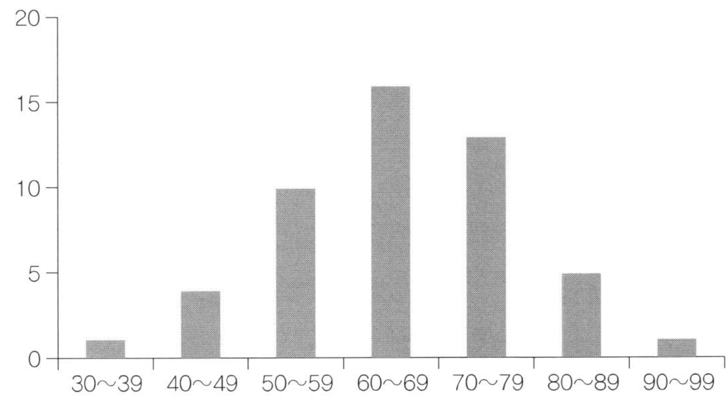

그림 2-2 주사위의 빈도분포 꺾은선 그래프

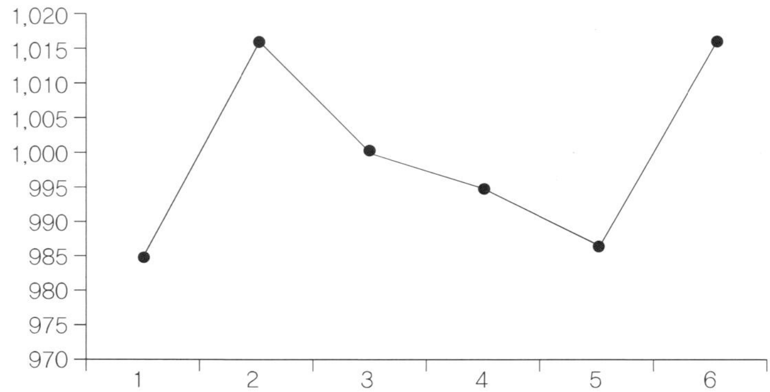

이때 그래프의 길이는 빈도의 숫자나 상대도수(백분율)에 비례하고 있다. 그런데 간혹 집단 간의 차이를 강조하기 위하여 [그림 2-2]와 같이 표현할 수 있다. 이때 전체적인 비율이 오해되지 않도록 주의하여야 한다. 꺾은선 그래프의 높이의 차이가 매우 크게 느껴지지만 실제로는 최댓값과 최솟값의 차이가 백분율로 0.5%에 불과하다. 이러한 점을 독자에게 주지시키지 않은 채 전체 길이의 일부를 생략하는 것은 정보를 왜곡하여 전달시킬 수 있다.

그리고 히스토그램은 위와 같은 꺾은선 그래프, 혹은 파이차트, 방사형차트, 산점도 등으로 달리 표현될 수 있다.

4 stem-and-leaf표

연속적인 양적자료를 질적자료로 변환하는 경우 정보의 손실이 발생한다. 빈도분포로 변환되기 전에는 구체적인 값을 가지고 있는데, 분류가 되고 난 다음에는 분류된 정보만 남고 구체적인 값은 사라지게 된다. 예를 들어 설명하자면, 어떤 학생의 점수가 학점으로 변환된 다음에는 구체적인 점수를 모르게 되는 것과 같다. 즉, 어떤 학생이 평균 시험성적으로 83점을 받아서 B학점을 받았다면 학적부에 B학점만이 기록되어 그 과목에서 구체적으로 몇 점을 받았는지 모르게 된다는 것이다.

표 2-5 음식물 쓰레기 배출량의 stem-and-leaf표

줄 기	잎사귀
30	4
40	5872
50	2945596668
60	5452672229489159
70	5328042732612
80	34610
90	4

분류를 통하여 요약 표를 작성하면서도 구체적인 정보를 손실하지 않게 하는 방법이 줄기－잎사귀표(stem－and－leaf table)이다. 분류기준을 줄기(stem)라고 하고 세부값을 잎사귀(leaf)라고 한다. 예를 들어, 나이를 10단위로 세대구분을 한다면 23세의 줄기는 20대이고 잎사귀는 3세이다. 앞의 음식물 쓰레기 자료를 줄기－잎사귀표로 정리하면 <표 2－5>와 같다.

제 2 절 중심경향의 척도

자연발생적 현상은 중심부근에 빈발하는 경향을 보인다. 따라서 중심경향의 척도(Measures of Central Tendency)로써 전체를 간단히 파악할 수 있다. 즉, 중심경향이 가장 빈번히 일어나는 것을 알 수 있으므로 추측 시 맞을 확률이 높게 된다. 중심경향 척도의 종류와 성격은 다음과 같다.

1 평균(mean)

모든 사례의 값을 합하여 사례의 수로 나눈 것이다. 특징은 다음과 같다.

① 모든 사례의 값이 평균값을 계산하는 데 기여한다.

② 평균값은 하나만 존재한다.

③ 평균은 현실적으로 존재하지 않는 추상적인 값이다.

- 예: 미국 가정의 평균 자녀수는 1.7명이다.

④ 특이치(극단치)에 취약하다.

- 극단적으로 크거나 작은 하나의 사례값이 평균을 크게 올리거나 낮추는 경우가 있다.

2 중위수(median)

$(N+1)/2$번째 값을 의미한다. 모든 자료를 크기 순으로 서열화했을 때 가장 중간 순위에 존재하는 값이다. 중간에 존재하는 값이 없을 경우(두 개인 경우) 두 값의 평균을 중위수로 한다. 특징은 다음과 같다.

① 중위수는 극단치에 영향을 받지 않는다.

② 모든 사례들이 중위수에 영향을 미치지만 그 사례들의 값이 중위수에 영향을 미치지는 못한다. 사례들은 순위로써 중위수에 영향을 미칠 뿐이다.

③ 사례들이 중앙에 모여 있지 않을 경우 중위수는 중심경향을 잘 측정하는 척도가 되지 못한다.

3 최빈수(mode)

가장 빈도가 많은 범주의 값을 말한다. 질적자료(범주화자료)의 분석에 적용된다. 최빈수가 올바른 중심경향의 척도가 되기 위해서는 범주에 발생하는 빈도수가 많아야 한다. 너무 세분화되어서 구간이 정해지면 빈도가 작아지고 우연히 많은 빈도를 가진 범주값이 최빈수가 될 우려가 있다.

제 3 절 산포의 척도(measures of dispersion)

중심경향의 척도가 분포의 위치를 알게 하여 주는 것이라면 산포의 척도는 분포의 모습을 알게 하여 준다. 퍼져 있는 정도, 중심경향의 척도와 산포의 척도를 다 안다면 대상의 분포 모습을 거의 알 수 있다.

1 표준편차(standard deviation)

평균으로부터 자료들이 얼마나 퍼져 있는지를 계산한 것이다. 표준편차가 작을수록 자료들의 분포는 조밀하고, 표준편차가 클수록 자료의 분포는 밀도가 낮다. 산포의 척도로 분산도 사용되고 있는데 분산(variance)은 표준편차를 제곱한 것이다. 표준편차의 공식은 다음과 같다.

$$\sigma = \sqrt{\frac{\sum (X_i - \mu)^2}{N}}$$

공식을 설명하면 사례 X들이 평균으로부터 얼마나 멀리 있는지를 모두 합하여 사례의 수로 나눈 것이다. 쉽게 말하자면, 평균으로부터 떨어져 있는 평균거리이다.

2 사분위수(quartile)

중위수가 사례의 순위를 반으로 나누어 가장 중간 순위에 있는 값을 말한다면 사분위수는 사례를 4등분하는 기준을 찾는 것이다. 따라서 사분위수는 3개의 값으로 나타난다. 최솟값과 최댓값을 고려한다면 다음과 같이 5개의 값으로 나타난다.

제1사분위수 $(N+1)/4$번째 값

제2사분위수 $2(N+1)/4$번째 값
제3사분위수 $3(N+1)/4$번째 값
최솟값(minimum value)
최댓값(maximum value)

사분위수를 측정하면 사분편차라는 산포의 척도를 구할 수 있으며, 범위라는 산포의 척도도 구할 수 있다. 사분편차는 제3사분위수와 제1사분위수와의 차이를 2로 나눈 것을 말한다. 사분편차 범위 안에는 대략 25%의 사례가 존재한다. 범위는 최솟값과 최댓값의 차이를 말한다.

제 4 절 기타 분포의 특성 지표

1 변동계수

산포의 척도인 표준편차를 집단 간에 비교하고자 할 때 집단별로 측정의 단위가 다르다든지 평균에 있어서 큰 차이를 보이는 경우 두 집단의 표준편차를 그냥 비교하는 것은 산포를 잘못 이해할 수 있다. 이때에는 상대적인 변동의 정도를 비교하여 주는 변동계수를 사용함이 바람직하다.

변동계수(coefficient of variation: CV)는 자료들이 평균을 중심으로 변화하는 정도를 평균이 다른 집단 간에 상대적으로 비교할수 있도록 해주는 지표이다. 다음과 같은 공식으로 산출된다.

$$CV = (\text{표준편차}/\text{평균}) \times 100\%$$

예를 들면, 국어시험의 평균이 80점이고 표준편차가 7점인 반면, 수학시험의 평균이 50점이고 표준편차가 6점이라고 할 때 표준편차의 단순비교는 각 시험의 변동정도를 알기 어렵다. 따라서 변동계수를 산출해 보면 국어시험의 경우 (7/80)×

100%=8.75%이고, 수학시험의 변동정도는 (6/50)×100%=12%이다. 따라서 수학시험성적의 변동정도가 더 크다는 것을 알 수 있다.

2 비대칭도

중심경향을 중심으로 하여 증가하는 값들의 분포 모습과 하락하는 값들의 분포 모습은 보통의 경우 비슷한 모습을 띠게 된다. 그래프로 보면 중심경향을 중심으로 좌우 대칭의 모습을 가진다. 이 좌우 대칭의 정도를 측정할 수 있는 지표가 바로 비대칭도(degree of skewness; 왜도)이다.

비대칭도는 여러 가지로 측정될 수 있는데 그중 많이 쓰는 것이 Pearson의 비대칭도계수이다. 다음과 같은 공식으로 구할 수 있다.

Pearson 비대칭도계수 = 3(평균−중위수)/표준편차

이 비대칭도계수는 −3에서 3 사이의 값을 가지며 0인 경우 좌우 대칭이고, 음수값인 경우 왼쪽 꼬리가 긴 분포 모습을 알려주고, 양수인 경으 오른쪽 꼬티가 긴 분포 모습임을 알려준다.

3 첨 도

분포의 모습의 차원 중에서 자료들이 얼마나 골고루 퍼져 있는지 정도를 알려주는 지표를 첨도(kurtosis)라고 한다. 이 첨도는 앞으로 설명하겠지만 정규분포(normal distribution)라는 이론적인 분포 모습을 기준으로 하여 그 분포에 얼마나 닮았는지를 알려주는 지표의 하나라고 할 수 있다.

앞에서 설명하였지만 중심경향으로 인하여 자료들은 중심에 밀집하는 경향을 보이면서도 산포하는 경향이 있다. 그 두 경향의 조화로 인하여 보통의 분포는 정규분포라는 다음과 같은 모습으로 퍼지는 성질이 있다.

그림 2-3 정규분포의 모습

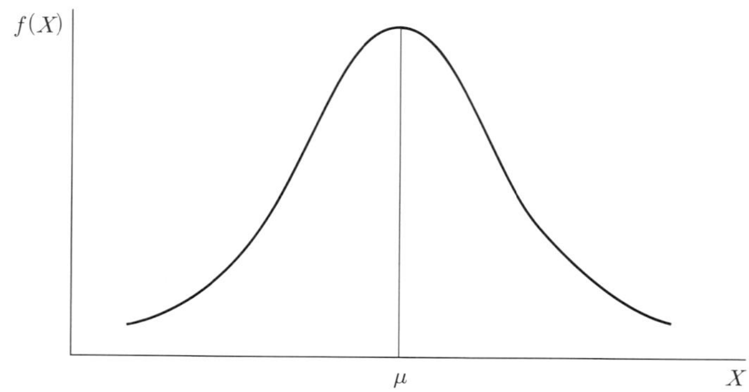

첨도는 0인 경우 정규분포에 가깝다. 그 이하인 경우 꼬리가 짧아지고 중심집중이 완화된다. 즉, 골고루 분포하게 되고 정규분포보다는 균등분포의 모습에 가까워진다. 그 모습은 [그림 2-4]와 같다.

그림 2-4 첨도가 0 이하인 경우의 분포 모습

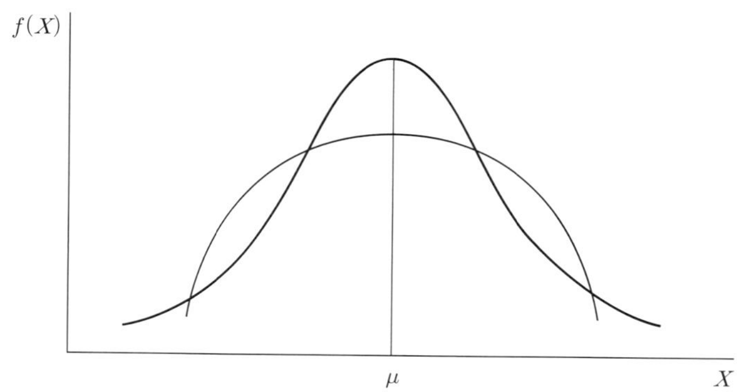

첨도가 0보다 큰 경우 꼬리가 길어지고 중심집중이 강화된다. 즉, 첨도가 커질수록 중심과 양쪽 극단치에 편중되는 분포모양을 하게 된다. 그 모습은 [그림 2-5]와 같다.

그림 2-5 첨도가 0 이상인 경우의 분포 모습

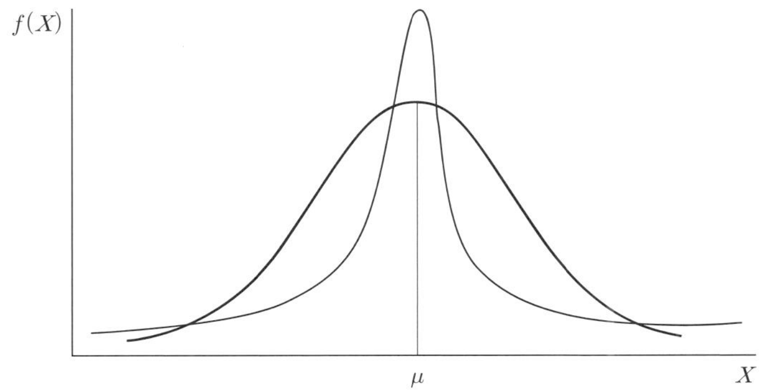

그리고 첨도는 프로그램마다 기준값이 달리 설정되어 있으므로 주의할 필요가 있다. SAS와 엑셀의 경우 0의 기준값을 가지고 있지만 SPSS 프로그램의 경우 기준값이 3이다.

제 5 절 엑셀 데이터분석

1 엑셀 데이터분석 설치

엑셀(Excel)은 사무자동화(OA) 프로그램으로서 가장 널리 사용되는 계산용 프로그램이다. 스프레드시트(spread sheet)의 일종으로서 자료를 관리할 수 있고 계산이 가능한 특징으로 인하여 대장관리, 회계관리 등에 많이 쓰이는 범용 프로그램이다. 그러다 보니 자료를 요약하는 기본 기능들이 내장되어 있고 자료요약이나 기초통계처리에 많이 활용되어져 왔다. 그럼에도 엑셀은 통계처리 프로그램으로서도 유용한 프로그램이라는 대중적 인식은 전혀 가지지 못하여 왔다. SAS나 SFSS라는 강력한 통계전용 패키지들이 방대한 통계기능들을 내장하여 통계처리를 전담하여 왔기 때문이다. 이러한 경향이 지속되어 온 데는 다음과 같은 원인과 문제점들이 있을 것이라 생각되어진다.

통계분석은 많은 통계지식이 필요하고 통계패키지들은 사용법이 어려워서 통계는 전문가에게 의뢰해야 한다는 인식이 팽배하였다는 것이다. 이것은 당연히 맞는 부분이 있다. 통계는 정확해야 하고 잘못된 통계해석은 판단의 오류로 이어지기 때문이다. 통계가 보급되기 시작하는 초기에는 그러한 인식은 통계발전에 유용하였다. 비싼 비용을 치르고라도 통계를 의뢰하였던 것이다. 여기에 따라 통계패키지들은 점점 기능이 복잡하게 발전하였고 고가화되게 되었다. 이러한 현상은 일견 성공적인 것으로 보이기도 하지만 대중들로 하여금 통계로부터 멀어지게 한 원인이 된다고 생각된다. 통계패키지들이 매우 고가라는 현실적인 문제가 통계기법 활용의 확산을 제한하였다는 것도 그러한 모순의 한 원인일 것이다.

엑셀을 이용하여 통계분석을 한다면 그러한 문제는 상당부분 해결될 것으로 보인다. 엑셀은 거의 모든 사무실에서 사용하고 있는 표준화된 프로그램으로서 통계분석을 친숙하게 이용할 수 있을 것이다.

엑셀은 데이터분석 부프로그램(subprogram)을 포함하고 있는데 여기서 통계처리가 가능하다. 통계분석을 위하여 보통 많이 사용하는 기술통계, 상관관계, t－검증, 분산분석, 회귀분석 등이 처리가능하다.

엑셀은 또한 비주얼 베이직 포 애플리케이션(Visual Basic for Applications: VBA)이라는 개발도구를 포함하고 있다. 데이터분석도 VBA를 이용하여 작성되었는데, 내장되어 있지 않은 통계처리도 VBA를 이용하여 직접 프로그래밍하거나 엑셀 내장함수와 수식을 이용하여 처리할 수 있다.

본서에서는 엑셀을 활용하여 통계처리를 하는 방법을 설명하고자 한다. 엑셀 2007버전을 기준으로 설명하였으며 그 이후 버전이라면 사용하는 데 문제가 없을 것이다. 97버전에서는 설치 CD가 필요하고 설치과정이 조금 다를 뿐 데이터분석을 이용하는 것은 차이가 없다.

데이터분석을 이용하기 위해서는 우선 설치가 필요하다. 앞에서 설명하였듯이 데이터분석은 VBA를 이용하여 만들어졌으므로 VBA의 설치가 전제된다. 엑셀을 자동설치하였다면 VBA는 기본적으로 설치되는데, 수동설치하였다면 VBA가 설치 안 되었을 수도 있으므로 오피스 설치항목 중에서 [office 공유기능] 항목 하위에 VBA를 설치하기 바란다. 보통 엑셀을 자동설치하므로 VBA는 설치되어 있을 것이다.

데이터분석은 자동으로 설치되지 않으므로 통계처리를 위해서는 추가기능 설치를 하여야 한다. 그 방법은 다음과 같다.

① 엑셀화면 왼쪽 위 모서리에 있는 [office 버튼]을 누르고 [Excel 옵션 버튼]을 누른다.

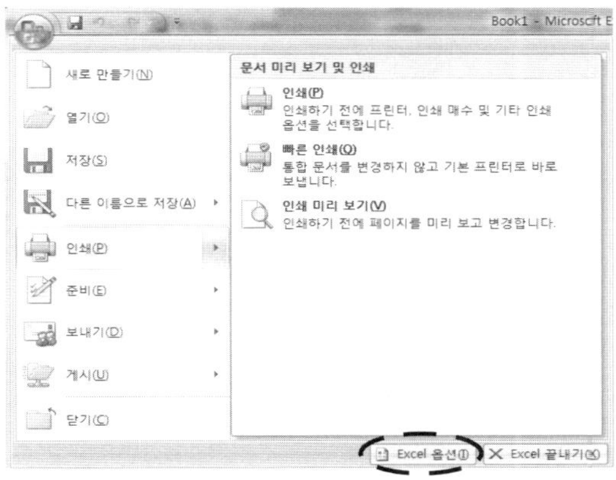

② 엑셀옵션 창의 왼쪽 메뉴에서 [추가 기능 메뉴]를 클릭하면 나타나는 오른쪽 내용 중 [펼침목록]의 내용이 [Excel 추가 기능]이 선택되어진 것을 확인한 후에 [이동 버튼]을 누른다.

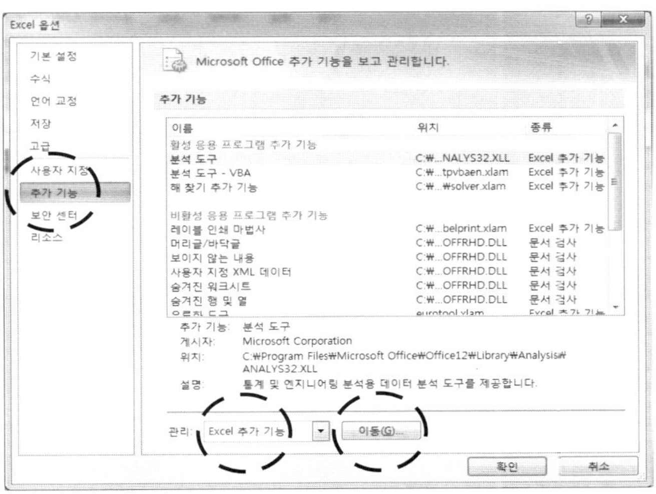

③ [분석 도구]를 체크한 후 [확인 버튼]을 누른다.

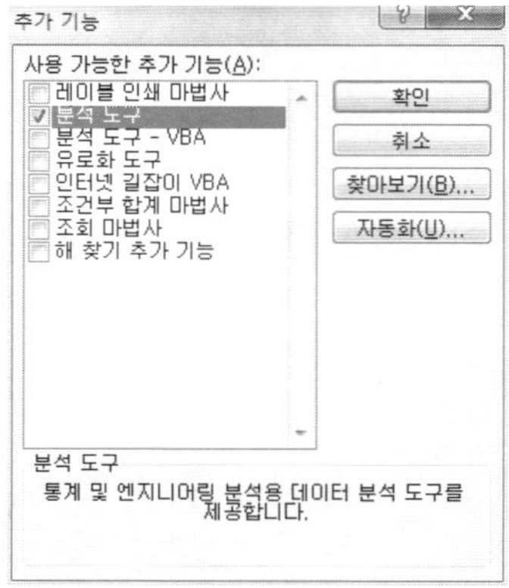

④ 엑셀 설치과정이 진행되고 난 후 설치 결과는 [데이터 리본 메뉴]에 [데이터 분석 메뉴]가 생겨난 것을 확인하면 된다.

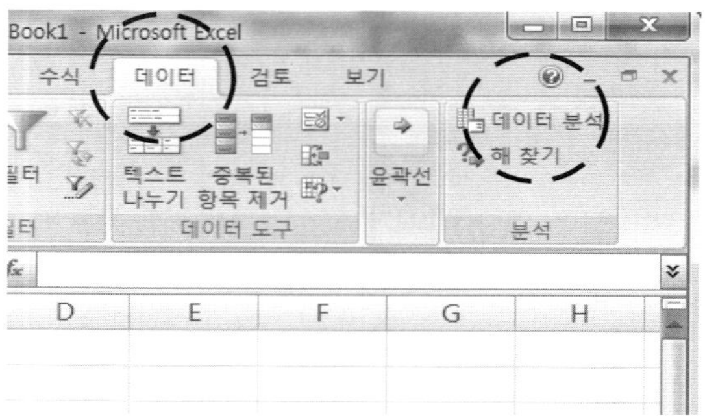

2 엑셀 기술통계 분석 사례1

여기서는 앞에서 제시한 A시의 음식물 쓰레기 자료를 가지고 기술통계 분석하는 방법을 설명하고자 한다.

자료분석의 절차는 다음과 같은 절차로 진행된다.

① 자료의 수집

② 자료의 코딩

③ 자료의 입력

④ 분석기법의 적용; 통계처리절차의 수행

⑤ 결과 해석

⑥ 다른 분석기법의 적용 ④번으로

자료의 수집, 코딩, 입력절차는 과거에는 구분되었으나, 최근에는 컴퓨터 보급과 인터넷의 확산으로 손쉽게 전산화된 형태의 자료를 구할 수 있으므로 크게 구별되지 않는 상황이다. 문서화된 자료를 수집했을 경우 자료는 컴퓨터가 인식할 수 있는 형태로 코드화되어야 하고 이것을 코딩이라고 한다. 자료의 입력단계는 코드화된 자료일지라도 통계처리 프로그램에서 인식할 수 있는 형태로 전환되어야 한다. 예를 들어, 워드프로세서나 스프레드시트와 같은 사무관리용 프로그램들을 이용하여 코드화된 자료들은 통계프로그램에서 인식할 수 있는 형태로 전환되어야 한다. 이것을 자료의 입력과정이라고 할 수 있다.

위 음식물 쓰레기 자료의 입력 예는 다음과 같다.

예를 들어, 앞의 <표 2−3>과 같이 워드프로세서 상에 있는 텍스트 코드로 입력되어 있는 자료들을 엑셀로 입력하는 과정은 다음과 같다.

① 텍스트를 복사하여 A1셀에 붙여넣는다.

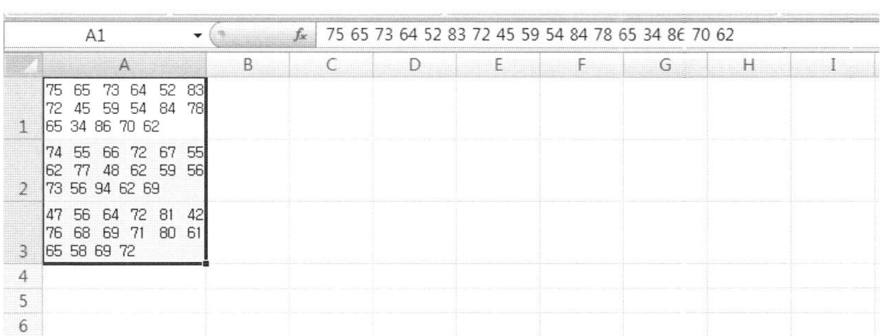

② 블록이 설정된 채로 [데이터 메뉴]−[텍스트 나누기 메뉴]를 누르고 [구분기호로 분리됨 버튼]을 선택한 후 [다음 버튼]을 누른다.

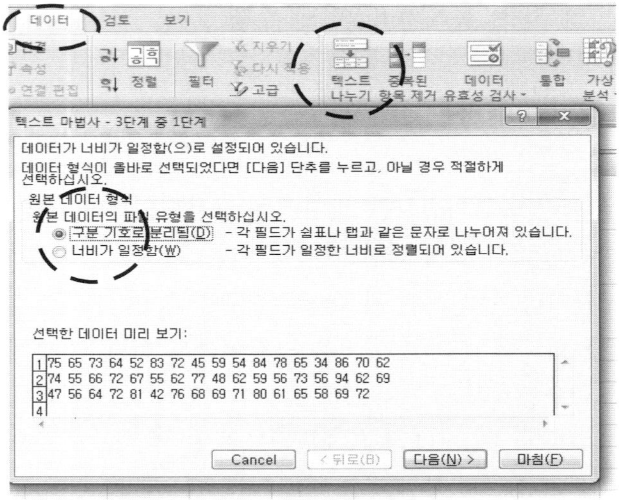

③ 모든 자료들이 공백으로 분리되어 있으므로 [공백 박스]를 체크하고 자료들이 잘 나누어졌는지 아래에서 확인한 후 [마침 버튼]을 누르면 된다.

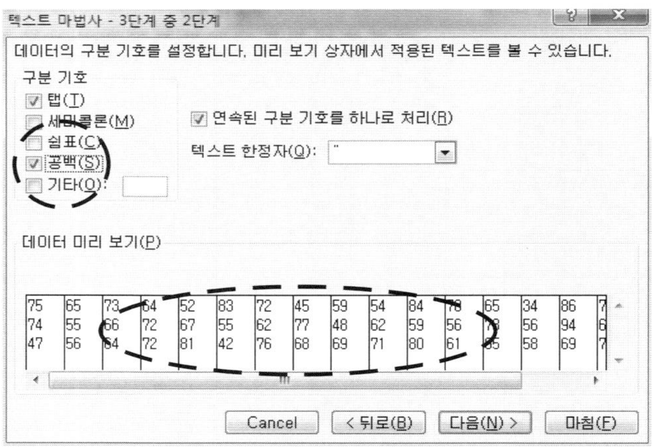

④ 분리된 데이터를 모두 선택하여 복사한다. 즉, A1:Q3셀을 드래그하여 블록 설정한 후에 복사한다. 자료가 모두 분리되어 숫자로 인식되어 계산 가능한 형태로 전환되었지만 데이터분석은 하나의 변수에 대하여 하나의 열에 열방향(수직방향)으로 입력되어야 한다. 이를 위해서는 행/열 전환이 필요하다.

A1 | f_x 75

	A	B	C	D	E	F	G	H	I	J	K	L	M	N	O	P	Q
1	75	65	73	64	52	83	72	45	59	54	84	78	65	34	86	70	62
2	74	55	66	72	67	55	62	77	48	62	59	56	73	56	94	62	69
3	47	56	64	72	81	42	76	68	69	71	80	61	65	58	69	72	
4																	

⑤ [Sheet2]로 가서 A1셀에 마우스 오른쪽 버튼을 누르고 나타나는 팝업 메뉴에서 [선택하여 붙여넣기 메뉴]를 선택한다. 이때 나타나는 [대화상자]에 [행/열 바꿈 박스]를 체크하고 [확인 버튼]을 누른다.

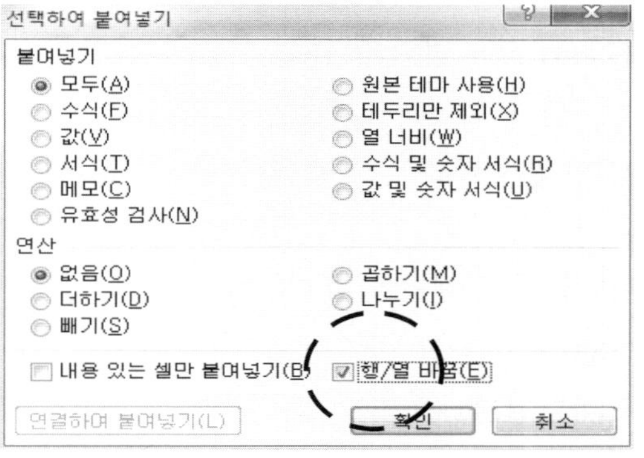

⑥ 행/열 전환을 하고 나면 3개의 열로 자료들이 이동하는데, B열과 C열에 있는 자료들을 A열의 밑에 옮기면 분석을 하기 위한 자료의 입력과정을 마치게 된다.

입력된 음식물 쓰레기 자료에 대한 기술통계 분석은 매우 간단한 절차로 진행된다. 데이터분석 기법 중에서 기술통계를 실행하고 자료의 입력 범위를 지정하고 원하는 출력통계를 지정하면 실행된다. 여기서 중요한 것은 통계분석을 실행하는 것보다는 분석 결과를 해석하는 것이다. 본서에서는 데이터분석을 실행하는 것도 설명하지만 분석 결과를 해석하는 것에 중점을 두어 설명하고자 한다. 계량분석이나 통계 관련 학습의 일차적인 목표는 분석의 원리를 이해하고 분석된 결과를 해석하는 데 일차적인 목표가 있기 때문이다. 엑셀 데이터분석의 기술통계 처리과정은 다음과 같다.

① 엑셀 리본 메뉴의 [데이터 메뉴]의 [데이터 분석 메뉴]를 선택하고, 이때 나타나는 대화상자의 [기술 통계법 목록]을 선택하고 [확인 버튼]을 누른다.

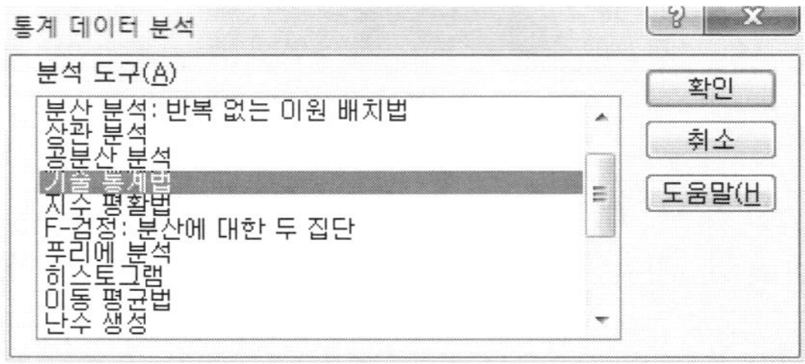

② 입력 자료들이 A1:A50 범위에 있으므로 이 범위를 지정하여 준다. 이때 : 기호의 의미는 ~셀부터 ~셀까지라는 의미이다. 사각형의 블록을 설정할 때 왼쪽 위 모서리 셀의 주소부터 오른쪽 아래 모서리 셀의 주소까지라는 뜻을 가지고 있다. 입력 범위 입력상자에 a1 : a50을 타이핑하고 [출력 옵션]에 [요약 통계량 박스]를 체크해 준다. 이 항목의 체크로 대부분의 기술통계량을 출력하여 준다. 그리고 마지막으로 [확인 버튼]을 누르면 새로운 시트에 분석 결과가 나타난다. 입력 범위 지정에 키 입력으로 하지 않고 마우스로 할 수 있는데 그 방법은 아래의 설명과 같다.

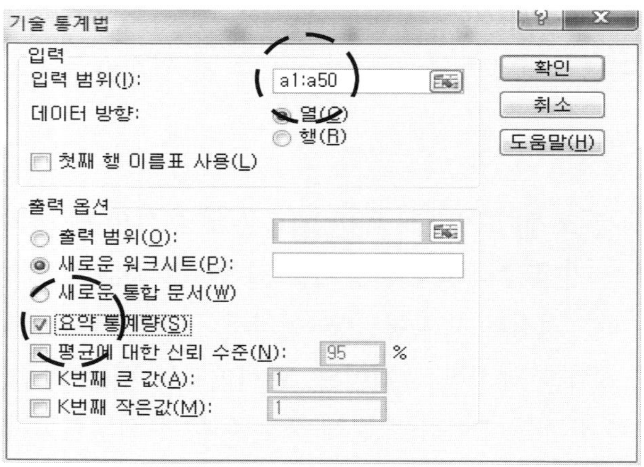

③ [입력 범위 입력상자]의 오른쪽에 있는 [범위지정 버튼]을 누르고 자료가 있는 셀을 마우스로 드래그하여 범위를 지정하여 준다. 이때 지정된 범위는 점선으로 표시가 된다.

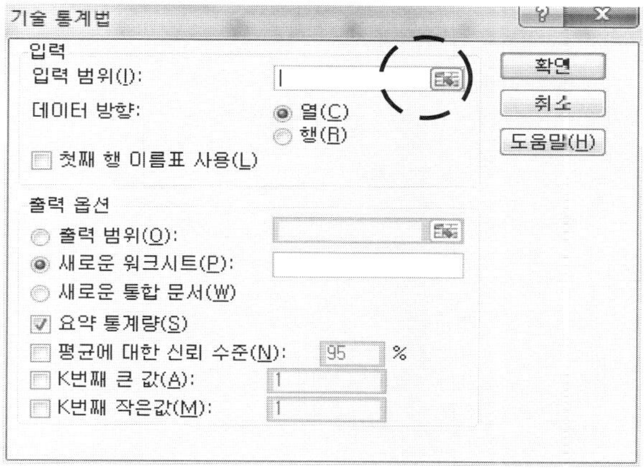

④ 범위를 지정한 후 [창 펼침 버튼]을 누르면 대화상자로 돌아간다.

⑤ [입력 범위 입력상자]에 A1:A50이라는 셀 범위가 지정되어 있는 것을 확인하면 된다. 셀주소에 $ 표시가 붙어 있어 달라보이지만 절대주소로 자동으로 지정되어 외형상 달라보이지만 $A$1:$A$50은 A1:A50 셀 범위와 동일 범위를 지칭한다. 여기서 굳이 절대주소를 쓸 필요가 없으므로 위의 예에서는 [입력상자]에 a1:a50이라고 상대주소로 타이핑하였다. 그리고 셀주소는 대문자와 소문자 구별하지 않는다.

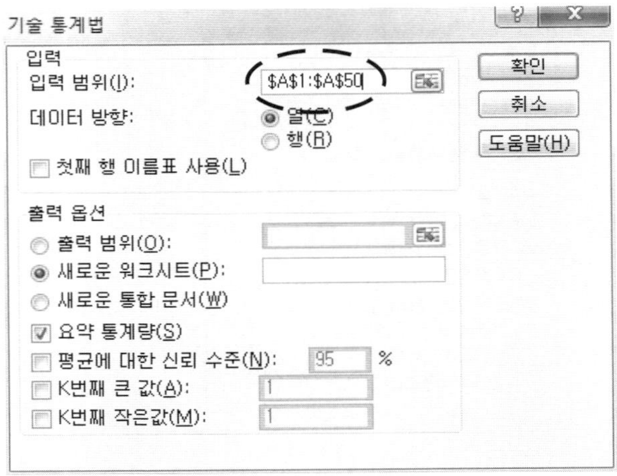

위와 같은 절차를 수행하면 새로운 [Sheet4]가 생성되면서 분석 결과가 산출된다.

그림 2-6 엑셀 데이터분석 기술통계 분석 결과

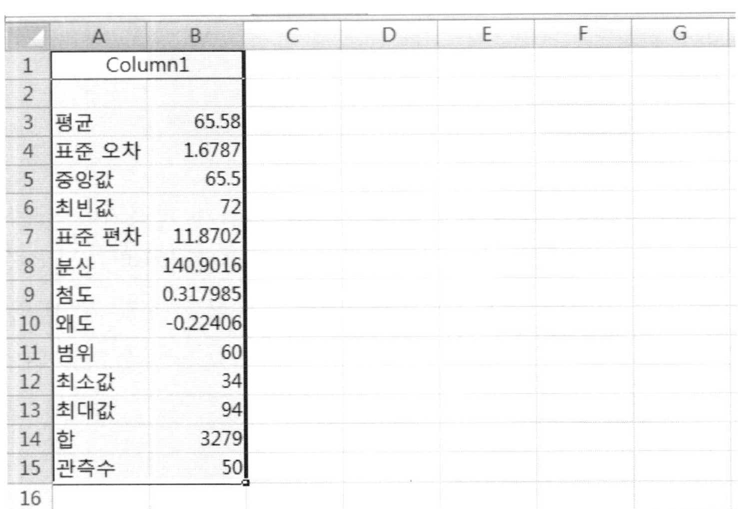

	A	B
1	Column1	
2		
3	평균	65.58
4	표준 오차	1.6787
5	중앙값	65.5
6	최빈값	72
7	표준 편차	11.8702
8	분산	140.9016
9	첨도	0.317985
10	왜도	-0.22406
11	범위	60
12	최소값	34
13	최대값	94
14	합	3279
15	관측수	50
16		

분석 결과 A시의 음식점의 평균 음식물 쓰레기 배출량은 65.58kg인 것으로 나타났다. 평균값의 경우 특이치에 취약하므로 최솟값과 최댓값을 보면 34와 94로서

좌우 대칭적으로 분포하여 극단적인 특이치는 없는 것으로 보인다. 또한 중앙값이 65.5로서 평균과 비슷한 값을 보여 좌우 대칭의 모양이 될 것으로 예측된다. 중앙값과 평균이 차이가 클수록 좌우 대칭의 모습에서 멀어진다.

예상대로 왜도값을 보면 −0.22로서 0에 가깝다고 할 수 있어서 좌우 대칭의 모양에 가깝다고 할 수 있다. 또한 첨도값도 0.32로서 0에 가깝다고 할 스 있다. 이러한 결과들을 종합하여 본다면 평균을 중심으로 좌우 대칭의 모양 분포를 가지고 있으며 정규분포에 가까운 분포를 나타낸다고 할 수 있다. 지금까지의 분석은 자료가 등간척도를 가지는 자료인 경우 가능한 분석이다.

자료의 척도가 명목척도이거나 서열척도인 경우 빈도분석이 필요하다. 등간척도를 가지는 자료인 경우에도 척도변환을 통하여 빈도분석이 가능하다. 빈도분석으로 히스토그램을 작성할 경우 분포의 모습을 시각적으로 확인할 수 있어 유용하고 정보전달을 간단히 할 수 있다. 여기서는 지금까지의 자료를 10kg 단위로 계급구간을 설정하여 빈도분석을 해보고자 한다. 다음의 절차를 통하여 빈도분석과 히스토그램 작성이 가능하다.

① 지금까지 입력된 자료가 있는 [Sheet]의 빈 셀에 계급구간의 상한계를 입력한다.

	A	B	C	D	E	F	G
1	75		상한계				
2	65		30				
3	73		40				
4	64		50				
5	52		60				
6	83		70				
7	72		80				
8	45		90				
9	59		100				
10	54						
11	84						
12	78						
13	65						

② [데이터 리본 메뉴]의 [데이터 분석 메뉴]를 선택하고 [히스토그램]을 선택하고 [확인 버튼]을 누른다.

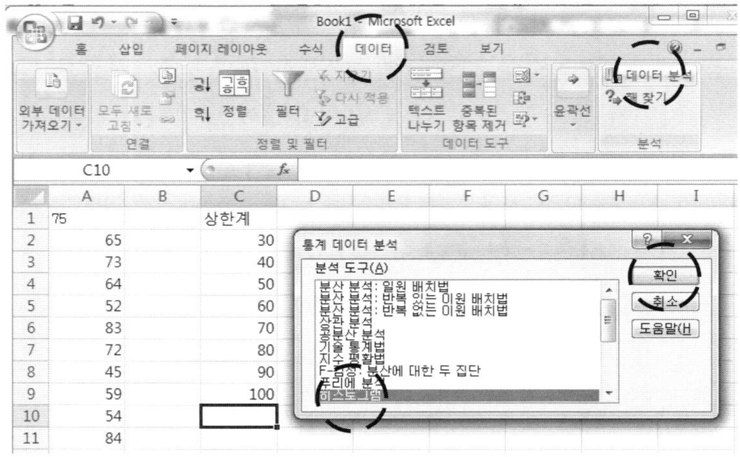

③ 나타나는 대화상자에서 입력 범위와 계급 구간을 지정한다. 입력 범위는 앞에서 했던 것과 같고 계급 구간은 C2:C9 범위를 지정한다. [차트 출력 박스]를 체크하고 [확인 버튼]을 누른다.

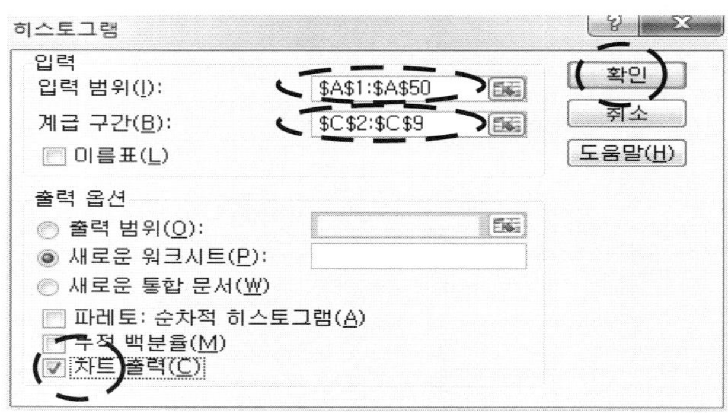

④ 새로운 [Sheet]에 빈도표와 히스토그램이 나타난다.

그림 2-7 빈도분석 및 히스토그램 결과

계급	빈도수
30	0
40	1
50	4
60	10
70	17
80	13
90	4
100	1
기타	0

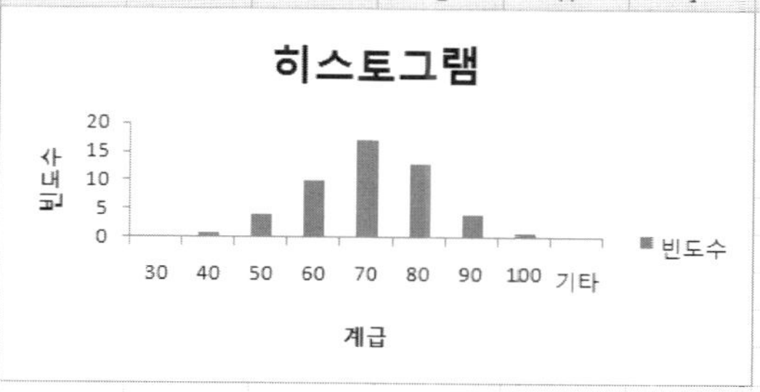

빈도분석 결과와 히스토그램 결과를 보면 기술통계 분석 결과의 수치보다는 시각적으로 쉽게 이해된다. 그래프를 보면 분포 모습이 정규분포와 닮아 있다는 것을 알 수 있다. 그러므로 등간척도를 가지는 자료인 경우 용도에 따라서 기술통계법이나 빈도분석을 적절히 선택하여야 한다. 전문적인 분석 보고서에서는 기술통계법을 사용하고 그렇지 않은 경우 히스토그램 등이 적절하다.

70 이하 계급을 보면 17로서 앞의 <표 2-4>의 16과 한 개의 차이가 있다. 그 이유는 엑셀의 경우 소수점이 있는 자료도 분석하므로 상한계로서 69를 설정할 수 없다. 69.1의 경우 상위계급으로 분류되기 때문이다. 지금과 같이 소수점이 없는 자료의 경우 상한계로서 69를 입력하는 것이 옳다.

3 엑셀 기술통계 분석 사례2

등간척도로 측정된 자료에 대하여 평균값이 어느 정도인지 산포가 넓은지 좁은지 등에 관해서 알고 싶을 때 기술통계를 사용하게 된다. 예를 들어, 조직몰입 변수를 등간척도로 측정하였고 '과연 공무원들이 조직에 대하여 몰입을 하고 있는지 아닌지?' 또는 '몰입도가 퍼져 있는지 집중되어 있는지?'에 대하여 알고 싶다면 기술통계법을 사용하여 알 수 있다.

다운받은 자료 중에서 '조직몰입기술통계' 자료는 다음과 같은 7개의 문항으로 조사한 결과를 코딩해 놓은 것이다. 조직몰입이라는 하나의 변수를 측정하기 위하여 7개의 문항을 어떻게 취합하느냐의 방법으로서 문항별 측정값의 평균값을 사용하는 것이 보편적이다.

문 항	매우 찬성	약간 찬성	그저 그렇다	약간 반대	매우 반대
1. 나는 조직의 성공을 위해 보통의 수준 이상으로 노력할 용의가 있다.	①	②	③	④	⑤
2. 내가 근무하는 조직을 위해서는 어떤 형태의 직무라도 상관없이 받아들이겠다.	①	②	③	④	⑤
3. 내가 추구하는 가치와 조직이 추구하는 그것과는 매우 비슷하다.	①	②	③	④	⑤
4. 난 이 직장 외의 다른 직업을 갖는 것을 심각히 고려하고 있다.	①	②	③	④	⑤
5. 내가 근무하는 조직은 나의 진가를 발휘하게 해준다.	①	②	③	④	⑤
6. 내가 공무원이 된 것은 더할 나위 없이 기쁘다.	①	②	③	④	⑤
7. 나는 공무원으로서 우리나라 장래에 대해 진심으로 관심을 가지고 있다.	①	②	③	④	⑤

① 조직몰입 변수의 측정값을 계산하기 위하여 [H2셀]에 다음과 같은 수식을 입력한다.

=(A2 + B2 + C2 + E2 + F2 + G2 + 6−D2)/7

② 그리고 [H2셀]을 [H3:H291 범위]에 복사한다.

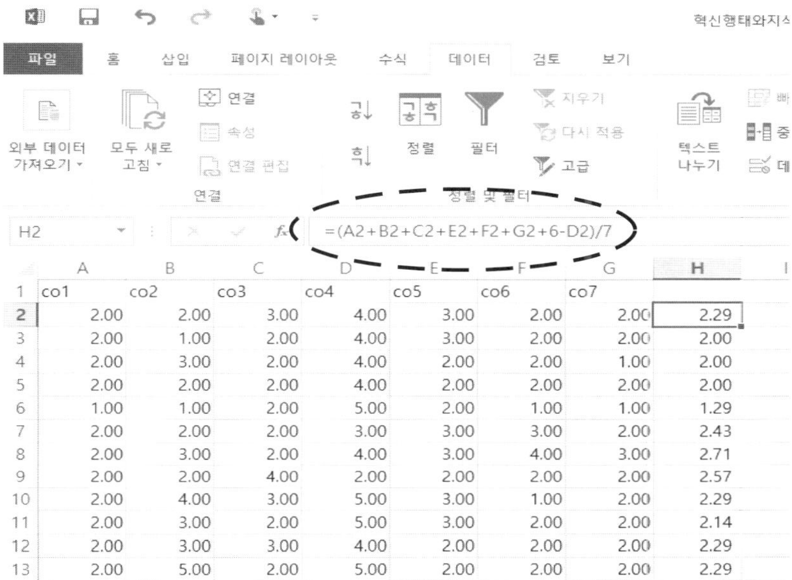

주의할 점은 [D2셀]을 그냥 더해주지 않고 6−D2로 바꾸어 더해 주고 있다는 것이다. 그 이유는 '전직을 심각히 고려하고 있다'는 문항의 표현이 다른 문항과는 반대방향으로 묻고 있으므로 측정값을 대칭이동시켜야 올바른 측정이 되기 때문이다. 즉, '매우 그렇다'에 해당하는 1은 '매우 그렇지 않다'에 해당하는 5로 바꾸어 주어야 한다.

이렇게 7문항의 평균값을 가지고 측정된 변수는 주로 등간척도를 가지게 된다. 등간척도로 측정되고 있으므로 엑셀의 데이터분석 중에서 기술통계로써 분석이 가능하다. 구체적인 방법은 다음과 같다.

③ [데이터 메뉴]−[데이터 분석 메뉴]를 선택하고 목록상자에서 [기술 통계법 목록]을 선택한 다음 [확인 버튼]을 눌러준다.

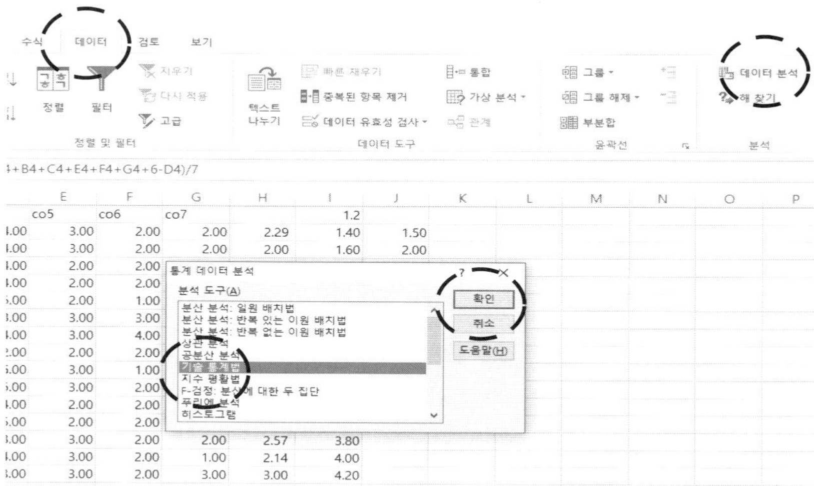

④ [기술 통계법 대화상자]가 나타나면 [입력 범위 입력상자]에 [H2:H291 범위]를 입력하고 [요약 통계량 체크박스]를 체크하고 [확인 버튼]을 누른다.

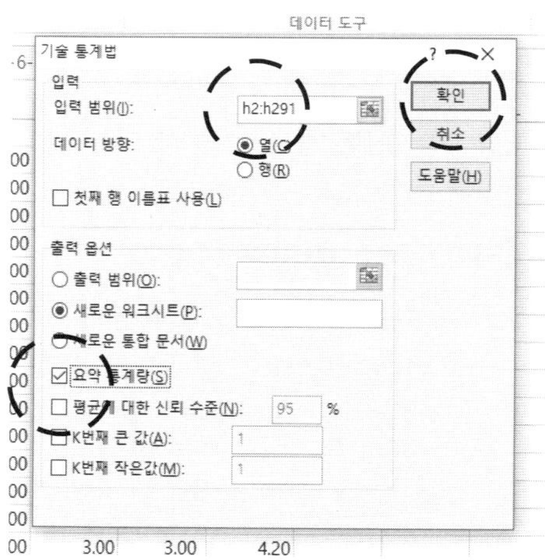

⑤ 그러면 다음과 같은 결과가 새로운 시트에 나타난다.

	A	B
1	Column1	
2		
3	평균	2.550739
4	표준 오차	0.029632
5	중앙값	2.571429
6	최빈값	2.428571
7	표준 편차	0.504616
8	분산	0.254637
9	첨도	0.295817
10	왜도	0.059417
11	범위	3
12	최소값	1.142857
13	최대값	4.142857
14	합	739.7143
15	관측수	290

결과를 해석해 보면 조직몰입도의 평균이 2.55로서 '보통이다'(3)와 '약간 그렇다'(2)의 중간 정도이며 최솟값은 1.14, 최댓값은 4.14의 범위를 가지고 있다. 산포는 표준편차 0.5 정도로서 평균 플러스 마이너스 0.5범위(2.05부터 3.05까지) 내에 68% 정도의 응답자가 분포하고 있다는 사실을 추측할 수 있다.

그리고 왜도가 0.059로서 거의 좌우 대칭의 모양(정확히 0이 아니고 양수이므로 오른쪽 꼬리가 약간 긴 모양)을 가지고 있으며 첨도가 0.29로서 약간 뾰족하지만 정규분포에 가까운 모양이라고 할 수 있다.

이러한 등간척도를 가지는 변수를 서열척도로 집단화(grouping)하여 새로운 척도를 가지는 변수로 바꿀 수 있는데 이러한 변환을 척도변환이라고 한다. 서열척도나 명목척도로 변환하면 [기술 통계법]은 적용하기 어렵고 빈도분석을 적용해야 한다. 등간척도를 서열척도로 변환하면 정보의 손실이 발생하여 좋지 않지만 빈도분석표를 그래프로 시각화하여 보통사람들이 이해하기 좋도록 하는 장점도 있다.

엑셀로 빈도분석을 하는 방법은 다음과 같다.

① [i1:i20]의 범위에 계급구간의 상한계를 입력한다. 0.2 간격으로 구간을 정하려면 1.2부터 0.2씩 증가하도록 5.0까지 입력한다.

② [데이터 메뉴]-[데이터 분석 메뉴]를 선택한 다음 나타나는 대화상자의 목록상자에서 [히스토그램 목록]을 선택한 후 [확인 버튼]을 누른다.

③ 이때 나타나는 히스토그램 대화상자에서 [입력 범위 입력상자]에 [H2:H291 범위]를 입력하고 [계급 구간 입력상자]에 [I1:I20 범위]를 입력하고, [차트 출력 체크박스]를 체크하고, [확인 버튼]을 누른다.

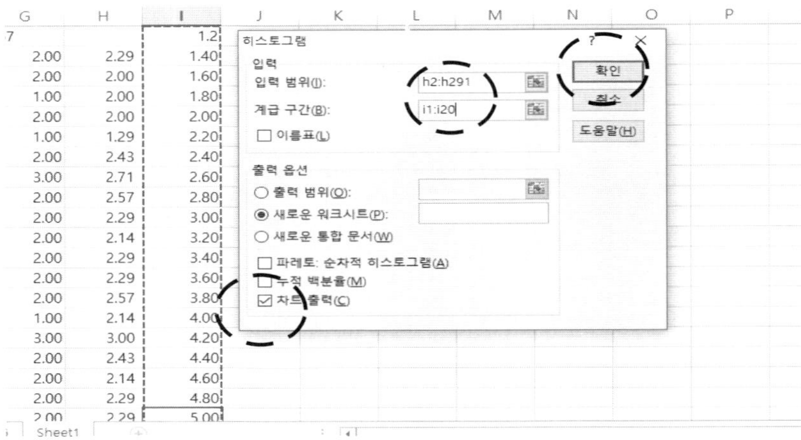

④ 그러면 다음과 같은 결과가 새로운 시트에 나타난다.

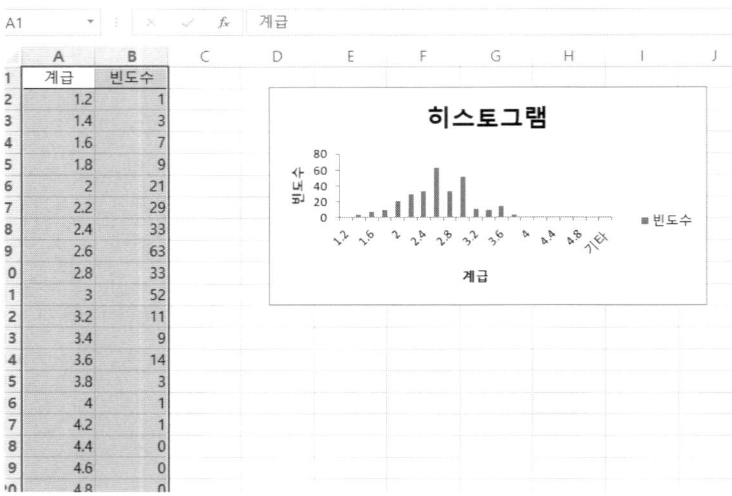

구간별로 빈도수가 산출되고 이 빈도를 그래프로 나타내어 준다. 그래프를 보면 2.6~2.8 구간과 2.8~3.0 구간이 순서가 바뀌어 있는 듯한 인상을 준다. 전체적으로는 정규분포에 닮은 모양이나 부분적으로는 좀 매끄럽지 않은 모양이다. 이러한 현상이 나타나는 이유는 구간을 너무 세분하는 경우 우연히 특정 구간에 편중한 것이 부각되어 보일 수 있다는 것이다. 구간을 좀 더 넓게 하여(구간을 묶어서) 한 구간에 많은 사례 빈도가 나타나도록 하면 그런 현상을 줄일 수 있다.

그러면 구간 간격을 0.5로 했을 때의 분포 모습을 보기 위해서는 다음의 절차를 수행하면 된다.

① [J1:J8]의 범위에 계급구간의 상한계를 입력한다. 0.5 간격으로 구간을 정하려면 1.5부터 0.5씩 증가하도록 5.0까지 입력한다.

② 나머지 과정은 위의 과정과 동일하게 진행하되 [계급 구간 입력상자]에 입력되어 있는 범위만 [J1:J8 범위]로 바꾸어 주면 된다. 그러면 다음과 같은 결과가 나타나게 된다.

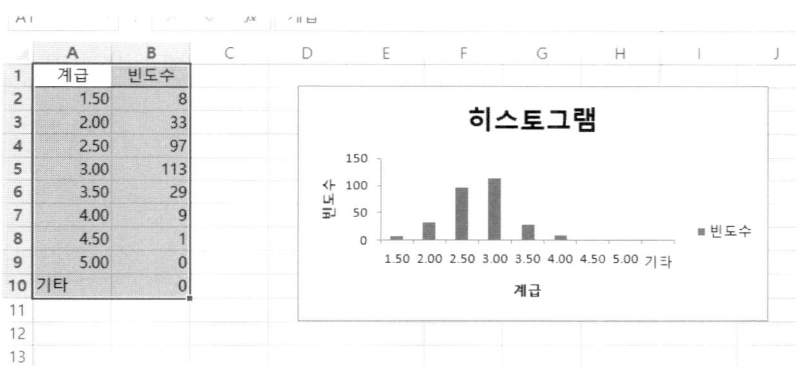

그래프의 모양이 둔탁하지만 그래도 안정적임을 알 수 있다.

제 3 장 확률분포

제 1 절 이항분포(Bernoulli 시행)

이항분포는 이산확률분포의 일종으로서 시행의 결과가 성공과 실패 두 가지인 경우를 말한다. 이항분포의 조건은 다음과 같다.

① 두 사상의 배타성

② 두 사상의 포괄성

③ 시행의 독립성

④ 성공의 확률은 변함이 없다.

용어의 정의

r: 성공의 횟수　　　n: 전체 시행횟수

p: 성공의 확률　　　q: 실패의 확률

이항분포의 성공의 확률은 다음과 같이 계산될 수 있다.

(n번 시행해서 r번 성공할 확률)

$$C_r^n p^r (1-p)^{n-r} = \frac{n!}{r!(n-r)!} p^r (1-p)^{n-r}$$

예를 들어서, 동전을 5번 던져서 앞면이 1번 이하로 나올 확률은 다음과 같다.

0번 나올 확률: $r=0,\ n=5$

$$\frac{5!}{0! \times 5!} \times 0.5^0 \times 0.5^5 = 1/32 \ \ (0! = 1\text{임})$$

1번 나올 확률: $r=1,\ n=5$

$$\frac{5!}{1! \times 4!} \times 0.5^1 \times 0.5^4 = 5/32 \ \ (1! = 1\text{임})$$

둘을 합하면 6/32 = 0.19이다.

이항분포의 확률값은 보통 부록에 제시되어 있고 부록 확률표에서 찾아서 구할 수 있으나 여기서는 엑셀을 사용하여 확률을 계산하는 방법을 설명하고자 한다. 위 예를 엑셀로 계산하는 절차는 다음과 같다.

① 엑셀에 성공확률, 시행횟수, 성공횟수 등의 자료를 다음과 같이 입력한다.

	A	B	C	D	E	F
1	성공확률	시행횟수	성공횟수	확률	누적확률	
2	0.5	5	0			
3			1			
4			2			
5			3			
6			4			
7			5			
8						
9						
10						

② D2셀에 셀포인터를 놓고 [수식 리본 메뉴]−[함수 삽입 메뉴]를 누른다. 이때 나타나는 대화상자의 펼침목록에서 [통계]를 선택하고 [BINOMDIST]를 선택한 다음 [확인 버튼]을 누른다.

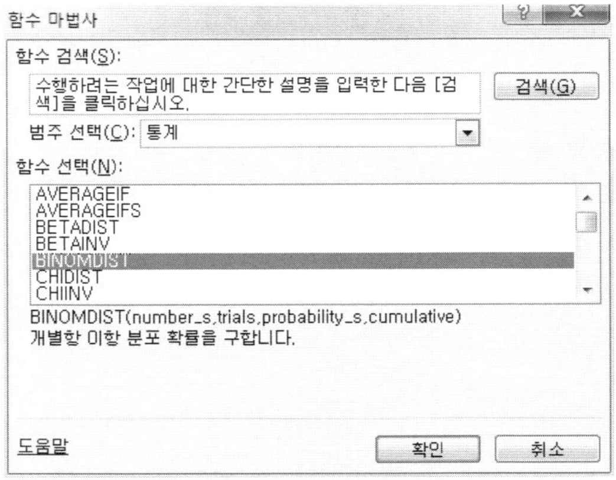

③ 이항분포를 구하는 BINOMDIST함수는 4개의 인수를 입력해야 한다. 제일 먼저 구하고자 하는 성공횟수를 입력한다. C2셀에 구하고자 하는 성공횟수 0이 있다. 다음으로 시행횟수를 입력한다. B2셀에 시행횟수 5가 있는데 절대주소를 쓰는 이유는 이 함수를 아래로 복사할 것이기 때문이다. 세 번째 인수는 성공확률인데 이것은 A2에 있다. 이것 역시 절대주소를 사용해야 이 함수를 다른 셀로 복사하더라도 계속 이 값을 지칭할 수 있다. 마지막 인수로 누적확률 값을 구할지를 묻는데 그렇다면 TRUE, 그렇지 않다면 FALSE를 입력한다. TRUE와 FALSE 대신에 1과 0을 입력해도 된다. 인수를 모두 입력했으면 [확인 버튼]을 누른다.

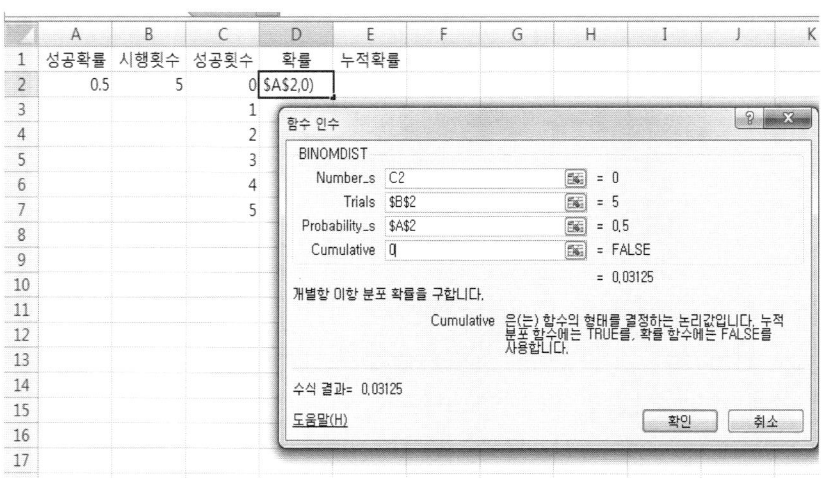

④ 다음으로, 이항분포의 누적확률 값을 구하기 위하여 E2셀에 셀포인터를 놓고 위와 같은 방법으로 함수마법사를 가동한다. 위의 세 인수는 앞에 설명한 것과 같다. 마지막 인수는 누적확률을 계산하여야 하므로 1(TRUE)을 입력해야 한다. 누적확률이라 함은 만약 예를 들어서 성공횟수가 2라면 0번 성공할 확률과 1번 성공할 확률값과 2번 성공할 확률값을 모두 더한 값을 지칭한다. 다 입력했으면 [확인 버튼]을 누른다.

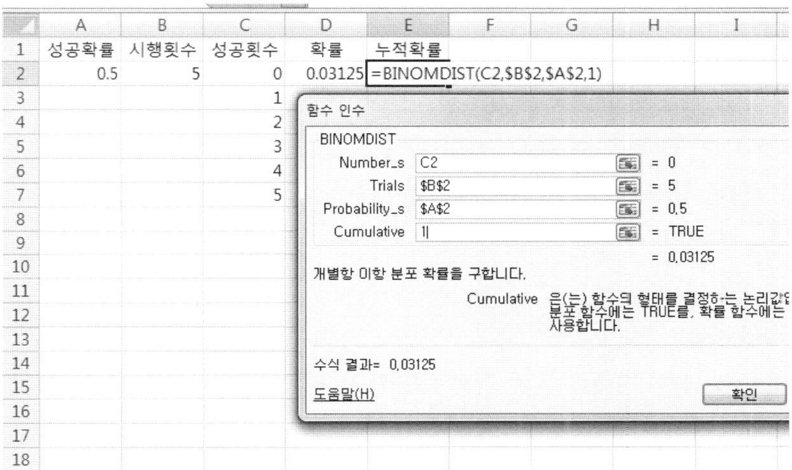

⑤ D2와 E2셀을 복사하여 D3:E7셀에 붙여넣는다.

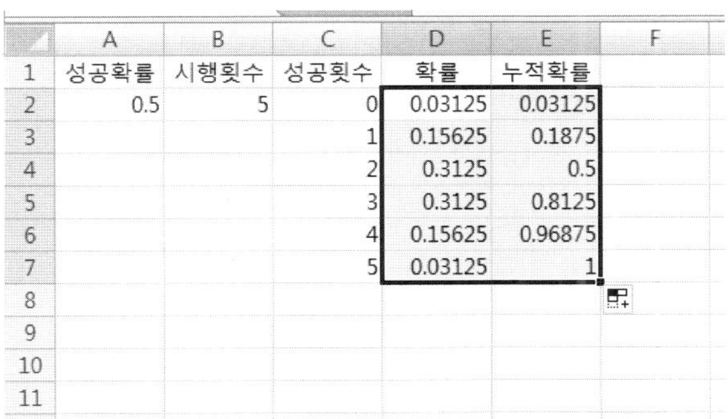

	A	B	C	D	E	F
1	성공확률	시행횟수	성공횟수	확률	누적확률	
2	0.5	5	0	0.03125	0.03125	
3			1	0.15625	0.1875	
4			2	0.3125	0.5	
5			3	0.3125	0.8125	
6			4	0.15625	0.96875	
7			5	0.03125	1	
8						
9						
10						
11						

제 2 절 포아송분포

포아송분포도 성공과 실패라는 두 상호배반적 사상으로 구성되어 있다는 점에서 이항분포와 같지만 연속적인 시간간격이나 공간에서 발생하는 사상의 수에 대한 확률을 계산하는 데 적용된다는 점에서 어떤 사상이 실험의 결과로 발생하는 이항분포와 다르다. 포아송분포가 적용되는 예는 다음과 같다.

- 교차로에서 한 달 동안 발생하는 사고건수
- 교환대에 걸려오는 분당 전화의 수
- 모직 한 필에서 발견되는 결점의 수
- 새 자동차에서 발견되는 흠집의 수

포아송분포는 포아송분포표를 이용하면 매우 쉽게 확률을 찾을 수 있다. 이때 요구되는 자료는 단위당 평균 발생건수만 알고 있으면 된다. 그것을 보통 μ로 표시한다. 만약 1시간에 $\mu=3$이라면 시간당 3건의 사건이 발생한다는 것이다. 이때 1번 사건이 발생할 확률을 찾아보면 0.1494로 나타난다.

엑셀로 계산하는 방법을 설명하면 다음과 같다.

① 다음과 같이 함수입력을 위한 준비를 한다.

	A	B	C	D	E	F
1	평균	발생횟수	확률	누적확률		
2	3	0				
3		1				
4		2				
5		3				
6		4				
7		5				
8		6				
9		7				
10						
11						
12						

② C2셀에 함수마법사를 가동하여 통계함수 [POISSON]함수를 선택한다. 첫 번

째 인수에는 발생건수를 입력하고, 두 번째 인수에는 평균 발생건수를 입력하고, 세 번째 인수에는 누적확률 여부를 입력한다.

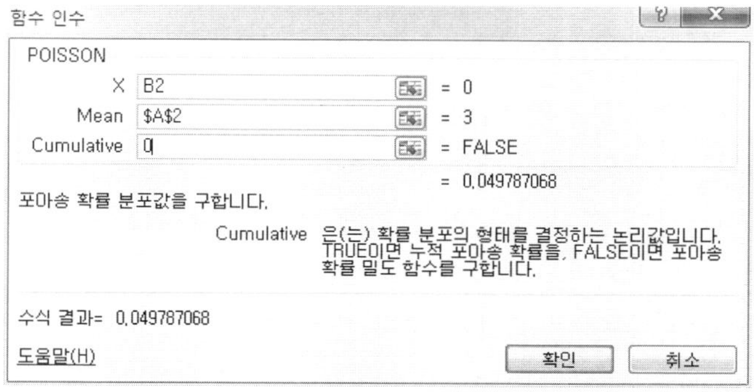

③ D2셀에 위와 같이 실행하고 인수값을 입력하되 마지막 인수에는 1을 입력한다. [확인 버튼]을 누른다.

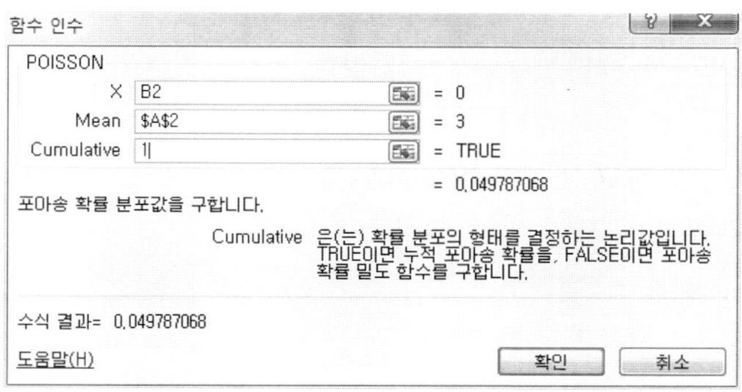

④ C2, D2셀의 내용을 C3:D9셀에 복사한다.

	A	B	C	D	E	F
1	평균	발생횟수	확률	누적확률		
2	3	0	0.049787	0.049787		
3		1	0.149361	0.199148		
4		2	0.224042	0.42319		
5		3	0.224042	0.647232		
6		4	0.168031	0.815263		
7		5	0.100819	0.916082		
8		6	0.050409	0.966491		
9		7	0.021604	0.988095		
10						

제 3 절 지수분포

지수분포는 포아송분포와 역의 관계에 있다. 포아송분포는 단위시간이나 공간 내에서 발생하는 사상의 수에 대한 분포이지만, 지수분포는 연속하여 발생하는 두 사상 사이의 시간간격 또는 공간의 간격에 대한 분포이다. 따라서 같은 내용을 서로 달리 표현할 뿐이다.

예를 들어 보자. 만일 단위시간 동안 도착의 수가 시간당 평균 6명씩 포아송분포를 따른다면 이는 도착 사이의 시간간격은 도착 사이의 평균시간이 1/6시간인 지수분포를 따른다고 달리 표현할 수 있다.

엑셀로 확률을 계산하는 방법은 다음과 같다. 이때 유의할 것은 포아송분포가 발생건수에 대한 확률을 계산하는 것이라면 지수분포는 발생시간에 대한 확률을 계산한다는 점을 이해하고 활용하여야 한다.

① 단위시간당 평균 발생건수(Lambda)와 구하고자 하는 간격시간 등을 입력하여 지수분포 계산을 위한 준비를 한다.

	A	B	C	D
1	평균 발생건수(Lambda)	간격시간(X)	누적확률	
2	3	0.1		
3		0.2		
4		0.3		
5		0.4		
6		0.5		
7		0.6		
8		0.7		
9		0.8		
10				
11				
12				

② C2셀에 셀포인터를 두고 통계함수 중에서 EXPONDIST를 선택한다. 첫 번째 인수에 간격시간이 있는 B2셀을 지정하고, 두 번째 인수에 A2셀을 지정하고 절대주소로 변경한다. 누적 여부에는 1을 입력한다. [확인 버튼]을 누른다.

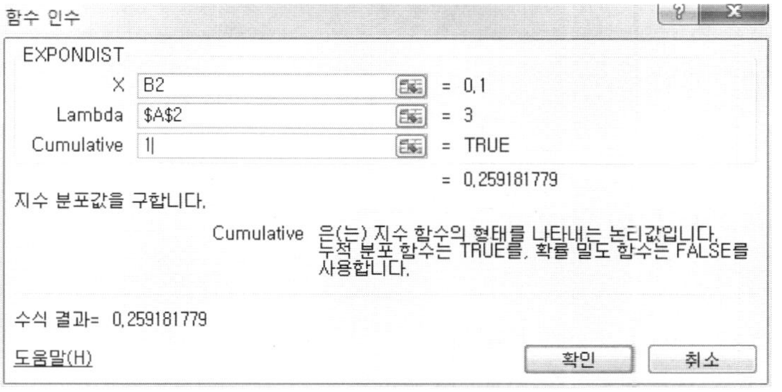

③ C2셀을 복사하여 C3:C9셀에 붙여넣는다.

	A	B	C	D	E
1	평균 발생건수(Lambda)	간격시간(X)	누적확률		
2	3	0.1	0.259181779		
3		0.2	0.451188364		
4		0.3	0.59343034		
5		0.4	0.698805788		
6		0.5	0.77686984		
7		0.6	0.834701112		
8		0.7	0.877543572		
9		0.8	0.909282047		
10					
11					
12					

계산되어진 결과가 의미하는 바는 단위시간당 평균 3번 사건이 발생하는 것으로 알려진 현상의 경우 0.1시간 내에 한 번 이상의 사건이 발생할 확률은 0.25918이라는 것이다. 누적확률이라는 의미는 한 번 이상 발생할 확률이라는 뜻이다. 0.1시간은 6분이므로 30분 내에 한 번 이상의 사건이 발생할 확률은 77.69%이고, 반대로 해석하면 30분 동안 한 번도 사건이 발생하지 않을 확률은 22.313%이다.

제 4 절 정규분포

1 정규분포의 발생배경

정규분포(normal distribution)는 자연발생적인 확률적 현상에서 가장 흔히 나타나는 분포로써 우리가 가장 많이 활용하는 분포이다. 이항분포와 포아송분포의 경우 이산확률분포로서 확률변수 X의 값이 불연속적인 반면, 정규분포는 연속확률분포(continuous probability distribution)로서 확률변수 X의 값이 연속적인 값을 가진다. 예를 들면, 동전을 10번 던져 앞면이 나오는 횟수를 확률변수 X라고 할 때 X는 5.5라는 값을 취할 수 없으므로 X의 분포는 이산확률분포를 가진다. 반면, 사람의 키를 확률변수 X라고 할 때 X가 연속적인 값을 가질 수 있으므로 X의 분포는 연속확률분포를 띤다.

정규분포는 연속확률분포라는 특징 이외에 서양종 모양을 닮은 등 여러 가지 중요한 특성을 가지고 있다. 여기서는 그 특징을 논하기에 앞서 정규분포의 모습이 생겨나게 된 배경을 설명하고자 한다.

앞에서 예를 든 동전을 10번 던지는 실험에서 나타나는 확률분포는 이항분포의 모습을 가지게 되는데, 실제로 컴퓨터 실험을 통하여 동전을 10번 던지는 실험을 만회 반복한 결과 다음의 분포 모습을 보였다. 또한 50번 던지는 실험도 만 회 반복하고 100번 던지는 실험도 만 회 반복한 결과 그래프가 [그림 3-1]과 같다.

분포 모습을 보면 n이 10인 경우든 50인 경우든 100인 경우든 비슷한 모습을 보이며 점점 어떤 모양으로 수렴하고 있다는 것을 느낄 수 있다.

n이 100인 경우 분포 모습이 n이 작은 경우에 비하여 좀 더 부드러워졌다는 것 이외에는 모두 비슷한 모습을 보이고 있다. 즉, 어떠한 모양에 수렴해 가고 있는 것을 발견할 수 있으며 이산적인 분포 모습이 점점 연속적인 분포 모습에 닮아가고 있음을 느낄 수 있다.

그림 3-1 동전을 10번 던지는 실험을 10,000회 반복한 결과 (n=10)

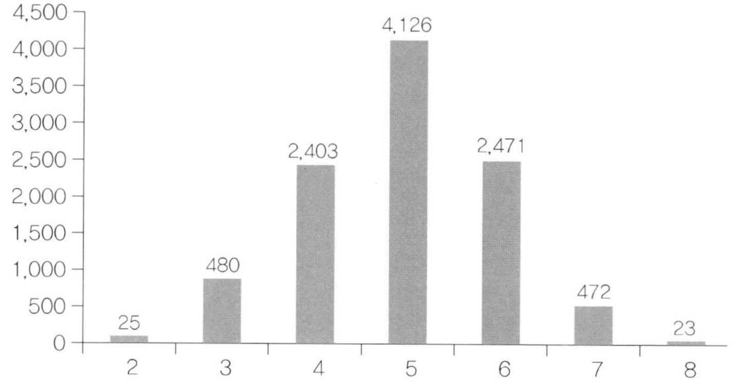

그림 3-2 동전을 50번 던지는 실험을 10,000회 반복한 결과 (n=50)

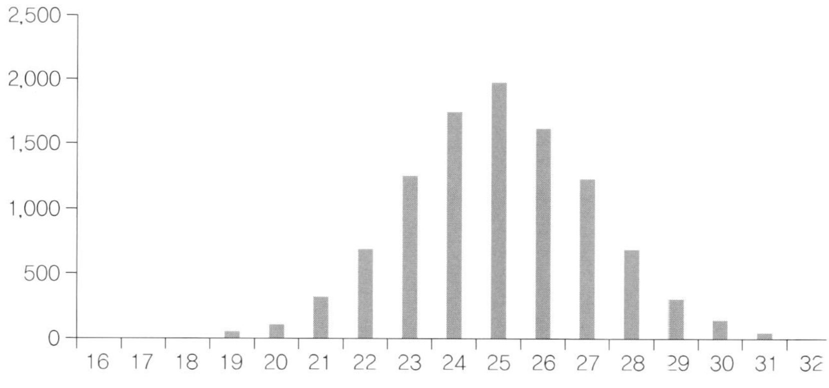

n이 무한대로 큰 실험의 반복횟수를 무한대로 한다면 이항확률분포는 연속적인 확률분포에 수렴할 것이며 이때 생겨나게 되는 분포가 바로 정규분포이다. 따라서 이항분포와 정규분포는 밀접한 관계를 가지게 된다.

그림 3-3 동전을 100번 던지는 실험을 10,000회 반복한 결과(n=100)

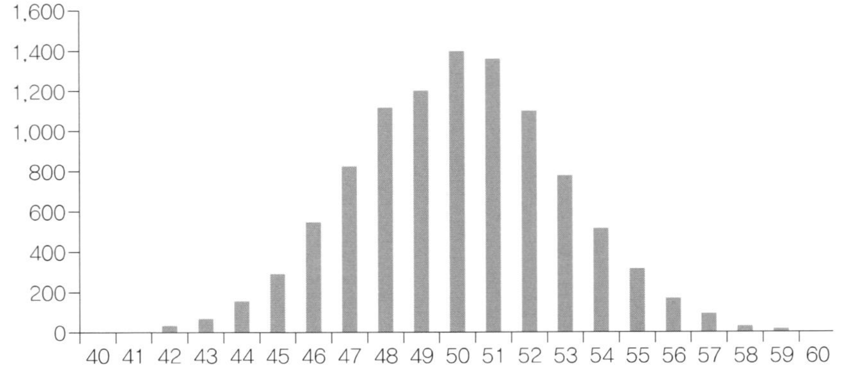

2 정규분포의 특성

이항분포로부터 도출되는 정규분포의 모양은 [그림 3-4]와 같이 서양종 모양을 가지고 있으며 그 곡선을 정규곡선(normal curve)이라고 부른다.

그림 3-4 정규분포 곡선

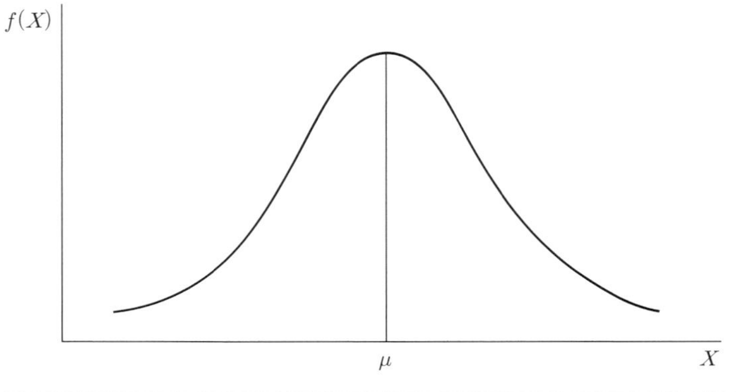

정규곡선은 다음의 특성을 갖는다.

① 서양종의 모습을 가진다.
② 평균을 중심으로 좌우 대칭이다.
③ 곡선의 끝단을 연장해도 X축에 닿지 않는다.
④ 면적의 합은 1이다.
⑤ 확률은 면적으로 표시된다(점의 확률은 0이다).
⑥ 정규분포의 위치와 모양은 평균과 표준편차에 의하여 결정된다.
⑦ 평균으로부터 표준편차 단위로 이동한 구간의 면적은 어떠한 정규분포이든 항상 동일하다.

정규분포의 위치와 모양이 평균과 표준편차에 의하여 결정되므로 μ와 σ의 조합에 따라 다양한 모양의 정규곡선이 그려질 수 있다.

[그림 3-5]는 평균과 표준편차의 다양한 조합에 따른 다양한 곡선모양이다.

평균은 정규곡선의 위치로서 모습을 나타내고 표준편차는 정규곡선의 모양으로서 모습을 나타낸다. 표준편차가 클수록 완만하고 키가 작은 모양을 띠고 있고 편차가 작을수록 뾰족하고 키가 큰 모양을 띠게 된다.

그림 3-5 평균은 같지만 표준편차가 다른 경우 정규분포

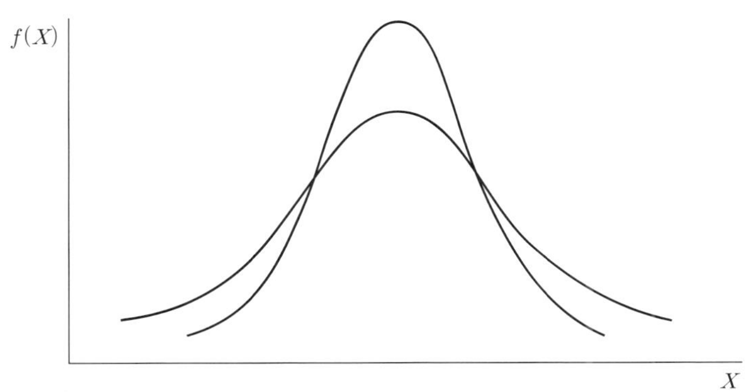

그림 3-6 평균은 다르지만 표준편차가 같은 경우

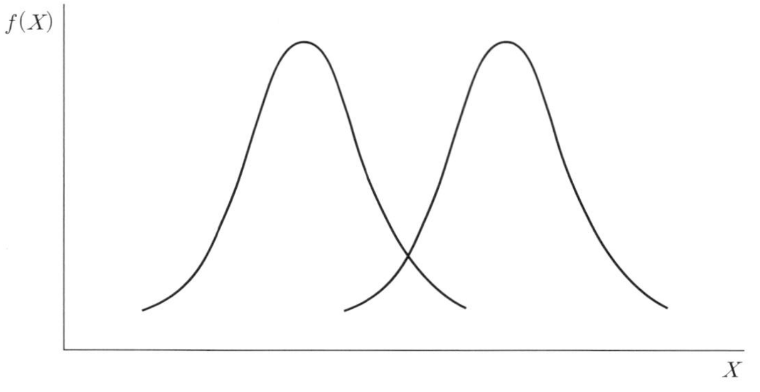

그림 3-7 평균과 표준편차가 모두 다른 경우

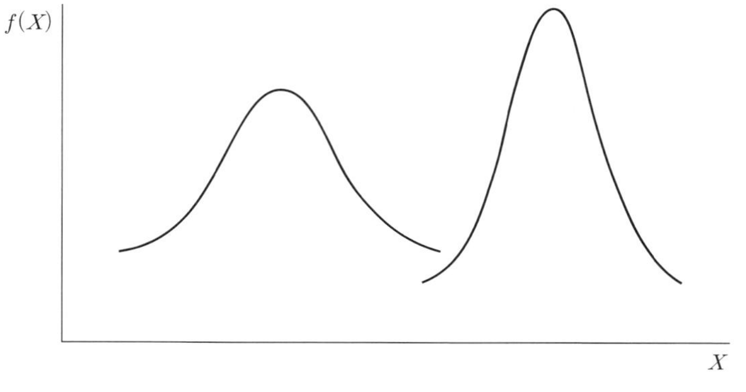

위의 다양한 곡선들은 평균과 표준편차만 다르고 모두 정규분포로서의 공통적인 특성을 가지고 있다. 즉, 아무리 다른 모양과 위치를 가지고 있어도 좌우대칭이며, 면적의 합은 1이고, X축에 닿지 않고 있다. 다양한 평균과 표준편차의 조합에 의하여 다양한 곡선이 산출된다는 사실을 역으로 해석하면 중요한 의미를 발견할 수 있다. 정규분포를 따르는 현상이라면, 어떤 분포모양을 가지고 있든지 μ와 σ로서 그 모양을 대표할 수 있다는 것이다. 이를 기호로 $X \sim N(\mu, \sigma^2)$으로 표현한다.

3 확률의 계산과 표준정규분포

정규분포의 특성 중에서 가장 중요한 것은 정규분포는 확률변수 X의 발생확률을 알려준다는 것이다. 우리가 정규분포를 활용하여 사상의 — 연속확률분포에서 사상이란 현실적으로는 확률변수 X의 구간의 형태로 발생할 것이다. 예를 들어, 키가 정확하게 170cm인 사람은 지구상에 하나도 없다. 그러므로 연속확률분포인 정규분포를 활용할 경우에는 주로 확률변수 구간의 발생 확률을 구하게 될 것이다 — 확률을 산출하고자 할 때에는 정규곡선을 적분하여 그 확률값을 산출할 수 있을 것이다.

그림 3-8 정규분포의 구간 확률

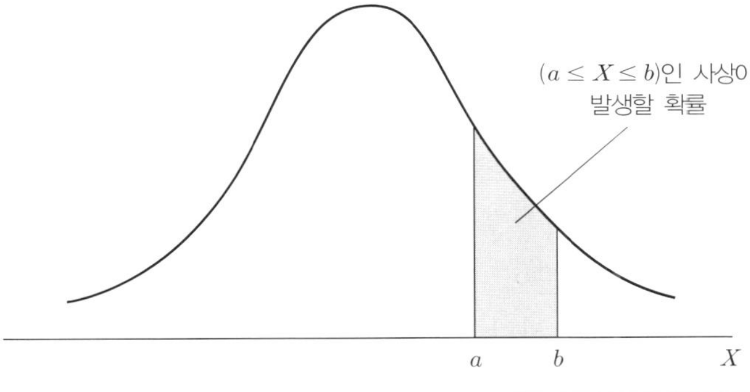

그러나 필요할 때마다 정규곡선을 적분하여 확률값을 계산한다는 것은 매우 번거로운 일이고 전공자가 아닌 경우에는 불가능하다. 그렇지만 사건의 발생 확률은 앞의 정규분포의 특성 중 ⑦의 특성을 응용하여 손쉽게 계산할 수 있다.

설명하기에 앞서 우선 질문을 제기하여 보자. 표준편차가 커짐에 따라서 정규곡선의 모양이 키가 작고 완만해지고, 편차가 작아짐에 따라서 키가 크고 뾰족해지는 이유는 무엇인가? 그 답이 바로 ⑦의 특성이다. ⑦의 특성에 의하여 표준편차가 다른 정규분포일지라도 평균과 표준편차 사이의 면적이 일정해야 하므로 표준편차가 커지면 동일면적을 유지하기 위하여 곡선의 키가 작아지고 기울기가 완만해야 한다. 즉, 다양한 분포 모습을 가지고 있더라도 표준편차 단위로 면적을 계산하면 모두 동일한 값을 가지고 있다는 것이다.

그림 3-9 표준편차와 구간 확률의 비례관계

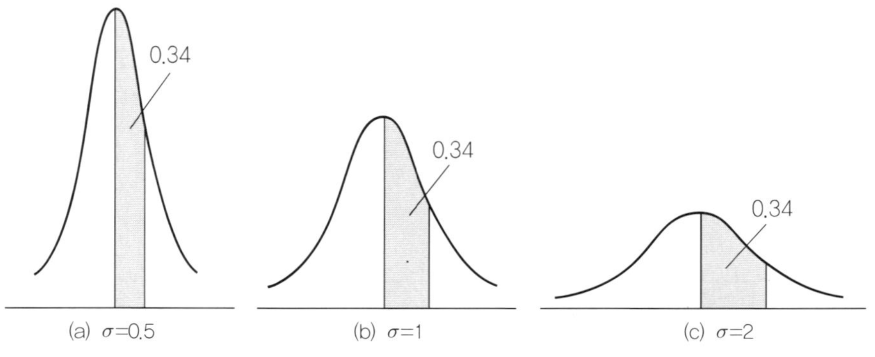

이것을 활용하면 손쉽게 확률값을 계산할 수 있다. 하나의 정규분포의 면적을 모두 산출해 놓은 다음 다른 분포의 확률값은 거기에 대응시켜서 찾는 방법이다. 그렇다면 그 하나의 기준 정규분포로 무엇을 선정할 것인가? 그것은 그 값을 구하는 사람 마음이지만 이미 평균이 0이고 표준편차가 1인 정규분포로 정해져 있다. 이 분포를 표준정규분포라고 한다.

> 표준정규분포란 모든 정규분포의 평균을 0이 되도록 하고 표준편차를 1이 되도록 표준화시킨 정규분포를 말한다. 이 경우, 확률변수를 Z라고 하고 Z는 $\mu=0$, $\sigma=1$인 정규분포를 따르며 이 분포를 Z분포라고 하기도 한다. 기호로 나타내면 $Z \sim N(0, 1)$로 표현된다.

앞에서 표준정규분포의 확률값을 모두 계산해 놓았다고 했는데, 그것을 표로 만들어 놓은 것이 '표준정규분포표'이다. 이 표를 보면 Z의 구간별 확률을 쉽게 계산할 수 있다. 이 표는 거의 모든 통계 관련 서적의 부록에 제시되어 있는데, 표를 보는 법을 설명하면 다음과 같다. 표에서 구할 수 있는 것은 평균 0으로부터 원하는 Z값 사이의 Z가 발생할 확률값이다. $Z=0$부터 $Z=1.96$ 사이의 Z가 발생할 확률을 구하기를 원한다면 표에서 $Z=1.96$을 찾으면 된다. $Z=1.96$의 위치는 표의 왼쪽 칸 아래 방향 행으로 소수점 첫째 자리의 Z값이 나타나고, 표의 위쪽 칸 오른쪽 방향 열로 소수점 둘째자리의 Z값이 나타나고 있다. 위치를 찾아서 값을 찾아보면 .4750이라는 숫자가 나타난다. 쉽게 말해서, 20번째 줄 7번째 칸에 있는 값이 .4750이다. 이를 해석하면 어떤 시행에서 Z가 0부터 1.96 사이의 값으로 나타날 확률이 0.475이라는 것이다.

이 표를 활용하면 Z분포를 따르지 않는 정규분포의 확률값을 쉽게 계산할 수 있다. 예를 들어, $X \sim N(60, 10^2)$을 따르는 시험성적의 분포가 있다고 할 때 합격점을 75점으로 한다면 합격할 확률은 얼마인가?

그림 3-10 정규분포에서 사례 X의 발생 확률과 면적

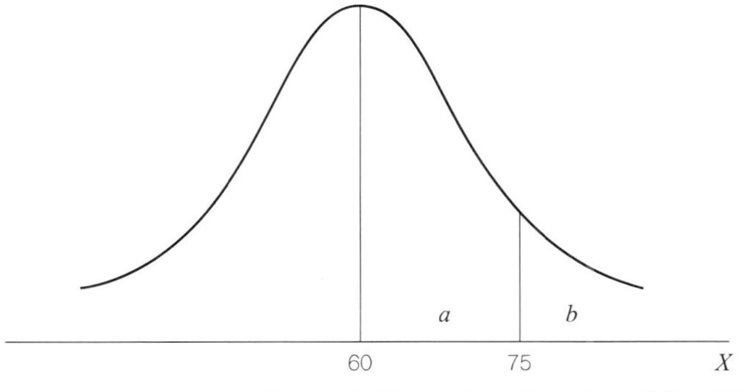

[그림 3-10]에서 우리가 원하는 확률값은 b이다. 정규분포는 평균을 중심으로 좌우 대칭이고 전체면적이 1이므로 60점 이상일 확률은 0.5이다. 따라서 $b=0.5-a$가 성립된다. 즉, a의 면적을 알면 b의 면적을 알 수 있다.

표준정규분포의 경우 a의 면적을 표에서 찾을 수 있었는데, 그렇지 않은 정규분포의 경우 어떻게 확률을 구할 것인가? 그 답은 위에서 제시한 정규분포의 특성 ⑦을 활용하면 쉽게 계산할 수 있다. 특성 ⑦을 활용하여 X를 표준편차 단위로 환산하는 것이다. $X=75$라는 것은 평균보다 15점이 많다는 것이고, 15점이 많다는

것은 표준편차단위로 1.5단위가 많다는 것이다. 이것은 표준정규분포의 경우, 표준편차가 1이므로 $Z=1.5$에 해당된다. 즉, $X \sim N(60, 10^2)$을 따를 때 $X=75$점은 $Z \sim N(0, 1)$을 따를 때 $Z=1.5$에 해당된다. 이를 공식으로 나타내고 그림으로 표현하면 [그림 3-11]과 같다.

$$Z=\frac{X-\mu}{\sigma}$$

그림 3-11 정규분포에서 사례 X의 발생 확률과 면적

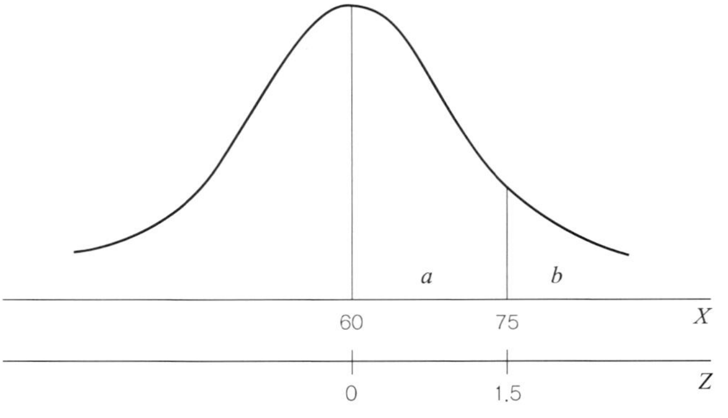

$Z=1.5$를 표준정규분포표에서 찾아보면 .4332이므로 b를 구하여 보면 $0.5-0.4332=0.0668$을 구할 수 있다. 따라서 합격할 확률은 6.68%이다.

4 정규분포의 활용

정규분포를 활용하기 위해서는 모집단의 분포가 정규분포를 따른다는 것과 모집단의 평균과 표준편차를 알아야 한다. 따라서 관심 있는 대상이 정규분포를 따른다는 것과 평균과 표준편차를 역사적 과거 경험으로써 알고 있는 경우이거나 모집단 전체에 관한 자료를 가지고 평균과 표준편차를 산출한 경우에 정규분포를 활용

할 수 있다. 그러나 이런 경우는 상대적으로 많지 않다. 따라서 적용범위가 비교적 협소하다고 할 수 있다.

정규분포 응용의 예로서 첫째, 확률변수 X의 구간별 발생 확률을 알 수 있다. 그리고 이 발생 확률은 분포비율로서 해석할 수 있다.

> 정규분포를 활용할 수 있는 경우
> ① 모집단을 조사하여 μ와 σ를 산출한 경우
> ② 역사적으로 μ와 σ가 알려져 있는 경우, 이때 모수의 변화를 가져올 만한 사정의 변경이 없어야 함

[예1] A시에는 10만 가구의 세대가 거주하고 있으며 가구당 월평균 소득은 160만 원이고 표준편차는 50만 원이며 소득의 분포가 정규분포를 따른다고 알려져 있다. 월 소득 40만 원 이하의 가구에 대하여 생계보조비를 지급한다고 할 대 대상 가구는 몇 가구일 것으로 예상되는가?

문제의 핵심은 전체 가구 중에서 월평균 소득이 40만 원 이하인 가구의 비율을 산출하는 것이다. 이것은 앞에서 말한 정규분포 활용의 전형적인 예라고 할 수 있다. 이를 그림으로 나타내면 X의 분포모양이 $\mu=160$, $\sigma=50$이고 정규분포를 따르므로 $X \sim N(160,\ 50^2)$을 따른다.

그림 3-12 A시의 소득의 분포

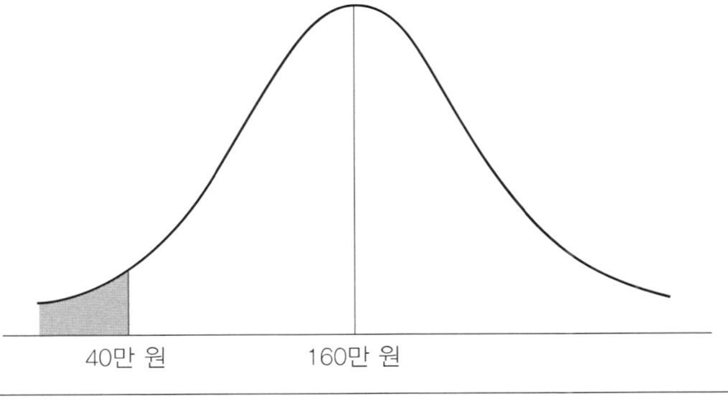

문제의 핵심은 [그림 3-12]에서 음영 부분의 면적을 구하는 것이다. 이를 구하기 위해서는 우선 정규분포를 표준정규분포인 Z분포로 변환해야 한다.

$X=40$은 다음 공식에 의하여

$$Z=\frac{X-\mu}{\sigma}=\frac{40-160}{50}=-2.4$$

$Z=-2.4$로 변환될 수 있다. 정규분포와 표준정규분포는 좌우 대칭이므로 Z가 -2.4인 경우에 구하는 확률값은 Z가 2.4인 경우에 구하는 확률값과 동일하다. Z가 2.4인 경우를 표준정규분포표에서 찾아 보면 0.4918이므로 Z가 -2.4보다 작을 확률은 $0.5-0.4918=0.0082$이다.

따라서 월평균 소득 40만원 이하인 가구의 발생 확률은 0.0082이며 그 가구 수를 계산하면 $100{,}000\times0.0082=820$가구이다.

정규분포 활용의 두 번째 예는 집단을 나누는 기준점을 찾는 것이다. 이 예는 앞의 예를 반대로 활용하는 것이라고 생각하면 쉽다.

[예2] 공무원의 5급 승진시험의 성적이 $X\sim N(70,\ 144)$을 따른다고 알려져 있다면, 응시자의 20%만을 합격시키려면 합격점을 몇 점으로 해야 하나?

상위 20%를 나누는 기준점은 Z분포로 0.84에 해당된다. 이를 그래프로 보면 [그림 3-13]과 같다.

Z값 0.84를 X분포값으로 환산하려면 다음 공식을 사용하여

$$Z=\frac{X-\mu}{\sigma}=\frac{X-70}{12}=0.84$$

$X=80.1$을 도출할 수 있다.

그림 3-13 승진시험 성적의 분포

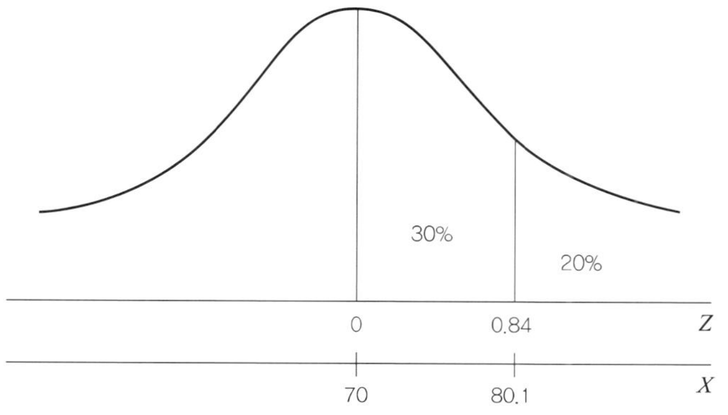

5 이항분포의 정규근사법

정규분포가 이항분포로부터 도출되므로 두 분포 간에는 일정한 관계가 있다고 할 수 있다. 즉, 정규곡선을 이용하면 이항분포의 확률근사치를 구할 수 있다.

이항분포와 정규분포와의 관계

$\mu = np$

$\sigma = \sqrt{np(1-p)}$

이항분포를 근사시키기 위하여 정규분포를 사용할 때는 시행의 횟수와 성공 및 실패의 확률이 적당히 큰 $np \geq 5$, $nq \geq 5$인 경우에 근사치를 산출하므로 주의하여야 한다. 또한 연속성을 위한 조정이 필요하다. 즉, 연속확률분포인 정규분포를 이항분포에 적용할 때에는 확률변수 X에 ± 0.5를 조정해야 한다. 'X가 얼마 이상이다'라는 확률을 구할 경우에는 X에 -0.5를 더해주고, 'X가 얼마 이하이다'라는 확률을 구할 경우에는 X에 0.5를 더해준다. 이것들을 예를 들어서 설명하면 다음과 같다.

예를 들어, 동전을 10번 던져 앞면이 8번 이상 나올 확률을 산출한다고 할 때, 우선 정규분포를 사용하기 위한 조건으로 $np=10\times0.5=5$이므로 조건을 충족한다. q의 경우도 마찬가지이다.

연속성을 위한 조정으로서, 8번 이상 나올 확률을 구하고 있으므로 X에 -0.5를 더해주면 7.5번 이상 나올 확률을 구하면 된다. 즉, 7번 이하가 나올 확률과 8번 이상이 나올 확률의 경계로서 7.5를 선택한다는 것이다.

그림 3-14 이항분포의 정규근사치

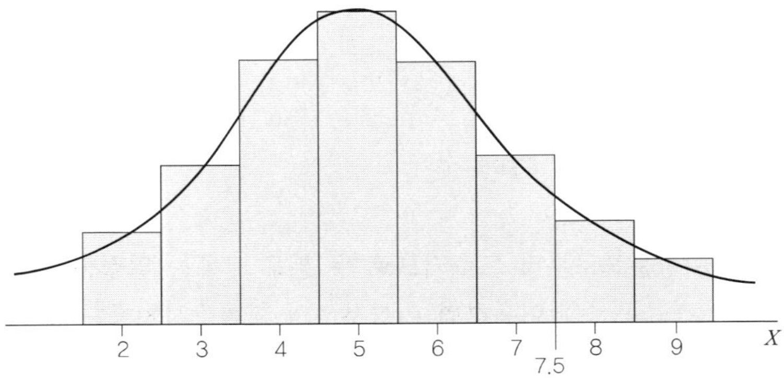

$np=5$이고, $\sqrt{np(1-p)}=1.581$이므로 $X\geq7.5$일 확률은 $Z\geq1.58$일 확률과 동일하므로 $0.5-0.4429=0.0571$을 구할 수 있다. 그러므로 동전의 앞면이 8번 이상 나올 확률은 5.7%라는 것을 알 수 있다.

연습문제

1. 이항분포란 무엇인가?

2. 정규분포의 특성을 설명하라.

3. 표준정규분포에 대하여 간단히 설명하라.

4. 이산확률분포와 연속확률분포란?

5. 이항분포와 정규분포와의 관계를 설명하고 정규분포를 사용하여 이항확률의 근사치를 구하는 방법을 설명하라.

6. 확률변수 X가 정규분포 N(15, 4)를 따를 때 다음 각 X값에 대한 Z값을 구하라.

(1) $X=18$ (2) $X=13$

(3) $X=11.5$ (4) $X=22$

7. 확률변수 X가 정규분포 N(120, 25)를 따를 때 다음 각각의 확률을 구하라.

(1) $X \geq 130$ (2) $X \geq 112$

(3) $124 \leq X \leq 130$ (4) $X \leq 115$

8. 확률변수 X가 정규분포 N(30, 36)을 따를 때 다음 물음에 답하라.

(1) 하위 10%는 X가 얼마 이하여야 하는가?

(2) 상위 5%에 들려면 X가 얼마 이상이어야 하는가?

9. B시에서 하루에 발생하는 쓰레기의 양은 정규분포를 따르고 평균 200톤 표준편차 20톤으로 알려져 있다. 쓰레기 처리시설을 갖추려고 하는데, 예산의 제약으로 인

하여 넉넉한 시설을 갖추지 못하더라도 처리능력을 초과하는 날의 수가 많아도 5%를 넘지 않도록 하는 처리시설의 용량은?

제 4 장 주요 행정변수의 측정사례

제 1 절 조직변수

1 조직성과

연구자가 궁극적으로 관심을 가지는 변수는 조직의 성과이다. 따라서 많은 연구에서 조직의 성과변수를 종속변수로써 선정하고 있다. 조직의 성과는 다양한 차원에서 측정될 수 있는데, 모든 차원의 성과를 동시에 측정하는 것은 현실적으로 매우 힘들 것이다. 따라서 대부분의 연구에서 부분적인 조직의 성과들을 연구목적에 맞도록 측정하고 있는 실정이다.

표 4-1 성과변수 측정사례

변 수	하위변수	측정항목
행정관리가 경찰성과에 미치는 영향에 관한 실증적 연구		
경찰성과	산출적성과	범죄검거율 112신고 대응시간
	관계적성과	시민불만제기 건수

	결과적성과	범죄발생률
	지각적성과	시민만족도 경찰신뢰도
지방의료원의 운영형태별 성과분석		
의료원 운영 성과	서비스질	편리성 친절성 신뢰성 쾌적성
독립규제기관의 독립성이 조직성과에 미치는 영향		
조직 성과		안건처리실적 사건처리실적
조직 간 의사소통이 조직성과에 미치는 영향에 관한 실증적 연구		
조직 성과	외부자원확보	자원봉사를 위한 인적·물적자원확보 도시락나눔을 위한 지역교회와 단체들의 역할
	목표달성	후원금수입, 자원봉사자관리(무료급식) 자원봉사관리효율성, 무료진료사업 등
	연계서비스 만족	타종합복지관, 문화원, 보건소, 상담센터, 자원봉사기관 등 지역교회, 자원봉사센터, 건강 관련 기관 등
팀제가 조직성과에 미치는 영향		
조직 성과	능률성	업무처리 시간의 단축 업무처리 과정의 간소화 업무처리 과정의 정확성
	효과성	목표의 달성도 업무 결과의 질적 향상 업무 결과의 생산성
	대응성	고객요구의 탐색 고객만족도의 향상 시기적 적실성
공공부문의 BSC 수용성 및 조직성과의 영향요인 분석		
조직 성과		준법만족도 효율만족도 효과만족도 가치일체감

2 조직구조

조직은 공동의 목표달성을 위하여 과업을 전문화의 원리에 의하여 분업을 하게 되고 이 과정에서 조직의 과업은 구조를 가지게 된다. 이렇게 구조화된 과업을 수행하기 위하여 조직은 과업구조에 대응되는 조직구조를 가지게 되는 것이다. 조직이론이 생겨날 초창기에 연구자들은 어떤 과업과 환경에 대하여 어떤 조직구조가 유리한지에 관하여 많은 연구를 수행하였다.

조직구조 변수는 주로 형태에 관한 것이다. 조직의 크기, 계층 모양, 계층의 수, 등에 관하여 많이 연구되었다. 이후 조직의 권한의 배분, 의사소통 등에 관하여 많이 연구되었다. 조직구조 변수는 주로 조직설계 관련 변수들이다. 최근에 이르러 조직구조 변수들은 많이 사용되지 않고 있다.

표 4-2 조직구조 변수의 측정사례

변 수	하위변수	측정항목
팀제가 조직성과에 미치는 영향		
구조 변화	권한배분	권한배분의 적절성 업무의 자율성 업무의 책임성 참여의 적극성
	의사소통	결정의 민주성 규모의 적정성 정보공유의 적실성 팀원 간의 인지도
갈등 관리	갈등해소	업무협조의 적실성 팀 간의 정보교류의 적실성
	조정기관	조정기관의 적실성 조정기관의 공정성
지방정부의 주민참여제도 시행에 영향을 미치는 요인		
조직 역량		공무원 수 재정자립도 예비비 확보율

3 조직관리

조직구조 변수가 조직의 형태에 관한 것이라면 조직관리 변수는 조직의 운영에 관한 것이다. 잘 설계되고 잘 짜여진 조직이라도 어떻게 운영되는가에 따라서 성공적인 결과를 산출하기도 하고 좋은 성과를 내지 못하기도 한다. 즉, 관리 전략이 적절한지 여부에 따라서 조직의 성과가 달라질 수 있다는 것이다. 조직관리 변수들은 매우 많으나 최근에 주로 리더십, 성과보상체계, 보상의 공정성, 합리적 조직문화 형성 등의 변수들이 많이 사용되었다.

표 4-3 조직관리 변수 측정사례

변 수	하위변수	측정항목 혹은 설문문항
		조직문화, 리더십, 조직효과성의 관계
리더십	구조주도	직원들이 해야 할 일을 분명히 알려준다. 업무처리 시 일관된 절차를 거칠 것을 강조한다. 직원들이 무슨 일을 어떻게 해야 하는지 결정해 준다. 직원들에게 표준화된 규칙과 규정을 따르도록 강요한다.
	배려	친근하고 접근하기 쉽다. 직원들을 즐겁게 해주려고 노력한다. 직원들의 건의사항을 잘 받아들여 실행한다. 모든 직원들을 평등하게 대우한다. 중요한 업무처리 시 직원들과 상의하여 결정한다. 직원들의 개인적인 복지에 많은 관심을 가진다.
	거래적 (성과보상)	내가 노력한 만큼 대가를 얻을 수 있다고 확신시켜 준다. 일을 잘하면 공식적 인정을 해주거나 승진가능하다고 이야기한다. 내가 원하는 것을 얻을 수 있는 방법을 알려준다. 조직의 보상을 받으려면 내가 무엇을 해야하는지 이야기해 준다. 내가 청장님을 지원하면, 청장님도 상응하는 대가를 제공해 준다. 내가 우리 부서를 위해 노력한 만큼 보상을 받을 수 있게 해준다.
	변혁적 (카리스마)	우리에게 감화를 준다. 내가 정말 중요하게 생각해야 될 것이 무엇인가를 알게 해주는 특별한 재능을 갖고 있다. 같이 일할 때 달성할 수 있는 것에 대한 비전을 제시한다. 내가 본받아야 할 모델이다. 나는 청장님을 성공과 성취의 상징으로 생각한다. 모든 사람들로부터 존경받는 사람이다. 나는 청장님과 관련 있는 사실에 대해 자부심을 느낀다.

리더십	변혁적 (개별배려)	내가 원하는 것을 알고 있으며 그것을 얻도록 도와준다. 청장님이 없어도 해야 할 목표를 달성할 수 있다고 확신시켜 준다.
	변혁적 (지적자극)	전에 전혀 의문을 갖지 않았던 나의 생각을 재고하게 한다. 해묵은 문제들을 새로운 방식으로 생각하게 한다. 불명확하고 혼란스러운 것에 대해 새로운 안목으로 사물을 보는 방법을 알려 준다.
조직문화, 리더십, 조직효과성의 관계		
조직 문화	집단문화	우리 조직은 매우 인간적이며 마치 가정의 연장과 같다. 직원들은 자신의 많은 것들을 공유하는 것 같다. 직원들의 조직 헌신이 강하다.
	발전문화	우리 조직을 결속시키는 힘은 쇄신과 발전에 대한 몰입이다. 우리 조직에서는 산출물과 서비스가 가장 강조된다. 우리 조직은 새로운 아이디어의 개발을 통한 성장을 강조한다. 우리 조직은 새로운 산출물이나 새로운 서비스의 발생을 중시한다.
	합리문화	직원들은 성과달성에 관심을 갖는다. 우리 조직을 결속시키는 힘은 과업성취와 목표달성에 대한 강조이다. 우리 조직에서는 생산지향성과 성취지향성이 공유되고 있다. 우리 조직은 결과와 성취를 강조한다. 우리 조직에서는 목표달성이 중시된다.
	위계문화	직원들은 업무처리를 위하여 절차에 주의를 기울인다. 우리 조직을 결속시키는 힘은 공식적인 규칙과 정책이다. 우리 조직에서는 규칙을 지키는 것이 중요하다. 우리 조직은 영속성과 안정성을 강조한다.
공무원의 인사공정성 인식이 혁신적 업무행동에 미친 영향		
인사 공정성	분배공정성	나는 맡은바 업무 및 책임과 관련하여(봉급, 승진, 고과 등) 공정한 보상을 받는다. 나는 경력 또는 경험의 정도만큼 공정한 보상(봉급, 승진, 고과 등)을 받는다. 나는 업무에 대해서 내가 노력한 만큼 공정한(봉급, 승진, 고과 등)을 받는다. 나는 내가 달성한 업무성과만큼 공정한 보상(봉급, 승진, 고과 등)을 받는다. 업무처리상의 스트레스나 긴장만큼 보상을 받는다.
	절차공정성	보상 결과에 대한 의견을 제시할 수 있는 절차가 있다. 정확한 개인별 보상근거를 얻기 위한 절차가 마련되어 있다. 일관된 보상기준이 있어 사람이나 시간에 따라 변하지 않는다. 보상제도가 사사로운 이해관계나 편견이 배제되도록 운영되고 있다. 부서에서는 보상과 관련하여 조직구성원들의 견해에 귀를 기울이는 편이다.
	상호작용 공정성	보상과 관련된 의사결정에 있어 상사는 나의 의견을 존중해 주는 편이다. 보상과 관련된 의사결정에 있어 상사는 개인적인 편견을 배제하고자 노력한다. 보상과 관련된 의사결정사항이나 이외 실행 결과에 대하여 시기적절한 피드백을 제공해 준다. 보상과 관련된 의사결정에 있어 나의 상사는 솔직한 자세로 나를 대한다.

		보상과 관련된 상사는 업무처리내용 및 과정에 대해 설명하고 구성원들에게 이해를 구한다.

제 2 절 개인변수

1 태도 및 정서적 변수

조직을 구성하고 있는 개인변수는 크게 두 가지로 나누어 볼 수 있다. 정서적 변수와 인지적 변수가 그것이다. 전자는 주로 장기적으로 형성되고 쉽게 변하지 않으므로 안정적으로 행태를 예측하는 데 이용될 수 있다. 반면에, 후자는 단기적인 환경변화에 대하여 반응함으로써 단기적 행태 예측에 많이 활용될 수 있다. 전자는 감정 태도와 관련이 있고, 후자는 사고 생각 등과 관련이 많다.

표 4-4 정서적 변수 측정 사례

변 수	하위변수	측정항목 혹은 설문문항
		조직문화, 리더십, 조직효과성의 관계
직무 만족		귀하가 담당하는 업무의 성격에 대해 어느 정도 만족하십니까? 귀하의 직장동료에 대해 어느 정도 만족하십니까? 귀하가 받는 보수에 대해 어느 정도 만족하십니까? 귀하의 직장 내 승진기회에 대해 어느 정도 만족하십니까? 귀하의 직장 상관에 대해 어느 정도 만족하십니까? 모든 것을 감안할 때, 현재의 직무에 어느 정도 만족하십니까?
		조직몰입 관련 연구들
조직 몰입		나는 조직의 성공을 위해 보통의 수준 이상으로 노력할 용의가 있다. 친구들에게 나의 직장이 일하기 좋은 곳이라 말하겠다. 많은 조직 중에서 나에게 이 조직은 가장 좋은 일자리다. 내가 근무하는 조직을 위해서는 어떤 형태의 직무라도 상관없이 받아들이겠다. 내가 추구하는 가치와 조직이 추구하는 그것과는 매우 비슷하다. 나는 이 조직의 성원이 된 것을 다른 사람에게 자랑스럽게 말할 수 있다. 난 이 직장 외의 다른 직업을 갖는 것을 심각히 고려하고 있다. 내가 근무하는 조직은 나의 진가를 발휘하게 해준다. 나는 이 직장을 떠나도, 나의 현 상황에는 별 변화가 없을 것이다.

		내가 공무원이 된 것은 더할 나위 없이 기쁘다.
		이 직장에 오래 근무한다고 하여 얻어지는 것은 별로 없다.
		나는 종종 이 조직의 정책들에 동의하지 못한다.
		나는 공무원으로서 우리나라 장래에 대해 진심으로 관심을 가지고 있다.
		나는 이 조직에 충성할 마음이 없다.
		이 직장을 선택한 것은 치명적인 나의 실수다.

2 인지적 변수

표 4-5 인지적 변수 측정사례

변 수	하위변수	측정항목
지방공무원의 조직몰입과 혁신행태가 지식관리에 미치는 영향		
지식관리	지식획득	다른 조직의 보유지식 또는 각종 정책보고서 등 지식획득 노력
		업무처리 및 해결에 필요한 지식을 얻기 위해 DB 사용
		다른 조직의 모범 사례 등 지식을 획득하기 위해 노력한다.
	지식축적	개인 혹은 부서의 아이디어나 노하우, 지식 등을 문서화·전자화
		업무처리 및 해결에 필요한 정보나 지식을 컴퓨터 등에 저장
		지식의 활용 결과 평가내용을 기록하여 둔다.
	지식공유	개인적인 노하우나 유용한 정보와 지식의 자발적 공유
		타부서의 문서, 정보나 지식 등을 참조
		부서 간/팀 간 필요한 정보나 지식공유를 위한 의견교류와 팀워크
	지식활용	새로운 문제의 해결 혹은 상황변화에 대처하고자 할 때 지식활용
		업무수행에 과거의 실수나 경험으로부터 획득한 지식활용
		업무의 개선을 위하여 모범 사례 교훈을 지식으로 활용한다.
공무원의 정보기술 사용과 영향요인에 대한 실증연구		
정보기술 사용	정보기술 수용	정보기술에 대한 적용노력
		정보기술 사용에 시간, 비용 투자노력
		본인 업무처리에 정보기술 필요성
		출근 후 반드시 로그인
		정보기술이 없으면 업무수행 어려움
	정보기술 활용	예전추진 사업검토 시 우선적으로 활용
		진행 중인 사업검토 시 우선적으로 활용
		신규사업계획 검토 시 우선적으로 활용
		동료와 업무연락 시 우선적으로 활용
		업무지시와 결과보고 시 우선적으로 활용
		업무경험 검색 시 우선적으로 활용

한국과 일본의 신뢰 특성 비교		
협소한 신뢰	가족 신뢰	부모 신뢰, 배우자 신뢰, 자녀 신뢰, 형제 신뢰(10점척도)
	지인 신뢰	학교동창 신뢰, 고향동료/선후배 신뢰, 직장동료 신뢰(10점척도)
	연고단체 신뢰	연고가 있는 단체에 대한 신뢰(10점척도)
개방적 신뢰	일반인 신뢰	대부분 사람들은 공정하기보다 자기 이득 취하는 데 관심(R), 자영업자들은 자신소득을 제대로 신고 않음(R), 겉으로 말하는 것처럼 행동하지 않는 사람이 많다고 생각(R)(5점척도)
	낯선 사람 신뢰	온라인 대화상대 신뢰, 낯선 내국인 신뢰, 외국인 신뢰(10점척도)
	시민단체 신뢰	환경단체 신뢰, 여성단체 신뢰, 문화 예술단체 신뢰(10점척도)
제도 신뢰	정부기관 신뢰	대통령(수상) 신뢰, 국회 신뢰, 사법부 신뢰, 행정부(중앙행정기관, 광역자치단체, 기초자치단체) 신뢰(10점척도)
	사회기관 신뢰	기업(중소기업, 대기업) 신뢰, 언론(TV 및 방송, 신문) 신뢰, 학교(초 · 중 · 고 · 대학교) 신뢰
	제도 공정성 신뢰	경제적 성공기회 동등, 법 집행(위법, 탈법에 대한 제재) 공정, 교육기회 공평, 양성평등 보장(5점척도)
공무원의 인사공정성 인식이 혁신적 업무행동에 미친 영향		
혁신적 업무 행동		나는 어려운 업무 관련 문제들을 해결하기 위해 새로운 아이디어를 개발한다. 나는 업무수행에 활용될 수 있는 새로운 기술, 도구, 방법 등을 찾으려고 애쓴다. 나는 업무와 관련해 독창적인 방법을 고안해낸다. 나는 혁신적인 아이디어에 대한 지원을 얻으려고 노력한다. 나는 혁신적인 아이디어에 대한 공감을 형성하려고 노력한다. 나는 직장의 핵심인물들을 혁신적 아이디어에 대한 열렬한 후원자로 만든다. 나는 혁신적 아이디어를 잘 다듬어 유용하게 쓰일 수 있도록 만든다. 나는 체계적인 방법으로 혁신적으로 아이디어를 작업현장에 도입한다. 나는 혁신적 아이디어의 실용적 가치를 꼼꼼하게 따져본다.

제 3 절 조직환경 변수

표 4-6 조직환경 변수 측정사례

변수	하위변수	측정항목
독립규제기관의 독립성이 조직성과에 미치는 영향		
	영향배제 독립성	[구조독립성] ○ 기관장의 지위

독립성		– 기관장 임기 ▸ 1.00점: 6년 이상 ▸ 0.50점: 3~6년 ▸ 0.00점: 고정임기 없음 – 기관장 임명권 ▸ 1.00점: 기관의 구성 위원 ▸ 0.75점: 행정부와 입법부의 혼합구성 ▸ 0.50점: 입법부 ▸ 0.25점: 행정부 집단결정 ▸ 0.00점: 하나 또는 두 장관 – 기관장 해임권 ▸ 1.00점: 해임불가능 ▸ 0.50점: 정책과 관련되지 않은 이유에서만 가능 ▸ 0.00점: 해임에 대한 구체적인 조항 부재 – 타기관 중복재임권 ▸ 1.00점: 불가 ▸ 0.50점: 행정부 허가로만 가능 ▸ 0.00점: 구체적인 조항 부재 – 연임 가능성 ▸ 1.00점: 불가 ▸ 0.50점: 한 번 가능 ▸ 0.00점: 한 번 이상 가능 – 공식적 임명 요청의 독립성 ▸ 1.00점: 가능 ▸ 0.00점: 불가 ○ 위원의 지위 – 위원 임기: 위원장과 동일기준 – 위원 임명권 ▸ 1.00점: 기관장 ▸ 0.75점: 행정부와 입법부의 혼합구성 ▸ 0.50점: 입법부 ▸ 0.25점: 행정부 집단결정 ▸ 0.00점: 하나 또는 두 장관 – 위원 해임권: 위원장과 동일기준 – 타기관 중복재임권: 위원장과 동일기준 – 연임 가능성: 위원장과 동일기준 – 공식적 임명요청의 독립성: 위원장과 동일기준 [재정독립성] – 재원정도: 자체 세입액 [법적독립성] – 위원회의 독립성에 대한 법률상 공식적 언급 ▸ 1.00점: 언급 ▸ 0.00점: 무언급
	의사결정 역량 독립성	[관리독립성] ○ 인사 및 재무관련 원칙, 절차설정권한 ▸ 1.0점: 자체규정에서 모두 규정 ▸ 0.5점: 법에 임의규정 / 일부 규정권한 위임 ▸ 0.0점: 법에 의무규정 ○ 예산확보율(예산배정액/예산신청액%) [정책독립성] ○ 규제기능 신설 및 폐지 권한 ▸ 1.0점: 자체규정에서 모두 규정 ▸ 0.5점: 법에 임의규정 / 일부 규정권한 위임 ▸ 0.0점: 법에 의무규정

	영향독립성	– 사전법률협의권 ▸ 사전법률협의권 적용건수
조직 간 의사소통이 조직성과에 미치는 영향에 관한 실증적 연구		
조직 간 의사소통	교육연계	학습활동지원, 가정문제교육, 생태환경교육 등 대학과 유관단체와의 교육연계 등
	자원봉사 연계	가족문제상담, 직업소개, 청소년치료상담 등 도시락, 의료 및 보호, 이미용, 재가복지 등
	이용자 정보공유	취업희망자, 봉사자의뢰, 법률행정이용자에 대한 정보공유 등 취업희망자정보공유 등
	프로그램 정보공유	생태교실, 주민상담실, 부부문제해결프로그램, 공개강좌 등 자활근로자사업해당자, 사례관리 등
	자료지원	집고치기, 생활필수품지원 등 도시락후원사업, 재가노인가정후원 등
지방정부의 주민참여제도 시행에 영향을 미치는 요인		
주민 참여 제도	정보제공형 주민참여	주민설명회 공청회 신문고/직소민원 인터넷의견수렴 결재문서공개 소식지 시정운영상황공개 평가/감사 결과 공개 행정서비스만족도조사
	협의형 주민참여	주민참여예산제도 정책자문/정책자문위원회 정책설문조사/여론조사 정책토론방/온라인정책토론방 각종위원회/운영위원회 주민참관확대간부회의 정책모니터링 옴부즈맨/시민감사관
	능동적 참여형	주민투표제도 주민제안제도/주민아이디어모집 심의위원회 명예감독관/시민감시관 시민고충처리관제 부조리신고보상제도 주민감사청구제도 옴부즈맨/시민감사관 행정서비스품질평가제
지역사회 시민의 참여활동과 영향요인		
시민참여	투표	
	선거운동	선거운동(투표하도록 설득 또는 선거지원유세) 정당 혹은 후보자를 위해 선거후원금 기부

지역공동체 참여	지역사회 토론회, 공청회나 설문조사 지역사회 위원회, 자문활동 참여 지역문제 해결을 위해 지역주민과 함께 일한 경험 반상회 및 지역 행사에 참여한 경험
공직자 접촉	행정기관에 민원 제기 및 접수 공직자(공무원, 지방의원) 면담 경험
항의	청원이나 진정서에 서명 행정기관에 항의 전화나 편지 가두시위나 집회 또는 항의 방문
시민단체 참여	시민단체(NGO) 회원가입 시민단체(NGO) 주관 행사 참가 시민단체(NGO) 회비 기부 시민단체 연계 자원봉사활동 참여

제 5 장 자료해석

제 1 절 자료에 대한 이해

01 다음 〈표〉는 우리나라의 인구동태건수와 인구동태율에 관한 자료이다. 이에 관한 설명으로 옳지 <u>않은</u> 것은?

기본항목별	2002	2003	2004	2005	2006	2007	2008
출생아 수(명)	492,111	490,543	472,761	( )	448,153	493,189	465,892
사망자 수(명)	245,317	( )	244,217	( )	242,266	244,874	246,113
자연증가건수(명)	( )	246,037	228,544	( )	205,887	( )	219,779
조출생률(천 명당)	10.2	10.2	9.8	( )	9.2	10	9.4
조사망률(천 명당)	5.1	5.1	5	( )	5	5	5
자연증가율(천 명당)	5.1	5.1	4.7	( )	4.2	5.1	4.4
합계출산율(명)	1.166	1.18	1.154	1.076	1.123	1.25	1.192
출생성비(명)	110	108.7	108.2	107.8	107.5	106.2	106.4
혼인건수(건)	304,877	302,503	308,598	314,304	330,634	( )	327,715
조혼인율(천 명당)	6.3	6.3	6.4	6.5	6.8	7	6.6
이혼건수(건)	144,910	166,617	138,932	128,035	124,524	( )	116,535
조이혼율(천 명당)	3	3.4	2.9	2.6	2.5	2.5	2.4

① 2003년 출생아 중 남아는 당해연도 자연증가건수보다 많다.

② 2002년과 2007년의 자연증가율은 같지만 2007년의 자연증가건수는 2002년의 자연증가건수보다 크다.

③ 2003년에 조사망률이 5.1이고 2007년에 조사망률이 5이지만 2003년의 사망자 수는 2007년의 사망자 수보다 적다.

④ 합계출산율이 2보다 작으므로 우리나라의 인구는 장기적으로 볼 때 감소할 것이지만, 2002년부터 2008년까지 인구는 매년 증가하였다.

⑤ 2007년의 혼인건수와 이혼건수는 2006년의 혼인건수와 이혼건수보다 많다.

해설 자료들의 유기적인 관계를 이용하여 자료를 활용하는 능력을 평가해 볼 수 있는 문제라고 할 수 있다. 요령 있게 판단하지 않으면 계산량이 많아 시간이 많이 소요된다. 자연증가율, 조출생률, 조사망률, 조혼인율, 조이혼율 등 통계개념을 모른다 하더라도 표에 출생아 수 등 건수자료와 동시에 제시되어 있으므로 인구 천 명당 지표라는 것을 추측할 수 있으며, 단위에 (천 명당)이라고 표시되어 있으므로 충분히 짐작할 수 있다.

① 출생성비는 여아 100명당 남아의 수를 뜻하므로 (490,543×108.7)/208.7이라는 복잡한 계산을 하여야 한다. 그러나 자연증가건수가 출생아 수의 대략 반이므로 성비가 108이면 남아 수가 자연증가건수보다 많다는 것을 쉽게 알 수 있다.

② 자연증가율이 같지만 2002년에 비하여 2007년에 비하여 인구가 증가했으므로 자연증가건수가 커졌음을 짐작할 수 있다. 계산을 통하여 확인할 수 있지만 시간절약을 위하여 다른 틀린 문항을 찾아 본 후에 확인하는 것이 바람직하다.

③ 2007년에 조사망률이 5로 5.1보다 작아졌지만 인구가 증가했으므로 계산을 통하여 확인하여야 한다. 490,543－246,037＝244,506이므로 2003년의 사망자 수는 2007년보다 적다는 것을 알 수 있다.

④ 합계출산율이 2보다 작으면 인구는 아주 장기적으로 볼 때 감소하여야 한다. 그러나 아직 출생률이 사망률보다 크므로 인구는 증가한다. 2005년의 인구동태에 관한 자료가 비어 있지만 다른 자료들을 보건데 그 해에도 인구가 증가했음을 알 수 있다. 조혼인율, 혼인건수, 조이혼율, 이혼건수 등으로 2005년의 인구를 추정할 수 있다.

⑤ 출생률과 출생건수 사망률과 사망건수로 인구를 추정할 수 있으며, 추정된 인구에 조혼인율과 조이혼율을 적용하면 혼인건수와 이혼건수를 추정할 수 있다. 출생률로 인구를 추정하여 계산해보면 혼인건수와 이혼건수를 345,232건과 123,297건으로 추정할 수 있다

자료출처 통계청

정답 ⑤

02 다음은 우리나라의 장애인 의무고용현황에 관한 자료이다. 이에 대한 설명으로 옳은 것을 〈보기〉에서 <u>모두</u> 고르면?

대상기관별	구분별	2005	2006	2007
총계	대상사업주(개)	17,500	19,155	20,462
	적용대상인원(명)	4,000,662	5,801,788	5,807,665
	고용의무인원(명)	71,875	107,369	107,012
	장애인근로자(명)	61,862	79,480	89,546
	고용률(%)	1.55	1.37	1.54
정부기관	대상사업주(개)	86	87	87
	적용대상인원(명)	305,067	812,656	822,590
	고용의무인원(명)	6,147	16,292	16,497
	장애인근로자(명)	6,853	12,219	13,142
	고용률(%)	2.3	1.5	1.6
공공기관	대상사업주(개)	135	136	250
	적용대상인원(명)	141,833	177,762	288,331
	고용의무인원(명)	2,776	3,484	5,643
	장애인근로자(명)	3,528	3,839	5,650
	고용률(%)	2.49	2.16	1.96
민간기업	대상사업주(개)	17,279	18,932	20,125
	적용대상인원(명)	3,553,762	4,811,370	4,696,744
	고용의무인원(명)	62,952	87,593	84,872
	장애인근로자(명)	51,481	63,422	70,754
	고용률(%)	1.45	1.32	1.51

〈보 기〉

ㄱ. 공공기관의 고용률이 가장 높고 민간기업의 고용률이 가장 낮다.

ㄴ. 2005년 대비 2007년의 장애인근로자의 증가율이 가장 큰 부문은 정부기관이므로 정부기관의 장애인 고용이 가장 향상되었다.

ㄷ. 전체적으로 볼 때 2006년의 고용률이 가장 낮고, 부문별로 볼 때도 모든 부문에서 2006년의 고용률이 가장 낮다.

ㄹ. 공공기관은 매년 고용의무인원을 충족하였고 민간기업과 정부기관은 고용의무인원을 매년 충족하지 못하고 있다.

① ㄱ, ㄷ
② ㄱ, ㄴ, ㄷ
③ ㄱ, ㄷ, ㄹ
④ ㄴ, ㄷ
⑤ ㄱ, ㄴ, ㄹ

해설 비교적 평이한 문제이지만 함정이 있는 문제라고 할 수 있다.
건수의 증가와 비율의 증가를 비교하는 문제이다. 고용건수가 늘었다 하더라도 고용비율이 증가하지 않으면 고용문제가 개선되었다고 할 수 없다.

ㄱ. 부문별 고용률을 비교해 보면 알 수 있다.

ㄴ. 증가율을 신속히 계산하여 부문별로 비교하여야 한다. 정부기관이 암산으로 대략 2배가 넘게 증가했다는 것을 쉽게 알 수 있으나, 다른 부문은 그러하지 않으므로 정부기관의 증가율이 가장 큰 것은 맞다. 그러나 정부기관의 규모가 2배 이상 증가하였으므로 고용률은 오히려 감소했다는 사실을 간파하여야 한다. '장애인 고용이 가장 향상되었다'는 표현이 다소 애매하지만 고용건수를 기준으로 비교하여도 민간부문이 가장 향상되었고 고용률로 비교하여도 민간부문이 가장 향상되었다. 따라서 이 문항은 확실히 틀렸다고 할 수 있다.

ㄷ. 전체와 부문별 고용률을 비교해 보면 알 수 있다.

ㄹ. 정부기관은 2005년 의무기준을 충족하고 있으므로 이 보기는 옳지 않다.

자료출처 통계청

정답 ①

03 다음은 원인별 산불발생의 연도별 통계이다. 이에 대한 설명으로 옳지 않은 것을 〈보기〉에서 모두 고르면?

(단위: 건수)

원인별	1999	2000	2001	2002	2003	2004	2005	2006
합계	315	729	785	599	271	544	516	405
입산자실화	156	312	354	217	93	251	232	185
논 · 밭두렁소각	57	134	143	110	55	83	95	63
쓰레기소각	13	68	47	58	24	46	41	40
담뱃불실화	17	63	88	60	43	51	60	26
성묘객실화	20	47	45	63	31	22	24	12
어린이불장난	10	18	24	20	4	13	13	14
기타	42	87	84	71	21	78	51	65

〈보기〉

ㄱ. 1999년부터 2006년까지 전체 산불은 증가하였으며, 원인별로도 성묘객실화를 제외하고는 모두 증가하였다.

ㄴ. 1999년부터 2006년까지 쓰레기소각, 담뱃불실화, 어린이불장난, 입산자실화, 논·밭두렁소각의 순으로 증가율이 높은 것을 알 수 있다.

ㄷ. 1999년부터 2006년까지 기간동안 전체 산불은 증가하였음에도 성묘객실화에 의한 산불이 감소한 것은 성묘객이 줄어들었기 때문이다.

ㄹ. 2002년부터 2005년까지 입산자실화에 의한 산불발생의 연평균 증가율은 음(−)이다.

ㅁ. 2006년 어린이불장난이 전체 산불발생 건수에서 차지하는 비중이 1999년에 비해서 증가했다.

ㅂ. 2005년 성묘객실화가 전체 산불발생 건수에서 차지하는 비중이 2000년에 비해서 감소했다.

① ㄱ, ㄷ, ㄹ　　② ㄷ, ㄹ, ㅁ
③ ㄷ, ㄹ　　④ ㄷ, ㅂ
⑤ ㄹ, ㅂ

해설 누구나 정답을 계산할 수 있지만 시간이 많이 소요되므로 손쉽게 파악할 수 있는 직관력을 길러야 한다.

ㄱ. 성묘객실화는 20건에서 12건으로 감소하고 나머지는 모두 증가하였다.

ㄴ. 쓰레기소각(2.08), 담뱃불실화(0.53), 어린이불장난(0.4), 입산자실화(0.18), 논·밭두렁소각(0.1)의 순으로 증가율이 높다.

ㄷ. 성묘객실화에 의한 산불이 감소한 원인은 여러 가지 있을 수 있다. 성묘객이 산불 조심을 철저히 실천했을 수도 있고 성묘객이 줄어들어서 일 수도 있다. 그러나 제시된 표에는 어디에도 성묘객이 줄어들었다는 자료가 없다. 그러므로 문항과 같은 추론은 사실에 입각하지 않은 논리적 비약이다.

ㄹ. 217건에서 232건으로 증가하였으므로 연평균 증가율의 부호는 양(+)이다.

ㅁ. 어린이불장난에 의한 산불이 40% 증가했음은 금방 계산할 수 있다. 그러므로 합계의 증가율보다 크다는 사실을 바로 알 수 있고 비중이 증가했음을 추론할 수 있다.

자료해석의 요령이 있는 사람이라면 시간을 절약할 수 있다.

ㅂ. 성묘객실화가 제시된 기간 동안 반 정도로 줄어들었다는 것을 바로 알 수 있으므로 전체 감소율보다 크다는 것을 알 수 있고 비중이 감소했음을 추론할 수 있다.

정답 ③

04 다음 〈표〉는 2002년 6세 이상 국민의 컴퓨터 사용시간에 관한 조사통계이다. 이에 대한 설명으로 옳지 않은 것을 〈보기〉에서 모두 고르면?

(단위: %, 시간)

구 분	6시간 이하	7~13 시간	14~20 시간	21~27 시간	28~34 시간	35~41 시간	42시간 이상	일주일 평균 사용시간
계	35.1	26.4	18.1	5.8	5.2	3.9	5.4	14
남자	29.3	26	19.9	6.9	6.6	4.6	6.7	15.9
여자	42	26.8	15.9	4.6	3.7	3.1	3.9	11.8
초졸 이하	30.9	35.8	22	6.5	3.2	1.1	0.6	11.1
중졸	39.5	28.6	17.9	5.8	4.1	2.5	1.6	11.1
고졸	41.5	23.1	15.8	5.3	5.1	3.9	5.3	13.2
대졸 이상	26.6	22.1	18.4	6.1	7.8	7.1	11.8	19.4
초등학교 재학	31.5	37.5	22	5.4	2.4	0.8	0.4	10.5
중학교 재학	21.3	35.8	25.2	9.6	5.3	1.9	0.9	13.4
고등학교 재학	27.9	33	22.4	7.4	4.9	2.9	1.5	12.9
대학교 재학	15.9	26.9	25.2	9.7	8.8	6	7.5	19
6~9세	38.1	37.4	18.4	3.7	1.7	0.5	0.2	9.3
10~14세	21.5	36.8	26.1	8.9	4.4	1.5	0.7	12.8
15~19세	24.5	31.1	22.3	8.2	6.1	4.2	3.5	14.8
20~29세	26.2	23.2	19.4	6.5	7	6.4	11.3	18.9
30~39세	42.8	21.2	14.2	4.7	5.7	4.4	7	14
40~49세	49.9	21.6	13.5	3.8	4.4	3.5	3.3	11
50~59세	53.2	21.1	13.2	4.5	3.8	2.1	2	9.6
60세 이상	61.5	19.5	9.6	3.3	3.7	2	0.4	7.6

〈보 기〉

ㄱ. 학력별로 볼 때 일주일에 42시간 이상 컴퓨터를 사용하는 비율이 가장 많은 집단은 대졸 이상이다.

ㄴ. 남자가 여자보다 컴퓨터를 더 많이 사용하는 경향이 있다.

ㄷ. 학생별로 본다면 대학교 재학생이 컴퓨터 사용시간이 가장 많다.

ㄹ. 일주일에 컴퓨터를 21~27시간 사용하는 집단을 연령별로 분석해 보면 10~14세의 비중이 가장 크다.

ㅁ. 6~9세 집단 내에서 6시간 이하 사용의 비율 38.1%는 다른 연령집단 전체와 비교하여 볼 때 높은 편이다.

① ㄱ, ㄷ　　② ㄴ, ㄹ

③ ㄹ　　④ ㄹ, ㅁ

⑤ ㅁ

해설 ㄱ. 비율이 11.8%로서 명백히 대졸 이상이 가장 많다.

ㄴ. 평균을 보거나 백분율을 보더라도 모두 남성이 컴퓨터를 많이 사용하는 경향이 있음을 알 수 있다.

ㄷ. 컴퓨터 사용시간이 많다고 했으므로 평균 사용시간을 보아야 하고 대학교 재학생이 19시간으로 가장 많다.

ㄹ. 21~27시간 사용하는 집단을 연령별로 분석할 수 없다는 사실을 알아야 한다. 조사대상자의 연령별 분포 모습을 알 수 없으므로 비중계산을 할 수 없다. 10~14세의 비율 8.9%는 10~14세 집단 내에서의 비율이므로 다른 집단의 비율과 비중계산을 할 수 없다.

ㅁ. '다른 연령집단 전체와 비교하여'라는 표현은 특정 집단을 지칭하지 않았으므로 전체와 비교하여야 한다. 조사대상 전체 집단의 비율이 35.1%이므로 38.1%는 높은 편에 속한다고 할 수 있다. 또한 '높은 편이다'라는 표현에 유의해야 한다. '가장 높다'거나 '누구보다 높다' 등의 표현이 아니므로 다른 대상 전체와 비교하여 높은 쪽에 속한다라고 해석해야 한다.

* '다른 연령집단 전체와 비교하여'라는 표현을 '다른 연령집단과 비교하여'라는 표현으로 대체할 수 있다면 난이도가 더욱 높아질 것이다. 전체 집단의 비율 35.1%와 비교할 생각을 못하기 쉽기 때문이다. 이럴 경우 '38.1%보다 높은 집단이 4집단이고 낮은 집단이 3집단이므로 낮은 축에 속한다'라는 주장과 논쟁이 발생할 수 있다고 생각된다. 충분히 검토하여 문제를 수정할 수도 있으나 현재의 상태가 안전하다고 생각된다.

정답 ③

제 2 절 분 석

01 다음 〈표 1〉은 견습직원 50명의 판매 결과를 나타낸 것이다. 모두 3개의 제품을 판매하도록 하였는데, 제품별 가격은 다음 〈표 2〉와 같다. 견습직원 50명의 전체 평균 판매액은 380,000원이다. 한 가지 제품만을 판매한 사원이 17명이라면 C제품을 판매한 견습직원의 수는?

〈표 1〉 판매액 별 견습직원 수

판매액	견습직원 수
0원	2
150,000원	3
200,000원	9
350,000원	
500,000원	
550,000원	8
700,000원	3

주) 빈칸은 직원 수가 기록되지 않았음

〈표 2〉 제품별 가격

제 품	가 격
A제품	150,000원
B제품	200,000원
C제품	350,000원

① 22명
② 24명
③ 26명
④ 28명
⑤ 30명

해설 고도의 분석력이 요구되는 문제라고 할 수 있다. 또한 계산 절차도 복잡하여 쉽게 계산하기 어렵다. 350,000원 판매한 사원은 C제품을 판매한 사원과 나머지 두 제품을 판매한 사원이 복합되어 있다는 사실을 파악하고 분석하여야 한다.

전체평균이 380,000원이므로 50을 곱하면 총 판매액은 19,000,000원이다.
<표 1>에 나타난 자료를 토대로 계산하면 700,000×3+550,000×8+200,000×9+150,000×3=8,750,000원이므로 빈칸의 사원들의 판매금액은 10,250,000원이다.
한 개 제품을 판매한 사원이 17명이므로 A제품과 B제품을 판매한 사람이 12명이고 C제품을 판매한 사람이 5명임을 알 수 있다. 따라서 5명을 제외한 빈칸의 나머지 사

원의 판매금액은 8,500,000원이다.

빈칸의 나머지 사원은 50－2(0원 판매)－17(한 제품 판매)－8(550,000원 판매)－3(700,000원 판매)＝20명이다.

만약 20명이 350,000원 판매했다면 7,000,000원이므로 1,500,000원이 부족하다. 500,000원 판매한 사람이 한 사람 늘어나면 150,000원씩 판매액이 증가하므르 10명이 500,000원 판매하였다.

500,000원 판매한 사람 10명은 모두 C제품을 판매한 사원이다. 350,000원 판매한 사원 중에 C제품을 판매한 사람이 5명이므로 C제품을 판매한 사람은 모두 10＋5＋8＋3＝26명이다.

정답 ③

제3절 적 용

01 다음 〈표〉는 2007년 남편의 연령별 이혼율에 관한 통계이다. 이에 대한 설명으로 옳은 것을 〈보기〉에서 모두 고르면?

지 역	일반 이혼율 GDR	남편의 연령별 이혼율												
		15~19세	20~24세	25~29세	30~34세	35~39세	40~44세	45~49세	50~54세	55~59세	60~64세	65~69세	70~74세	75세 이상
전국	6.2	0.0	0.7	3.2	8.3	10.8	11.6	10.1	7.6	5.7	4.0	2.6	1.8	1.0
서울특별시	5.8	0.0	0.5	2.3	6.9	9.6	11.1	9.8	7.8	6.3	4.8	3.4	2.4	1.4
부산광역시	5.8	0.0	0.4	2.5	8.0	10.7	11.8	10.0	7.0	5.2	3.6	2.6	1.7	0.9
대구광역시	5.3	0.0	0.5	2.6	7.6	10.7	10.5	8.1	6.3	3.6	2.5	2.1	1.1	0.5
인천광역시	7.3	0.0	0.9	4.3	9.3	11.3	13.0	11.3	8.9	7.3	4.9	3.4	2.5	1.6
광주광역시	5.4	0.0	0.7	2.7	7.4	9.6	9.9	9.0	6.6	5.1	2.9	2.1	1.7	0.7
대전광역시	5.9	0.0	0.6	3.0	8.1	10.3	11.1	9.6	7.5	5.3	3.5	1.5	1.3	0.6
울산광역시	5.8	0.0	0.4	3.3	8.1	10.6	9.9	8.6	6.2	4.4	3.7	2.6	1.5	1.1
경기도	6.8	0.0	0.9	3.6	8.3	10.6	11.5	10.8	8.5	6.6	4.9	3.6	2.4	1.1
강원도	6.2	0.1	1.2	3.9	9.0	11.9	12.0	9.8	7.0	5.1	3.1	2.1	1.3	0.8
충청북도	5.8	0.0	0.9	4.1	9.0	11.6	11.6	9.7	5.7	4.0	2.9	0.9	1.1	0.5
충청남도	5.8	0.0	1.2	4.7	9.4	11.4	11.3	9.3	6.2	3.8	1.9	1.4	0.8	0.6
전라북도	5.9	0.0	1.0	4.0	9.2	11.2	11.9	9.8	7.0	4.4	3.2	1.8	1.1	1.1
전라남도	5.3	0.1	0.9	3.8	9.6	11.1	11.0	8.9	5.9	3.6	2.7	1.0	1.2	0.6
경상북도	5.0	0.0	0.5	2.7	8.0	10.7	10.4	8.2	5.9	3.3	2.4	1.3	1.0	0.5
경상남도	5.8	0.0	0.6	3.2	8.7	10.7	11.5	9.0	6.8	4.5	2.6	1.6	1.1	0.8
제주특별자치도	7.1	0.1	1.5	3.5	10.4	13.3	13.0	11.2	8.4	6.2	2.3	2.0	1.3	1.4

주1) 일반이혼율(GDR): 특정 1년 간에 신고된 총 이혼건수를 당해연도의 15세 이상 인구로 나눈 수치를 1,000분비로 나타낸 것

주2) 남편의 연령별 이혼율: 특정 연령층에서 신고된 남편의 이혼건수를 그 해당 연령층의 남자로 나눈 수치를 1,000분비로 나타낸 것

〈보 기〉

ㄱ. 인천광역시의 15세 이상 남녀 전체 인구 중 이혼을 경험하지 않은 사람은 천 명 중 985.4명이다.
ㄴ. 충청남도의 50~59세 남자의 연령별 이혼율은 5.0명이다.
ㄷ. 서울특별시의 유배우이혼율은 5.8보다 높다.
ㄹ. 전국적으로 남편의 나이 40~44세에 가장 많이 이혼상태에 있다.
ㅁ. 일반이혼율은 연령별 이혼율 수치들의 평균값이다.

① ㄱ, ㄷ
② ㄴ, ㄷ
③ ㄱ, ㄷ, ㄹ
④ ㄷ
⑤ ㄷ, ㅁ

해설 이혼에 관한 자료는 2009년에도 출제된 바 있으나 2009년 문제는 이혼자에 관한 통계이고 본 문제는 이혼건수에 관한 통계이다. 통계는 측정단위를 명확히 해야 하고 그런 점에서 본 문제의 의의가 있으며 기존 문제와 전혀 성격이 다르다고 생각된다. 본 문제는 자료의 측정을 어떻게 했는지를 명확히 이해하고 있는가를 측정한다. 실수하기 쉬우며, 난이도는 다소 높다고 생각된다.

ㄱ. 측정된 값이 1년 간 신고된 이혼건수이므로 이혼상태는 누적이 될 수 있고 여러 번 이혼할 수도 있다. 남녀 전체인구를 물으니 이혼건수×2하면 된다라고 착각할 수 있다.
ㄴ. 연령별 인구가 다르므로 단순평균은 옳지 않다.
ㄷ. 전체인구보다 배우자를 가진 인구가 적으므로 유배우이혼율은 당연히 일반이혼율보다 높다.
ㄹ. 40~44세에 이혼신고 건수가 가장 많다는 것이지 이혼상태에 있는 것은 아니다.
ㅁ. 일반이혼율은 연령별 이혼율의 평균값이 아니다. 연령별 인구가 다르기 때문이다.

자료출처 통계청

정답 ④

02 다음 〈표〉는 우리나라의 일반전화 및 이동전화 가입자 수의 연도별 통계이고, 다음 〈식〉은 어떤 상품의 연도별 판매량에 관한 식이다. 〈표〉와 〈식〉에 관한 설명 중 옳지 않은 것을 〈보기〉에서 <u>모두</u> 고르면?

연 도	일반전화 가입자 수 (천 명)	일반전화 인구 백 명당 (명)	이동전화 가입자 수 (천 명)	이동전화 인구 백 명당 (명)
1986	7,521	18.2	7	0.0
1987	8,625	20.7	10	0.0
1988	10,306	24.5	20	0.0
1989	11,792	27.8	40	0.1
1990	13,276	31.0	80	0.2
1991	14,573	33.7	166	0.4
1992	15,593	35.6	272	0.6
1993	16,633	37.6	472	1.1
1994	17,647	39.5	960	2.2
1995	18,600	41.2	1,641	3.6
1996	19,601	43.1	3,181	7.0
1997	20,422	44.4	6,828	14.9
1998	20,089	43.4	13,982	30.2
1999	21,250	45.6	23,443	50.3
2000	21,932	46.7	26,816	57.0
2001	22,725	48.0	29,046	61.3
2002	23,490	49.3	32,342	67.9
2003	22,877	47.8	33,592	70.2
2004	22,871	47.6	36,586	76.2
2005	22,920	47.6	38,342	79.7
2006	23,119	47.9	40,197	83.2

〈식〉 상품의 연도별 판매량에 관한 식

$$D = 100 \qquad (1)$$

$$S_t + 1 = S_t + S_t \times R_t \qquad (2)$$

$$R_t = \frac{D - S_t}{2D} \qquad (3)$$

$$S_1 = 5 \qquad (4)$$

〈보기〉

ㄱ. 일반전화는 전반적으로 증가세가 둔화되고 있다.
ㄴ. 이동전화는 1999년까지 지속적으로 체증하였다.
ㄷ. S는 시간의 흐름에 따라서 체증하다 체감한다.
ㄹ. R의 절댓값은 지속적으로 작아진다.
ㅁ. R은 음수가 되지 않는다.
ㅂ. S는 200에 수렴한다.

① ㄱ, ㄴ
② ㄷ, ㄹ
③ ㄹ, ㅂ
④ ㅁ, ㅂ
⑤ ㅂ

해설 ㄱ. 일반전화는 증가폭과 증가율이 전반적으로 감소하고 있다.
ㄴ. 이동전화의 연간 증가폭은 1999년까지 매년 증가하여 체증하고 있다. 이 사실을 쉽게 파악해야 하는데, 매년의 증가폭을 계산할 시간이 없으므로 인구 백 명당 명수를 보면 쉽게 파악할 수 있다.
ㄷ. 변수 S는 시간의 흐름에 따라서 체증하다 체감한다. 초기값을 대입하여 계산하여 보면 초기에는 R이 크므로 S의 상승폭이 크다. 그러나 R이 지속적으로 감소하여 S가 체감하게 되는 시점이 오게 된다.
ㄹ. 초기값을 대입하여 몇 번 계산하여 보면 R이 지속적으로 감소할 것임을 예상할 수 있다.
ㅁ. 100 미만의 근사치를 대입해 보면 R이 음이 되지 않음을 확인할 수 있다.
ㅂ. ㅁ의 계산과정에서 S는 100에 수렴함을 알 수 있다.

정답 ⑤

제4절 종 합

01 다음 〈표 1〉은 2005년도의 "향후 늘려야 할 공공시설"에 대한 설문조사 결과이고, 〈표 2〉는 2009년도의 조사 결과이다. 이에 대한 설명으로 옳은 것을 〈보기〉에서 모두 고르면?

〈표 1〉 2005년도 향후 늘려야 할 공공시설-15세 이상 가구원

(단위: %)

	보육시설	어린이놀이터	공원, 유원지	보건의료시설	사회복지시설	주차시설	문화회관	도서관	체육시설	쓰레기소각장	기 타
계	22.3	9.6	34.5	46.2	54.8	35.1	21.1	21.6	20.1	15.4	0.4
남자	20.9	9	34	44.5	53.7	39.6	19.3	20.4	26.1	15.8	0.3
여자	23.5	10.3	34.9	47.8	55.9	30.9	22.8	22.7	14.3	15	0.5
15~19세	12.3	7.4	47.2	27.2	37.2	21.1	36.6	54.3	37.6	9.3	0.3
20~29세	27	9.6	43.9	35.2	44.8	38.3	27.1	27.6	26.4	11.3	0.1
30~39세	33.1	16.2	38.6	39.1	50.8	36.7	20.1	25.5	19.6	11.4	0.2
40~49세	17.1	7.1	29.7	49.3	61	42	19.9	21.4	20.4	17.8	0.3
50~59세	19.5	7	26.6	56.3	63.2	40.6	16.5	8.9	15.2	22.4	0.5
60세 이상	16.2	7.3	24.9	64.9	65	23	13.6	4.6	8.9	19.2	1.3
65세 이상	14.1	6.9	24.4	66.9	65.6	20.3	13.6	4.2	8.1	18.1	1.4

〈표 2〉 2009년도 향후 늘려야 할 공공시설-15세 이상 가구원

(단위: %)

	보육시설	어린이놀이터	공원, 유원지	보건의료시설	사회복지시설	주차시설	문화회관	도서관	체육시설	쓰레기소각장	기 타
계	25.4	9.2	31.4	41	37.3	26.1	16.9	18.7	19.1	6.4	0.7
남자	23.8	8.1	31	39.3	35.5	31	14.9	16.8	25.8	6.6	0.6
여자	27	10.1	31.8	42.6	39	21.4	18.8	20.6	12.7	6.3	0.7
15~19세	15.6	7.5	45.1	25.4	25	13.5	27.5	45.3	34.3	4.7	0.5
20~29세	30.4	10.2	40.5	32	26.9	29.1	22.6	26.3	24.4	4.4	0.3
30~39세	38.1	18.2	36.6	35.2	24.8	30.1	17.7	22.8	20	4.3	0.2
40~49세	20.9	6.9	29.4	42	37.1	33.8	16.6	19.2	21.9	7.8	0.6
50~59세	22.5	5.6	25.3	47.4	46.7	28.1	13.4	9.1	15.1	10.4	0.8
60세 이상	19.1	4.5	19.3	55.6	57.9	14.2	9.6	3.4	6.7	6.4	1.6
65세 이상	17.1	4.1	18	58	61.1	10.7	8.9	2.9	5.4	5.4	1.8

〈보기〉

ㄱ. 2005년 남자집단 중에서 문화회관을 응답한 사람의 수보다 30~39세 집단 중에서 문화회관을 응답한 사람의 수가 더 많다.
ㄴ. 복수응답 가능한 설문이다.
ㄷ. 남자가 더 선호하는 것은 주차시설, 체육시설, 그리고 쓰레기소각장이다.
ㄹ. 2009년의 응답 중 2005년 대비 증가율이 가장 큰 것은 15~19세의 보육시설에 대한 응답이다.
ㅁ. 연령대별로 볼 때 2005년의 가장 선호하는 응답과 2009년의 가장 선호하는 응답에 변화가 있는 연령대는 20~29세 집단, 30~39세 집단, 50~59세 집단이다.

① ㄱ, ㄴ, ㄷ
② ㄴ, ㄷ
③ ㄴ, ㄷ, ㄹ
④ ㄴ, ㄹ
⑤ ㄷ, ㄹ

해설 두 개의 표를 신속히 비교하는 능력과 비율의 비교를 정확히 하는가를 측정하는 문제이다. 난이도는 중간 정도라고 할 수 있다. <보기> ㄹ의 경우 요령이 없으면 매우 많은 시간이 소요될 수 있다.

ㄱ. 남자집단은 대략 반 정도의 비중을 가지지만 30~39세 집단은 반의 비중을 가질 수 없다. 남자집단의 비율이 아주 작아서 정말 30~39세 집단의 수가 더 많다 할지라도, 30~39세 집단의 비중이 크다고 단정한 것은 옳지 않다고 할 수 있다. 틀릴 가능성을 내포하고 있기 때문이다.
ㄴ. 행의 합계가 100%를 넘으므로 복수응답 가능한 설문임을 알 수 있다.
ㄷ. 남녀집단을 비교해 보면 2005년과 2009년 모두 남자집단은 주차시설, 체육시설, 그리고 쓰레기소각장을 선호하고 있다는 것을 알 수 있다.
ㄹ. 증가 수가 아니고 증가율이므로 기타 항목을 보면 20~29세는 2005년 0.1에서 2009년 0.3으로 3배로 증가하였음을 알 수 있다. 이렇게 증가율을 비교할 때는 수치가 낮은 경우 비율이 클 가능성이 높으므로 즉시 기타 문항을 비교하여 증가율이 높은 집단을 찾아내야 한다. 수치들이 작으므로 눈에 띄지 않아 간과하기 쉽다.
ㅁ. 65세 이상 집단의 선호도가 바뀌어 있다.

자료출처 통계청

정답 ②

02 다음 〈표〉는 2003년부터 2007년 사이의 사이버 쇼핑몰의 취급상품 범위별 및 상품군별 거래액 통계의 일부분이다. 이에 대한 설명으로 옳은 것을 〈보기〉에서 모두 고르면?

(단위: 십억 원)

상품군별	범위별	2003	2004	2005	2006	2007
합계	계	7,055	7,768	10,676	13,460	15,766
	종합몰	5,108	5,621	7,415	9,571	11,122
	전문몰	1,947	2,147	3,261	3,889	4,644
컴퓨터 및 주변기기	계	913	909	1,027	1,261	1,542
	종합몰	683	686	710	887	1,120
	전문몰	230	223	317	374	422
S/W (게임 S/W 등)	계	74	69	98	86	110
	종합몰	49	49	81	67	92
	전문몰	24	21	18	19	18
가전/전자/통신기기	계	1,291	1,442	1,786	2,011	2,326
	종합몰	1,085	1,273	1,596	1,845	2,162
	전문몰	206	168	190	166	163
서적	계	344	374	496	628	744
	종합몰	78	122	145	181	210
	전문몰	266	252	350	447	534
음반/비디오/악기	계	99	103	95	81	93
	종합몰	42	58	48	37	43
	전문몰	57	45	47	44	50
여행 및 예약서비스	계	524	752	1,604	2,019	2,416
	종합몰	179	209	259	334	402
	전문몰	345	543	1,345	1,684	2,014
아동/유아용품	계	192	272	406	652	868
	종합몰	150	214	333	578	794
	전문몰	42	58	73	74	75
식음료품 및 건강식품	계	281	371	531	625	731
	종합몰	251	316	443	488	497
	전문몰	30	55	88	137	233

〈보기〉

ㄱ. 2003년부터 2007년까지 거래 합계액의 연도별 증가율은 매년 상승했다.

ㄴ. 2003년부터 2007년까지 종합몰의 증가율이 가장 큰 상품군은 아동/유아용품이다.

ㄷ. 2003년부터 2007년까지 전문몰의 증가액이 가장 큰 상품군은 여행 및 예약서비스이다.

ㄹ. 2003년부터 2007년까지 상품군별 합계에 있어서 종합몰의 증가율이 전문몰의 증가율보다 크다.

ㅁ. 2005년에 전년대비 증가율이 가장 큰 상품군은 여행 및 예약서비스이다.

ㅂ. 2005년에 종합몰의 전년대비 증가액이 가장 큰 상품군은 가전/전자/통신기기이다.

① ㄱ, ㄴ, ㄷ
② ㄴ, ㄷ, ㅁ, ㅂ
③ ㄴ, ㄹ, ㅁ, ㅂ
④ ㄱ, ㄴ, ㄷ, ㅁ, ㅂ
⑤ ㄱ, ㄷ, ㄹ, ㅁ, ㅂ

해설 ㄱ. 거래 합계액의 증가폭을 보면 2005년에서 2006년의 증가폭보다 2006~2007년의 증가폭이 작으므로 증가율이 감소했다. 따라서 매년 증가한 것은 아니다.

ㄴ. 종합몰에 있어서 아동/유아용품의 증가율이 4.29로서 가장 크다.

ㄷ. 전문몰에 있어서 여행 및 예약서비스의 증가액이 1,669로서 가장 크다.

ㄹ. 종합몰의 증가율 1.17이 전문몰의 증가율 1.38보다 작으므로 틀렸다.

ㅁ. 2005년에 여행 및 예약서비스의 전년대비 증가율이 1.13으로서 가장 크다.

ㅂ. 2005년에 종합몰의 전년대비 증가액이 323으로서 가전/전자/통신기기가 가장 크다.

정답 ②

03 다음 〈표〉는 2002년 한국노동패널자료의 가구별 월평균 사교육비 지출액을 분석한 것이다. 만 원 단위의 등간척도로 측정된 월평균 사교육비 지출액을 10만 원 단위로 집단화(grouping)하고, 월평균 근로소득별로 빈도분석한 결과이다. 그리고 다음 〈보기〉는 〈표〉를 산출한 자료들의 다른 통계분석 결과들이다. 같은 자료의 분석 결과들을 바르게 연결한 것은?

근로소득 / 사교육비	A		B		C		D		E	
	100만 원 미만		200만 원 미만		300만 원 미만		400만 원 미만		400만 원 이상	
	빈도	%	빈도	%	빈도	%	빈도	%	빈도	%
1. 10만 원 미만	121	52.6	238	35.9	107	21.0	35	14.7	26	11.6
2. 20만 원 미만	46	20.0	153	23.1	107	21.0	33	13.9	20	8.9
3. 30만 원 미만	37	16.1	104	15.7	80	15.7	30	12.6	22	9.8
4. 40만 원 미만	11	4.8	74	11.2	69	13.5	41	17.2	32	14.2
5. 50만 원 미만	8	3.5	58	8.7	58	11.4	34	14.3	38	16.9
6. 60만 원 미만	3	1.3	20	3.0	40	7.8	22	9.2	19	8.4
7. 70만 원 미만	2	0.9	6	0.9	21	4.1	4	1.7	13	5.8
8. 80만 원 미만	1	0.4	5	0.8	10	2.0	14	5.9	13	5.8
9. 90만 원 미만	0	0.0	2	0.3	2	0.4	2	0.8	3	1.3
10. 100만 원 미만	0	0.0	2	0.3	8	1.6	14	5.9	16	7.1
11. 100만 원 이상	1	0.4	1	0.2	8	1.6	9	3.8	23	10.2
합계	230	100	663	100	510	100	238	100	225	100

〈보 기〉

(a)

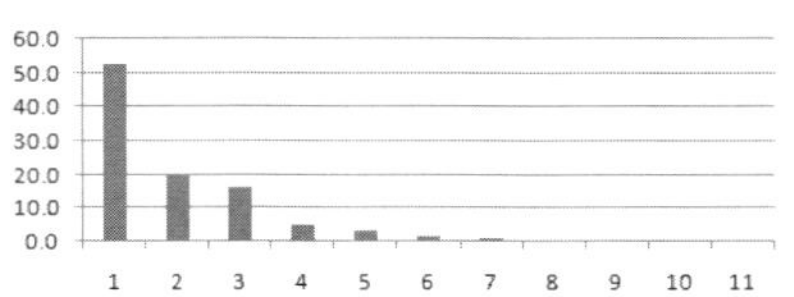

(b)

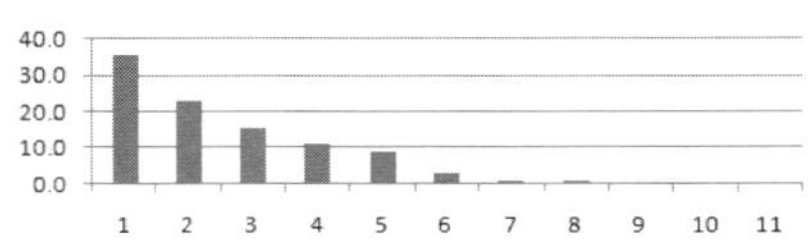

(c)

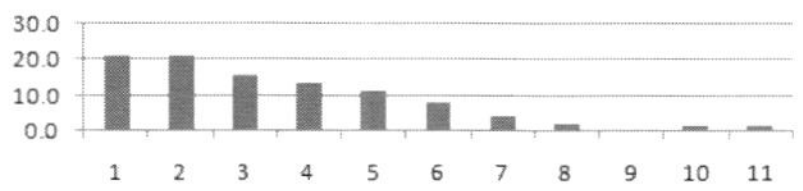

(d)

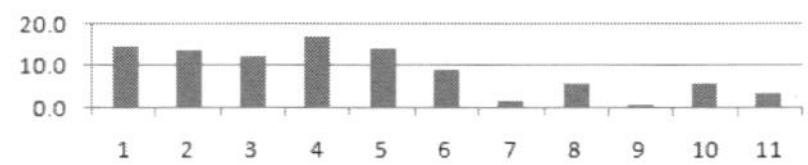

(e)

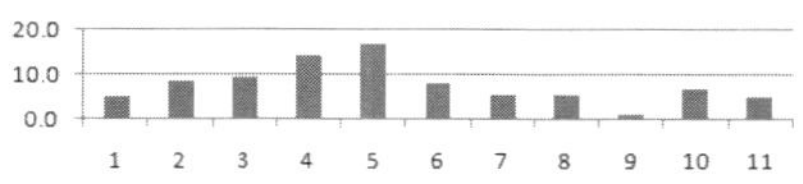

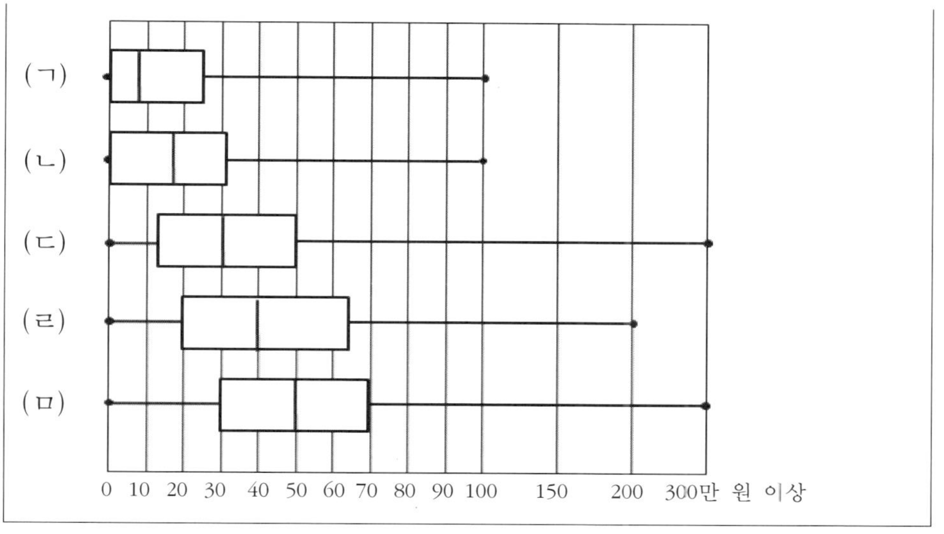

	빈도분석	막대그래프 (백분율)	박스플롯 (Box Plot)	중위수	평균
①	A	(a)	(ㄱ)	7.5만 원	5.1만 원
②	B	(b)	(ㄴ)	21만 원	20.3만 원
③	C	(c)	(ㄷ)	30만 원	31.9만 원
④	D	(d)	(ㄹ)	40만 원	42.1만 원
⑤	E	(e)	(ㅁ)	50만 원	54.5만 원

해설 난이도가 매우 높다고 할 수 있다.

풀이의 순서를 잘 파악하여야 하는 문제이다.

먼저, 제시된 자료로서는 평균을 계산하기 어렵다는 것을 파악하여야 한다. 그러나 오른쪽 꼬리 분포의 경우 평균이 중위수보다 크다는 사실을 알고 있다면 항목1이 정답이 아님을 알 수 있다.

다음으로, 중위수와 박스플롯의 2사분위수가 같아야 하므로 확인하여야 한다. 여기서 항목2가 정답이 아님을 알 수 있다.

항목1과 항목2를 제외하여 시간을 절약한 다음 빈도분석표와 막대그래프를 비교하여 항목5가 정답이 아님을 파악하여야 한다. 이 경우에도 그래프의 특성을 신속히 파악하는 훈련이 되어 있다면 최빈수와 양쪽 극단치를 먼저 비교하여 (e)가 틀렸음을 금방 알 수 있다.

항목4는 틀렸음을 발견하기가 매우 어렵다. 빈도분석표에서 60만 원 이상의 비율을 모두 합하면 25%가 되지 않는다 그러므로 박스플롯의 제3사분위수는 60만 원보다 적어야 하는데 많게 그려져 있다. 이 사실은 그냥은 발견하기가 매우 어려워 보이지만 논리적으로 생각하는 사람이라면 중위수, 평균, 최댓값, 최솟값, 그래프는 더 이상 검토할 수 없으므로 박스플롯의 제1사분위수와 제3사분위수 만을 검토해야 한다는 사실을 직관적으로 추론할 수 있다.

정답 ③

제 6 장 표본분포와 추정

제 1 절 표본분포

1 표본추출

센서스(census)는 어떤 항목으로 구성된 집단 속에 있는 그들 항목 모두를 조사하는 것을 의미하고 표본조사(sampling)란 그들 항목의 일부에 대해 조사하는 것을 말한다. 전체 구성원의 일부를 표본(sample)이라 하고 이 표본이 추출된 구성원의 전체 집단을 모집단(population)이라 한다.

구성원의 수가 제한되어 있으면 유한모집단(finite population)이라 하고 제한이 없는 경우에는 무한모집단(infinite population)이라고 한다. 유한모집단의 예를 들면 한 국가의 인구, 학교의 학생, 도서관의 책 등이다. 무한모집단은 항목을 발생시키는 과정(process)과 관련이 있다. 무한모집단의 예를 들면 동전 던지기에서 앞면 또는 뒷면이 나오는 수, 기계에서 생산되는 제품, 북한산을 오르는 등산객, 한 음식점에 오는 고객 등이다.

표본추출을 할 때는 모집단의 특성을 대표할 수 있는 요소들로 표본을 구성해야 한다. 예를 들면, 소득, 교육정도, 연령, 성별, 출신지 등을 고려해서 모집단의 특성을 잘 나타내도록 표본을 추출해야 한다. 그러나 모집단을 구성하는 모든 요소들을 조사하여 얻은 결과가 그의 일부를 조사하여 얻은 결과와 똑같을 수는 없기 때문에 오차가 발생한다. 이러한 표본오차는 피할 수 없기 때문에 모집단 전체를 조사하여 완전한 정보를 얻는 것이 바람직스럽지만 경우에 따라서는 표본조사를 하는 것이 유리한 경우도 있다.

첫째, 무한모집단의 경우 모든 구성요소를 조사하는 것 자체가 불가능하다.

둘째, 표본조사는 센서스보다 시간절약적이다. 모집단에 대한 정보가 빨리 필요하다든지 조사할 항목이 많고, 항목이 각지에 산재해 있는 경우에는 시간소비적이므로 전체 모집단을 연구한다는 것은 장기적인 사항이다.

셋째, 파괴검사의 경우에는 표본조사를 할 수밖에 없다. 전구, 타이어, 폭탄, 안전장치 등은 파괴검사를 해야 하는데 검사 후에 모두 버려야 한다는 문제가 발생한다.

넷째, 표본조사는 비용절약적이다. 품목당 조사비용이 많고 조사항목이 많은 경우에는 막대한 비용이 소요된다. 예를 들면, 인구와 주택 등 전국조사는 10년에 한 번씩 이루어진다.

다섯째, 정확성에 있어서 표본조사가 효과적인 경우가 있다. 표본조사는 관찰의 수가 적어 조사자를 덜 필요로 하고 좀 더 세밀하게 조사할 수 있지만 전체조사는 많은 조사자를 필요로 하기 때문에 조정과 통제가 어렵게 된다. 따라서 오차가 발생할 가능성이 높아진다.

오차에는 표본오차(sampling error)와 비표본오차(nonsampling error)가 있는데 표본오차는 표본의 크기와 대상선정 등 표본추출과 관련된 오차이며, 비표본오차는 자료의 수집, 측정, 기록과 관련하여 발생하는 오차이다. 그런데 표본오차는 전체조사와는 관련이 없으며 객관적인 분석이 가능한 반면 객관적 규명과 분석이 불가능한 비표본오차는 전체조사에서 크게 발생하지만 표본추출의 경우에는 이를 크게 줄일 수 있다. 이와 같이 표본추출에서는 총오차를 줄임으로써 정확성과 신뢰도에서 전체조사보다 유리하다고 할 수 있다.

2 표본분포

표본조사의 목적은 표본을 추출하여 얻는 표본통계량(sample statistic)에 입각하여 알지 못하는 모집단의 모수(parameter)를 추정하려는 것이다. 이와 같이 표본평균 $\overline{X}$는 모평균 μ를, 표본표준편차 S는 모표준편차 σ를 추정하는 데 이용된다.

실제로는 사전에 결정된 크기의 표본을 한 번만 추출하게 되지만 모집단의 모수를 추정하기 위해 표본통계량을 사용하기 위해서는 가능한 모든 표본을 조사해야 한다.

그런데 동일한 모집단으로부터 같은 크기의 표본을 수없이 반복하여 추출할 때 표본에 포함되는 구성요소가 달라지기 때문에 표본통계량은 각각의 표본마다 다르고 모수의 참값과도 차이가 있게 된다. 따라서 표본평균으로 도평균을 추정하는 데는 위험이 따르게 된다. 따라서 여기에 표본분포의 이론이 필요하게 된다.

우리는 확률변수를 실험의 결과를 수치로 표현하는 것으로 정의하였다. 실험으로 단순무작위 추출방법을 고려한다면 표본평균 $\overline{X}$는 실험 결과의 수치이다. 즉, 표본평균 $\overline{X}$는 확률변수이다. 표본평균의 값은 그 확률표본 속에 포함되어 있는 요소들의 가능한 값들에 의존한다. 확률표본은 그의 모집단의 분포에 의존한다. 그리고 표본평균 $\overline{X}$들은 평균(기대치), 분산 등을 가질 수 있다. 표본평균 $\overline{X}$들의 확률분포를 평균 $\overline{X}$의 표본분포라고 한다. 표본분포(sampling distribution)를 정의하면 다음과 같다.

표본분포란 모집단에서 추출한 같은 크기의 표본들에서 얻은 표본통계량(평균, 분산)의 확률분포를 말한다.

표본분포에는 평균의 표본분포, 분산의 표본분포 등이 있다.

표본분포와 그의 특성을 알고 있으면 표본통계량이 그의 모수에 어느 정도 근접되어 있는가에 대한 확률을 계산할 수 있다. 즉, 표본평균 $\overline{X}$의 확률분포를 알고 있으면 $\overline{X}$가 모수 μ로부터 어느 정도 이상 떨어질 확률을 구할 수 있기 때문에 표본평균 $\overline{X}$를 모평균 μ의 추정치로 사용하는 데 따른 위험을 분석할 수 있는 것이다.

평균의 표본분포는 확률변수인 평균 $\overline{X}$들의 확률분포를 말한다.

평균의 표본분포란 평균 μ와 표준편차 σ를 갖는 모집단으로부터 동일한 크기 n의 표본을 모두 추출하여 그들의 평균을 계산하였을 때 이 표본평균들의 확률분포를 말한다.

평균의 표본분포를 예를 들어 설명하면 다음과 같다.

예) C시에 모두 10개의 동이 있는데 각 동에 배치된 공무원의 수는 <표 6-1>과 같다.

표 6-1 동별 공무원 수

번 호	공무원 수
1	15
2	12
3	18
4	17
5	11
6	14
7	16
8	20
9	13
10	10

모든 동의 평균 공무원 수를 신속히 파악하기 위하여 5개 동을 표본으로 무작위 추출하여 평균으로 산출한 결과가 <표 6-2>와 같다.

표 6-2 첫 번째 무작위 추출표본의 평균

표 본	공무원 수	평 균
1, 6, 8, 3, 9	15, 14, 20, 18, 13	16

표본평균이 16으로 산출되어 모집단의 평균 14.6에 비하여 조금 다르게 산출되었음을 알 수 있다. 이 현상의 원인은 표본오차가 표본추출 과정에 작용했기 때문이다. 이 오차가 존재한다고 해서 표본의 평균이 모집단의 평균을 추정하는 데 나쁘다고는 말할 수 없다. 표본오차는 자연발생적으로 나타나는 중립적인 현상이며 단지 우리는 그 오차 정도를 객관적으로 분석하여 모집단의 평균을 추정할 때 신뢰성의 정도를 구해서 의사결정에 활용하면 되는 것이다. 그러기 위해서는 평균의 표본분포를 정확히 이해할 것이 요구된다.

하여간, 위 예에서 $n=5$인 표본을 계속하여 추출하면 <표 6-3>과 같은 분포가 나타나는데 이것이 평균의 표본분포인 것이다.

표 6-3 평균의 표본분포

표 본	공무원 수	평 균
1, 6, 8, 3, 9	15, 14, 20, 18, 13	16
2, 4, 6, 9, 1	15, 12, 17, 14, 13	14.2
4, 7, 2, 9, 10	12, 17, 16, 13, 10	13.6
3, 7, 6, 5, 1	15, 18, 11, 14, 16	14.8
6, 5, 7, 4, 9	17, 11, 14, 16, 13	14.2
⋮	⋮	⋮

평균의 표본분포의 표준편차를 보면 모집단의 분포에 비하여 작아졌다는 것을 알 수 있다. 만일 모집단분포의 평균 및 분산을 사전에 알고 있다면 다음과 같은 관계식을 이용하여 표본분포의 평균 및 분산을 쉽게 구할 수 있다.

표본평균의 평균($\mu_{\overline{X}}$) $= \mu$

표본평균의 분산($\sigma^2_{\overline{X}}$; s.e.^{2}) $= \dfrac{\sigma^2}{n}$

표본평균의 표준편차는 평균의 표준오차(s.e.; standard error of the sample mean)라고 한다. 여기서 오차라 함은 표본오차를 말하는데 이는 표본평균이 모집단평균을 추정하는 데 사용될 때 표준오차가 표본오차의 정도를 나타내주는 척도가 되기 때문이다. 평균의 표준오차는 표본크기 n이 커질수록 작아진다. 만일 $n=N$이면 평균의 표본오차는 0이 된다.

3 표본분포의 형태

평균의 표본분포의 모양에 영향을 미치는 요인은 표본의 크기이다. 표본의 크기가 작으면 표본분포의 모양을 규명하기가 곤란하다. 그러나 표본이 크면 표본평균이 모평균 주위에 집중하게 된다. 평균의 표준오차는 표본평균이 모평균에서 어느 정도 떨어져 있는가를 측정한다. 따라서 표준오차가 감소할수록 어떤 표본평균의 값은 모평균의 값에 더욱 근접하게 된다. 표준오차가 감소할수록 표본평균이 모평균을 추정하는 정확성은 더욱 증가한다고 말할 수 있다.

그런데 표준오차는 표본크기 n이 증가할수록 감소한다. $\text{s.e.} = \frac{\sigma}{\sqrt{n}}$에서 n이 증가할수록 평균의 표준오차 s.e.는 감소하는 것이다. 이와 같이 표본크기 n이 증가할수록 정확성은 높아지기 때문에 좋은 점이 있지만 한편으로는 비용을 부담해야 하는 제약을 고려해야 한다. [그림 6-1]은 표본의 크기를 증가시킬수록 표본분포에 내포되어 있는 분산이 감소하는 사실을 보여주고 있다.

그림 6-1 표본의 크기에 따른 표본분포의 모양

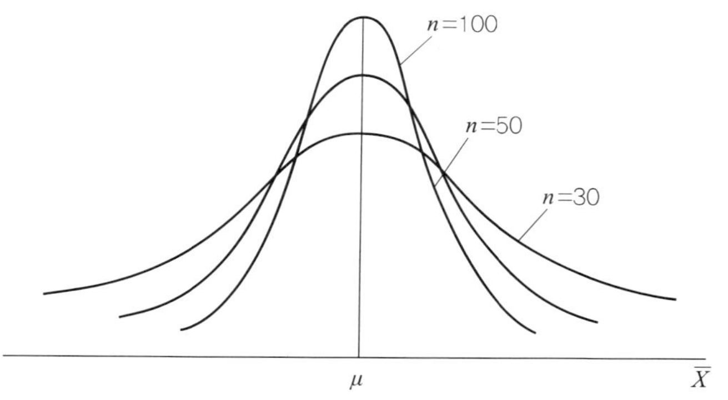

평균의 표본분포 모양은 그 표본이 추출되는 모집단이 정규분포를 하느냐 또는 정규분포를 하지 않느냐에 영향을 받는다.

1) 모집단이 정규분포를 할 때

확률변수 X가 정규분포를 따르는 모집단으로부터 가능한 모든 확률표본을 추출하여 평균을 계산하였을 때 평균의 표본분포는 표본크기에 상관없이 언제나 정규분포를 따른다. 평균 μ, 표준편차 σ로 정규분포를 따르는 모집단에서 표본을 복원추출하는 경우 표본평균 $\overline{X}$의 표본분포는 표본크기가 얼마이든지 간에 평균 $\mu_{\overline{X}} = \mu$, 표준오차 $\sigma_{\overline{X}} = \dfrac{\sigma}{\sqrt{n}}$인 정규분포를 따른다. 이는 정규표본분포(normal sampling distribution)라고 하며 $\overline{X} \sim N(\mu_{\overline{X}},\ \sigma^2_{\overline{X}}) = N(\mu,\ \dfrac{\sigma^2}{n})$으로 표현한다.

평균의 표본분포가 정규분포를 따르므로 표본평균 $\overline{X}$를 Z값으로 변환시키면 분포에서 표본평균 $\overline{X}$가 어떤 값을 가질 확률을 구할 수 있다. 정규확률변수 $\overline{X}$를 표준정규확률변수 Z로 변환시키기 위해서는 다음 공식을 이용한다.

$$Z = \frac{\overline{X} - \mu_{\overline{X}}}{\sigma_{\overline{X}}} = \frac{\overline{X} - \mu_{\overline{X}}}{\dfrac{\sigma}{\sqrt{n}}}$$

2) 모집단이 정규분포를 따르지 않을 때

확률변수 X가 정규분포를 따르는 모집단에서 가능한 모든 표본을 추출하였을 때 확률변수 $\overline{X}$는 표본의 크기에 상관없이 언제나 정규분포를 따른다는 것은 앞에서 배운 바와 같다. 그러나 모집단의 분포가 정규분포가 아닌 경우 평균의 표본분포의 모양은 어떤 분포일까? 이것은 전적으로 표본의 크기에 달려 있다.

첫째, 표본의 크기가 작을 때 평균의 표본분포의 형태는 모집단의 형태에 달려 있다. 일반적으로 표본의 크기가 작을 때 모집단의 분포가 정규분포가 아닌 경우 평균의 표본분포의 형태는 쉽게 규명할 수 없다.

둘째, 표본의 크기가 클수록 모집단이 어떤 분포를 하든 상관없이 표본평균의 표본분포의 형태는 정규분포에 근접한다. 이는 통계학에서 가장 중요한 정리 중의 하나인 중심극한정리(central limit theorem)라고 한다.

이 중심극한정리로 말미암아 모집단의 분포가 정규분포가 아니거나 또는 그의 분포를 전혀 알 수 없는 경우에도 표본의 크기만 상당히 크면 모집단의 특성을 규명하는 데 정규분포의 이점을 이용할 수 있다. 예를 들면, 소득분포는 많은 분야에서 오른쪽으로 치우친 꼬리분포를 나타내는데 이러한 모집단으로부터 상당히 큰 표본을 추출하게 되면 평균 $\overline{X}$의 표본분포는 정규분포를 따르게 되고, 따라서 Z분포를 이용하여 확률을 계산할 수 있다.

> 중심극한정리란 모집단을 이루는 확률변수 X의 분포가 정규분포가 아니더라도 표본크기가 커질수록($n \geq 30$) 평균의 표본분포는 정규분포에 근접한다는 정리이다. 이때 평균의 표본분포의 평균과 표준편차는 다음과 같다.
>
> $$\mu_{\overline{X}} = \mu$$
>
> $$\sigma_{\overline{X}} = \frac{\sigma}{\sqrt{n}}$$

제 2 절 추 정

우리는 앞에서 표본평균의 확률분포를 알아보았다. 이러한 표본분포의 과정은 우리가 여기서 공부할 통계적 추정(statistical estimation)의 과정과는 반대이다. 표본분포는 모집단의 모수를 사전에 알고 있다는 전제 하에서 표본을 추출하고 표본통계량을 구함으로써 표본오차에 대한 분석을 가능케 해준다. 이에 반하여, 통계적 추정은 표본분포의 분석 결과 얻은 표본평균은 미지의 모평균을 표본분산은 모분산을 추정하는 데 사용하는 과정이다. 따라서 표본분포이론은 통계적 추정의 기초라고 할 수 있다.

우리는 통계적 추정이 사용되는 예를 자주 접하게 된다. 정당과 정치인이 관심을 가지는 지지도, 제조업자가 알고자 하는 불량률, 백화점에서 신경을 쓰는 제품의 판매량, 컴퓨터 모니터의 평균 수명 등 헤아릴 수 없이 많다.

표본을 추출하여 얻는 통계량의 값에 입각하여 모수의 값을 추정하는 방법에는 통계적 추정 외에도 가설검증이 있다.

모수의 값을 추정함에 있어서 우선 알아야 할 개념은 추정량(estimator)과 추정치(estimate)이다.

> 모수의 추정량이란 표본정보에 의존하는 확률변수로서 모수를 추정하는 데 사용되는 절차 또는 함수를 말하며, 추정치란 추정량으로부터 결정되는 특정한 값을 말한다.

1 점추정량의 결정기준

모수를 추정하는 데 사용되는 점추정량은 여러 가지를 생각할 수 있다. 예를 들면, 모평균을 추정하기 위해서는 표본평균 이외에도 표본중앙치, 표본최빈치 등을 사용할 수 있을 것이다. 그러면 이 중에서 가장 좋은 추정량은 어느 것일까? 좋은 추정량이 되기 위해서는 다음 조건을 갖추어야 한다.

불편성(unbiasedness): 추정량의 기대값(평균)이 모수의 실제값과 같을 때 그 추정량을 모수의 불편추정량이라고 한다.

효율성(efficient estimator): 불편추정량 중에서 그의 분산이 작은 추정량을 효율적 추정량이라고 한다.

일치성(consistent estimator): 표본의 크기가 클수록 표본에서 얻는 추정량이 모수에 근접하는 추정량을 일치추정량이라 말한다.

충족성(sufficient estimator): 충족추정량이란 모수를 추정하기 위하여 동일한 표본으로부터 얻는 추정량 중에서 가장 많은 정보를 제공하는 추정량을 말한다.

이를 가장 잘 충족시키는 것이 모수 μ, σ에 대한 추정량인 $\overline{X}$와 S이다.

2 구간추정

점추정치는 표본오차 때문에 모수와 일치하기가 어렵다. 또한 점추정은 추정치에 대한 불확실성 정도를 표현할 길이 없다. 그래서 구간추정의 필요성이 제기되는데 이는 모수가 포함되리라고 보는 범위를 실수할 확률을 가지고 제시함으로써 추정치에 대한 불확실성을 표현한다.

모평균 μ의 구간추정치는 $\overline{X}$의 표본분포로부터 구할 수 있다. 다양한 표본에 따라 다양한 신뢰구간이 도출되는데 어느 구간은 모수를 포함하고 있고 어느 구간은 포함하지 않을 수 있다. 여기서 신뢰도의 개념이 필요하다. 모수 μ에 대한 95% 신뢰구간이라고 할 때 모수 μ가 이 구간에 속할 확률이 95%라는 것이 아니고, 반복적인 표본추출 실험에서 구한 신뢰구간 가운데 95%가 모수를 포함하고 5%는 그렇지 않다라는 것을 의미한다.

오차율 α값이란 설정된 구간이 실제로는 모수 μ를 포함하지 않음에도 불구하고, 이를 포함할 것이라고 추정하는 실수를 저지를 확률을 의미한다. 즉, α는 신뢰구간이 모수를 포함하지 않을 확률을 말한다. 이는 구간추정의 부정확도를 나타내므로 오차율이라고 한다. 따라서 $(1-\alpha)$는 신뢰도(degree of confidence) 또는 신뢰수준(confidence level)이라고 한다. 신뢰구간은 보통 $100\times(1-\alpha)\%$ 신뢰구간으로 표현한다.

1) σ를 아는 경우의 모평균의 신뢰구간

평균의 표본분포를 활용하여 모평균의 신뢰구간을 도출한다. 오차율을 다음과 같이 설정할 경우 각 신뢰구간 산출 방법은 <표 6-4>와 같다.

표 6-4 오차율, 신뢰수준과 표준화 정규분포값

오차율(α)	신뢰수준($1-\alpha$)	$\pm Z_{\frac{\alpha}{2}}$
1%	99%	±2.575
5%	95%	±1.96
10%	90%	±1.645

모수 μ를 추정하는 데 사용되는 통계량은 표본평균 $\overline{X}$이다. $\overline{X}$의 표본분포는 평균 $\mu_{\overline{X}}=\mu$, 표준편차 $\sigma_{\overline{X}}=\frac{\sigma}{\sqrt{n}}$인 정규분포를 따른다. 그리고 확률변수 $Z=\frac{\overline{X}-\mu}{\frac{\sigma}{\sqrt{n}}}$은 표준정규분포를 따른다.

Z의 값이 Z_α보다 클 확률이 α이도록 Z_α를 결정하면, 이는 다음과 같이 표현할 수 있다.

$$P(Z>Z_\alpha)=\alpha$$
$$P(Z<-Z_\alpha)=\alpha$$

이를 그림으로 나타내면 [그림 6-2]와 같다.

그림 6-2 단측 오차율과 표준화값

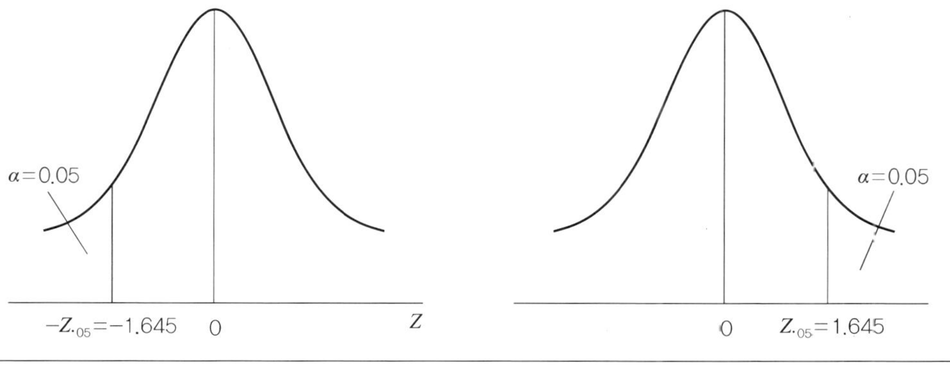

구간으로 모수를 추정함에 있어서는 정규분포의 각 꼬리부분에서 $\alpha/2$씩을 잘라내는 Z값을 찾아야 한다. 즉,

$$P(Z > Z_{\frac{\alpha}{2}}) = \frac{\alpha}{2}$$

$$P(Z < -Z_{\frac{\alpha}{2}}) = \frac{\alpha}{2}$$

가 되도록 $Z_{\frac{\alpha}{2}}$와 $-Z_{\frac{\alpha}{2}}$를 찾아야 한다. 만일 $\alpha = 0.05$일 때 $P(Z > Z_{\frac{\alpha}{2}}) = 0.025$를 만족시키는 $Z_{\frac{\alpha}{2}} = 1.96$이다. 정규분포는 대칭이므로 $-Z_{\frac{\alpha}{2}} = -1.96$이다.

이를 그림으로 나타내면 [그림 6-3]과 같다.

그림 6-3 양측 오차율과 표준화값

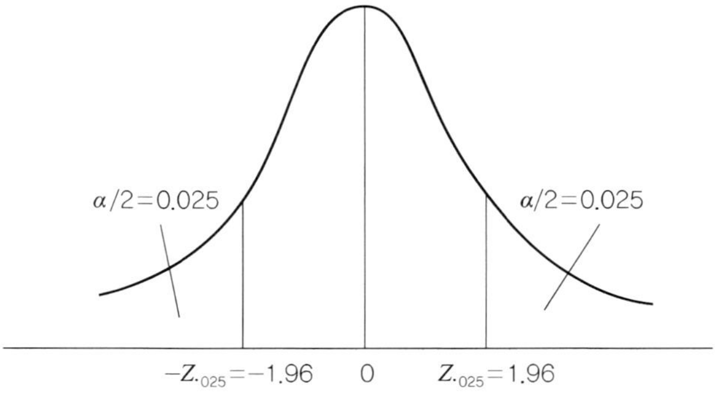

[그림 6-3]은 다음과 같은 식으로 표현할 수 있다.

$$P(-1.96 \leq Z \leq 1.96) = 0.95$$

이를 일반식으로 나타내면 다음과 같다.

$$P(-Z_{\frac{\alpha}{2}} \le Z \le Z_{\frac{\alpha}{2}}) = 1-\alpha$$

위 식에 $Z=\dfrac{\overline{X}-\mu}{\dfrac{\sigma}{\sqrt{n}}}$를 대입하고 μ에 대해 정리하면, μ에 대한 $100\times(1-\alpha)\%$ 신뢰구간을 구하는 식을 얻는다.

$$P(\overline{X}-Z_{\frac{\alpha}{2}}\frac{\sigma}{\sqrt{n}} \le \mu \le \overline{X}+Z_{\frac{\alpha}{2}}\frac{\sigma}{\sqrt{n}}) = 1-\alpha$$

2) σ를 모르는 경우의 모평균의 신뢰구간

앞에서 모집단의 표준편차 σ를 알고 있다는 전제 하에서 모평균 μ를 추정하였다. 그러나 실제로는 모평균을 모르는 상황에서 모집단의 표준편차를 안다는 것은 흔한 일이 아니다.

우리가 모집단의 표준편차 σ를 알고 있는 경우에는 확률변수 Z는 다음 공식을 이용하여 구한다.

$$Z=\frac{\overline{X}-\mu}{\dfrac{\sigma}{\sqrt{n}}}$$

그리고 확률변수 Z는 표준정규분포를 따른다는 사실을 이용하여 구간추정을 하였다. 그러나 모집단의 평균과 표준편차를 모르고 표본크기가 $n\le30$으로 작은 경우에는 위 식을 직접 이용할 수 없다. 따라서 σ 대신에 표본에서 구한 표본표준편차 $S=\sqrt{\dfrac{\sum(X-\overline{X})^2}{n-1}}$를 사용해야 한다. 즉, $\sigma_{\overline{X}}=\dfrac{\sigma}{\sqrt{n}}$ 대신에 평균의 추정표준오차(estimated standard error of the mean) $S_{\overline{X}}=\dfrac{S}{\sqrt{n}}$를 사용해야 하는데

$\frac{\overline{X}-\mu_{\overline{X}}}{S_{\overline{X}}}$ 는 표준정규분포를 따르지 않고 자유도 $n-1$의 $t-$분포를 따른다.

> 평균 μ인 모집단으로부터 크기 n의 표본을 무작위로 추출했을 때 그의 평균이 $\overline{X}$이고 표준편차가 S일 때 확률변수 t는
>
> $$t=\frac{\overline{X}-\mu_{\overline{X}}}{\frac{S}{\sqrt{n}}}$$
>
> 으로 자유도 $n-1$인 $t-$분포를 따른다. 이때 모집단이 정규분포를 따른다는 전제가 꼭 필요하다.

$t-$분포는 [그림 6-4]에서 보는 바와 같이 표준정규분포와 유사하다. 즉, 두 분포는 평균 0을 가지며 평균을 중심으로 종모양의 좌우 대칭을 이룬다. 그러나 $t-$분포의 곡선 모양은 표준정규분포보다 큰 분산을 갖게 된다.

이와 같이 큰 분산을 갖게 되는 이유는 모집단 표준편차 대신 표본표준편차를 사용하는 데서 오는 추가적인 불확실성 때문이다. 이와 같이 $t-$통계량을 사용하면 신뢰구간의 폭이 커지는데 이는 모집단의 표준편차 σ를 모르는 데서 오는 추정상의 오류를 보상해 주기 위함이다.

그림 6-4 표준정규분포와 $t-$분포

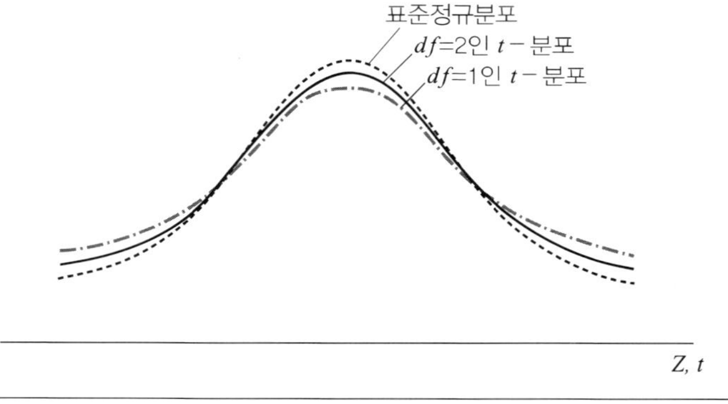

[그림 6-4]에서 보는 바와 같이 표본크기가 클수록(자유드가 클수록) t-분포는 표준정규분포에 근접한다. 이는 표본크기가 클수록 표본표준편차 S가 모집단 표준편차 σ의 좋은 추정량이 되기 때문이다. 또한 표본크기가 커질수록 t값은 Z값에 근접한다.

t-분포의 모양은 표본크기에 따라 다른 모양을 갖는다. t-분포의 모양을 결정하는 것은 자유도(degree of freedom)인데 보통 df로 표시한다. 자유도는 표본크기 n에서 1을 뺀 값이다. 자유도는 우리가 자유스럽게 선택할 수 있는 값의 수라고 정의할 수 있다.

t-분포 역시 표준정규분포표와 같은 확률표를 만들 수 있다. 그러나 t-분포의 경우 자유도에 따라 모양이 달라지므로 표준정규분포표처럼 고든 확률을 다 수록할 수는 없다. 다만, 자주 이용되는 α에 따른 t값의 대응관계를 자유도별로 산출해 놓고 있다. 또 하나 다른 점은 표준정규분포표의 경우 Z값에 대응하는 확률값을 찾도록 되어 있으나 t-분포의 경우 α값에 대응하는 t값을 찾도록 되어 있다.

모집단의 평균 μ와 표준편차 σ를 모르는 경우에 μ에 대한 $100\times(1-\alpha)\%$ 신뢰구간을 추정하기 위해서는 t-분포를 사용하여야 한다. 따라서 앞의 σ를 아는 경우에 설명한 신뢰구간 산출법에서 Z값 대신에 t값을 사용하고 σ 대신에 S를 사용하면 된다. 그 도출과정은 다음과 같다.

$$P(-t_{n-1,\frac{\alpha}{2}} \le t_{n-1} \le t_{n-1,\frac{\alpha}{2}}) = 1-\alpha$$

$$P(-t_{n-1,\frac{\alpha}{2}} \le \frac{\overline{X}-\mu}{\frac{S}{\sqrt{n}}} \le t_{n-1,\frac{\alpha}{2}}) = 1-\alpha$$

$$P(-t_{n-1,\frac{\alpha}{2}} \frac{S}{\sqrt{n}} \le \overline{X}-\mu \le t_{n-1,\frac{\alpha}{2}} \frac{S}{\sqrt{n}}) = 1-\alpha$$

$$P(\overline{X}-t_{n-1,\frac{\alpha}{2}} \frac{S}{\sqrt{n}} \le \mu \le \overline{X}+t_{n-1,\frac{\alpha}{2}} \frac{S}{\sqrt{n}}) = 1-\alpha$$

예) 평균의 표본분포의 예에서 설명한 동별 공무원 수 자료를 이용하여 모평균의 90%, 95%, 99% 신뢰구간을 산출하면 다음과 같다. 무작위로 5개의 표본 추출 결과 <표 6-5>와 같이 표본평균과 표본표준편차를 산출할 수 있다.

표 6-5 동별 공무원 수 표본자료의 평균과 표준편차

표 본	공무원 수	평균($\overline{X}$)	표준편차(S)
1	15		
6	14		
8	20	16	2.92
3	18		
9	13		

자유도 $df=4$이므로 $t_{4,.05}$, $t_{4,.025}$, $t_{4,.005}$를 $t-$분포표에서 찾으면 다음과 같다.

$$t_{4,.05}=2.132,\ t_{4,.025}=2.776,\ t_{4,.005}=4.604$$

이 값을 공식에 대입하면

90% 신뢰구간:

$$\overline{X}-t_{n-1,\frac{\alpha}{2}}\frac{S}{\sqrt{n}}\le\mu\le\overline{X}+t_{n-1,\frac{\alpha}{2}}\frac{S}{\sqrt{n}}$$
$$=16-(2.132)2.92/2.24\le\mu\le16+(2.132)2.92/2.24$$
$$=13.22\le\mu\le18.78$$

95% 신뢰구간:

$$\overline{X}-t_{n-1,\frac{\alpha}{2}}\frac{S}{\sqrt{n}}\le\mu\le\overline{X}+t_{n-1,\frac{\alpha}{2}}\frac{S}{\sqrt{n}}$$
$$=16-(2.776)2.92/2.24\le\mu\le16+(2.776)2.92/2.24$$
$$=12.38\le\mu\le19.62$$

99% 신뢰구간:

$$\overline{X}-t_{n-1,\frac{\alpha}{2}}\frac{S}{\sqrt{n}}\le\mu\le\overline{X}+t_{n-1,\frac{\alpha}{2}}\frac{S}{\sqrt{n}}$$
$$=16-(4.604)2.92/2.24\le\mu\le16+(4.604)2.92/2.24$$
$$=10.00\le\mu\le22.00$$

지금까지 모집단의 표준편차 σ를 모를 경우 표본의 표준편차 S를 이용하여 신뢰구간을 추정하는 방법을 설명하였다. 이 경우, $t-$분포를 이용하는 것이 원칙이지만 만약 표본의 크기가 어느 정도 크다면($n \geq 30$) 표준정규분포를 이용하여도 무방하다. 왜냐하면, 표본의 크기가 커짐에 따라 표본의 표준편차 S가 모표준편차 σ에 아주 근접하기 때문이다. 따라서 n이 30 이상이라면 다음 공식을 이용하여 신뢰구간을 추정할 수 있다.

$$P(\overline{X} - Z_{\frac{\alpha}{2}} \frac{S}{\sqrt{n}} \leq \mu \leq \overline{X} + Z_{\frac{\alpha}{2}} \frac{S}{\sqrt{n}}) = 1 - \alpha$$

3 표본크기의 결정

지금까지 신뢰구간의 추정방법에 관하여 설명을 하였지만 표본의 크기를 결정하는 것에 관해서는 언급하지 않았다. 표본의 크기는 신뢰구간의 폭과 상당한 관련을 가지고 있다. n이 커짐에 따라서 표준오차는 작아지게 되고 추정 신뢰구간의 폭은 작아지게 된다. 이 관계를 응용하여 원하는 신뢰구간의 폭을 정하고 표본의 크기를 결정할 수 있다.

1) σ를 알고 있는 경우

우리가 모표준편차 σ를 알고 있는 경우 신뢰구간의 한쪽 폭은 $Z_{\frac{\alpha}{2}} \frac{\sigma}{\sqrt{n}}$이다. 이 값은 '최대허용오차'의 범위를 의미하는 데 이것을 e로 표기하면 다음 공식이 도출된다. 이로써 최대허용오차 e를 정하면 표본의 크기를 결정할 수 있다.

$$e = Z_{\frac{\alpha}{2}} \frac{\sigma}{\sqrt{n}}$$

$$n = \frac{(Z_{\frac{\alpha}{2}})^2 \sigma^2}{e^2} = \left(\frac{Z_{\frac{\alpha}{2}} \sigma}{e} \right)^2$$

2) σ를 모르는 경우

신뢰구간을 추정할 때 σ를 모를 경우 $t-$분포를 사용하였으므로 표본의 크기를 결정할 때도 $t-$분포를 사용하면 된다. 이를 공식으로 표현하면 다음과 같다.

$$e = t_{n-1,\frac{\alpha}{2}} \frac{S}{\sqrt{n}}$$

$$n = \frac{(t_{\frac{\alpha}{2}})^2 S^2}{e^2} = \left(\frac{t_{\frac{\alpha}{2}} S}{e}\right)^2$$

n크기를 알기 위하여 $t-$분포를 사용한다는 것도 사실은 어폐가 있다. t값을 구하기 위해서는 자유도를 결정해야 하므로 n을 사전적으로 정해야 하는데, n크기를 결정하는 데 t값을 이용한다는 것이 모순이다. 그러므로 주로 이 공식이 이용되는 경우는 사전조사 후 추가적인 표본조사를 실시할 때이다.

예) A민원부서에서 하루에 도착하는 고객의 평균 수를 추정하기 위하여 20일간 자료를 조사한 결과 평균 32명, 표준편차 12명이었다. 95% 신뢰도를 가지고 2명 이내의 오차로 평균 고객 수를 추정하기 위해서는 며칠 간의 자료조사가 더 필요한가?

$$n = \frac{(t_{\frac{\alpha}{2}})^2 S^2}{e^2} = \left(\frac{t_{\frac{\alpha}{2}} S}{e}\right)^2 = (2.093(12)/2)2 = 157.7$$

이때 중요한 것은 t값을 구할 때, 자유도를 19로 해야 한다는 것이다.
158 − 20 = 138이므로 138일의 자료를 추가적으로 수집해야 한다.

연습문제

1. 다음 용어를 간단히 설명하라.

① 표본오차와 비표본오차
② 추정량과 추정치
③ 표본분포
④ 점추정과 구간추정
⑤ 오차율과 신뢰도

2. 표준오차를 설명하라.

3. 중심극한의 정리란?

4. t-분포란?

5. 민원 예약제를 실시하기 위하여 C동은 민원서류를 발급하는 데 소오되는 평균시간을 추정하기로 하였다. 25건의 표본을 무작위 추출하여 시간을 측정한 결과 평균 8분, 표준편차 2.5분이었다.

① 평균소요시간에 대한 95% 신뢰구간을 추정하라.
② 모평균시간이 9분을 넘을 확률은 얼마인가?

6. D시는 지역경제과 소속 직원의 수를 결정하는데 참고하기 위하여 다른 5개 시의 지역경제과 소속 직원의 수를 조사하여 다음의 자료를 수집하였다. 모평균의 95% 신뢰구간을 구하라. 그리고 모평균 추정의 최대허용오차를 1명으로 하기 위해서는 n의 크기를 얼마로 해야 하는가?

8	6	9	5	12

7. E군은 학생회장 선거에 출마하려고 하는데 상대 후보는 한 명뿐일 것으로 예상된다. 49명의 표본조사 결과 두 후보 중 54% 지지를 얻고 있는 것으로 나타났다. 95% 신뢰구간을 구하고 95% 신뢰도로 승리를 확신하기 위한 표본의 크기는?

제 7 장 가설검증

제 1 절 가설검증의 개념

가설(hypothesis)이란 확인되지 않은 어떤 주장이어서 그것이 옳은지 그른지 판단되지 않은 상태에 있는 언명이라고 할 수 있다. 특히, 확률적 현상어 대한 어떤 주장은 단정적으로 확인하기 어렵다. 이런 경우, 우리는 관심 있는 대상의 특성에 대하여 신뢰구간을 설정하여 범위를 추정한다. 검증은 추정과 같은 논리를 이용하나 방향에 있어서 반대의 과정을 거친다. 추정이 표본의 통계량을 가지고 모집단의 특성을 추론하는 것이라면 검증은 모집단에 대한 특성을 가설의 형태로 제시하고 표본조사를 통하여 검증하는 것이다.

1 가설의 형태

두 개의 상호 배타적인 가설은 귀무가설(null hypothesis)과 대립가설(alternative hypothesis)이다. 모수에 대한 주장이 옳다고 제안하는 가설을 귀무가설이라고 하는데 H_0로 표시하며 그 주장이 틀렸다고 제안하는 가설을 대팁가설이라고 하는데,

H_1 또는 H_A로 표시한다.

귀무가설이란 모집단의 특성에 대한 주장 또는 명제가 옳은 것인지 그 진위를 검증하기 위하여 설정한 대상가설을 말한다.

대립가설이란 귀무가설과 대립적인 가설로서 귀무가설이 기각되면 채택해야 하는 가설을 말한다.

가설검증의 결과로 어떤 가설을 채택하면 다른 가설은 기각해야 하므로 두 가설이 동시에 옳을 수는 없다. 귀무가설은 표본으로부터 이를 기각할 충분한 근거가 발견되지 않는 한 옳은 것이라고 가정하고 시작한다. 이는 피고가 무죄라고 가정하는 형사재판과 유사하다. 대립가설은 시초에는 거짓이라고 가정하고 시작하지만 귀무가설을 부정할 근거가 제시되면 이를 채택하게 된다. 대립가설은 연구자가 지지하고자 하는 가설이다. 우리가 대립가설을 지지할 통계적 근거를 찾기 위해 표본자료를 검토하지만 검증의 대상은 귀무가설이다. 따라서 검증할 수 없거나 검증하기 어려운 가설을 귀무가설로 설정하는 것은 피해야 한다.

우리가 관심을 갖는 모수를 θ라 하고 귀무가설이든 대립가설이든 이 모수가 하나의 특정한 값 θ_0를 갖는다고 하면, 가설의 기본적 형태는 다음 세 가지로 정리할 수 있다.

① H_0: $\theta = \theta_0$　　② H_0: $\theta \geq \theta_0$　　③ H_0: $\theta \leq \theta_0$
　 H_1: $\theta \neq \theta_0$　　　H_1: $\theta < \theta_0$　　　H_1: $\theta > \theta_0$

②에서 귀무가설 H_0: $\theta \geq \theta_0$는 직접 검증할 수 없으므로 가장 보수적으로 H_0: $\theta = \theta_0$를 검증하면 된다. ③도 마찬가지이다.

가설은 ①에서와 같이 모수의 값이 하나로 규정되는 단순가설(simple hypothesis)과 ②와 ③에서와 같이 모수가 가질 수 있는 값이 범위로 나타나는 복합가설(composite hypothesis)로 구분할 수 있다.

예) 한 부품의 평균길이는 20㎝라고 한다. 다음의 문제에 대해 가설을 설정하라.

① 관리자는 평균길이가 20㎝와 다른지 결정하고 싶다.

② 관리자는 평균길이가 20㎝보다 큰지 결정하고 싶다.

③ 관리자는 평균길이가 20㎝보다 작은지 결정하고 싶다.

가설을 설정하면 다음과 같다.

① H_0: $\mu=20$	② H_0: $\mu\leq 20$	③ H_0: $\mu\geq 20$
H_1: $\mu\neq 20$	H_1: $\mu>20$	H_1: $\mu<20$

2 가설검증의 오류

가설검증을 한다는 것은 귀무가설을 채택하느냐 또는 거브하느냐를 결정해야 함을 의미한다. 표본을 추출하여 얻은 표본 결과와 귀무가설이 사실이라면 기대할 수 있는 결과를 비교하여 결정하게 된다. 귀무가설이 사실이면 이를 채택하고 귀무가설이 거짓이면 거부해야 하는 것이 당연하지만 표본오차로 인해 잘못 결정할 위험을 안고 있다.

모평균에 관한 가설검증에 있어서는 표본평균이 귀무가설이 사실일 때 기대할 수 있는 결과(가정된 모수의 값)와 현저하게 차이가 있느냐에 따라 귀무가설을 채택 또는 거부하게 된다. 표본분포의 성격상 표본평균의 값이 도평균과 정확하게 일치할 수는 없다. 따라서 가설에 대해 잘못 결정할 가능성이 언제나 다르게 된다.

가설검증과 관련된 오류는 두 가지가 있다. 귀무가설이 실제로는 사실임에도 불구하고 허위라고 결론을 내릴 오류를 제Ⅰ종 오류(type Ⅰ error)라고 하고 α를 표시한다. 이것은 제6장에서 설명한 추정의 오차율 α와 같은 것이다. 이러한 오류를 범할 확률을 검증의 유의수준(level of significance)이라고 한다.

> 제Ⅰ종 오류란 귀무가설 H_0가 사실임에도 불구하고 이를 채택하지 않고 거부하는 오류를 말한다.

한편, 귀무가설 H_0가 허위임에도 불구하고 이것을 채택하는 오류를 제Ⅱ종 오류(type Ⅱ error)라고 하고 β로 표시한다.

제Ⅱ종 오류란 귀무가설 H_0가 허위임에도 불구하고 이를 기각하지 않고 채택하는 오류를 말한다.

α와 β는 서로 상반되는 관계에 있다. 제Ⅰ종 오류를 줄이기 위하여 α를 낮게 설정하면 제Ⅱ종 오류의 위험이 커지고 제Ⅱ종 오류의 위험을 줄이기 위해서 β를 낮게 설정하면 α가 커진다.

한편, 제Ⅰ종 오류를 범할 최대허용확률을 유의수준(significance level)이라고 하고 α로 표시한다.

유의수준이란 귀무가설이 사실임에도 불구하고 이를 기각하여 제Ⅰ종 오류를 범할 확률을 말한다.

유의수준을 설정하면 그 확률을 가름하는 기준점이 생겨나는데 그것을 임계치라고 한다. 임계치는 표본평균 $\overline{X}$ 내지는 Z값으로 나타낼 수 있다.

임계치란 유의수준이 결정되었을 때 귀무가설을 채택하거나 기각하는 기준점을 말한다.

3 가설의 검증

검증하려고 하는 모집단으로부터 추출한 표본을 이용하여 계산된 통계량의 값이 유의수준에 따라 결정되는 채택영역에 들어가면 귀무가설을 채택하고, 기각영역에 들어가면 귀무가설을 기각하고 대립가설을 채택하게 된다.

가설은 앞의 설명에서 세 가지 형태를 취한다고 하였다.

① H_0: $\theta = \theta_0$ ② H_0: $\theta \geq \theta_0$ ③ H_0: $\theta \leq \theta_0$

H_1: $\theta \neq \theta_0$ H_1: $\theta < \theta_0$ H_1: $\theta > \theta_0$

①의 경우 양측검증(two-taled test)이라고 하고, 그 외의 경우 단측검증(one-taled test)이라고 한다.

그림 7-1 양측검증과 단측검증

① H_0: $\theta = \theta_0$
H_1: $\theta \neq \theta_0$

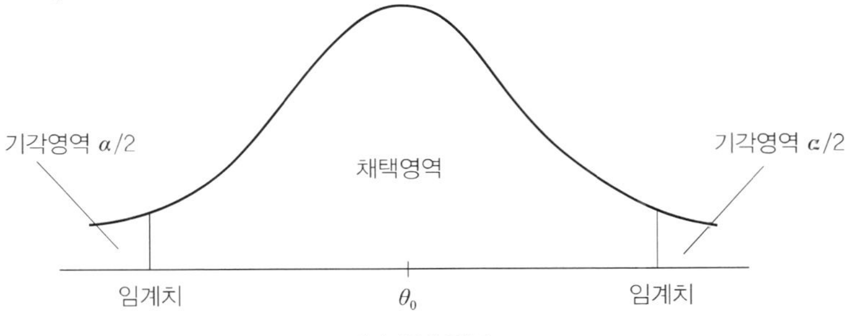

(a) 양측검증

② H_0: $\theta \geq \theta_0$
H_1: $\theta < \theta_0$

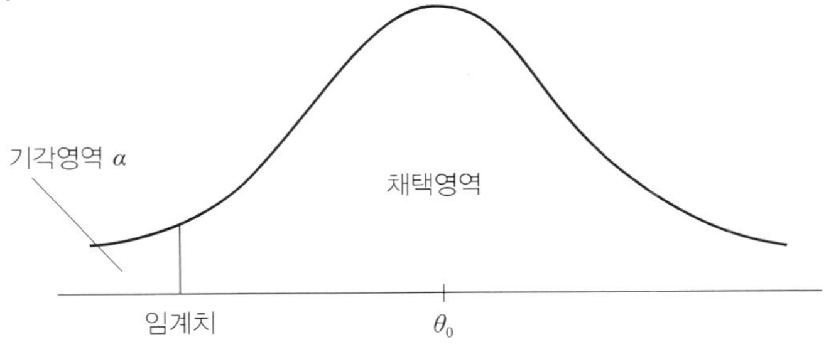

(b) 좌측검증

③ H_0: $\theta \leq \theta_0$
H_1: $\theta > \theta_0$

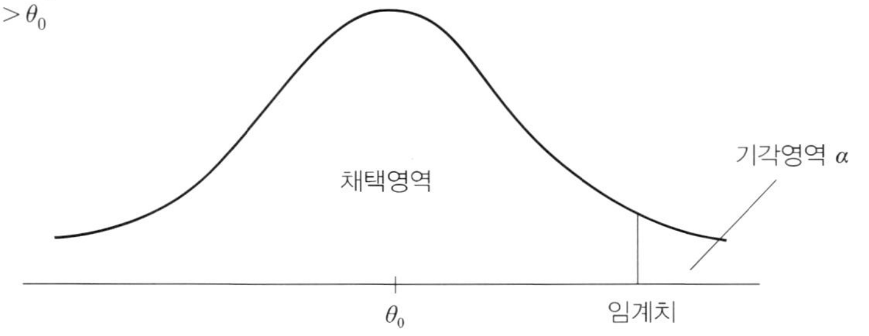

(c) 우측검증

가설검증의 일반적인 절차는 다음과 같다.

1. 가설의 설정
2. 유의수준의 결정
3. 유의수준에 따른 임계치의 결정
4. 검증통계량의 계산과 임계치와의 비교
5. 의사결정

제 2 절 모평균의 가설검증

1 모분산을 아는 경우

1) 양측검증

연구자는 관심 있는 모집단의 평균이 μ_0가 아닐 수 있다는 어떤 생각을 가지고 있다고 가정하자. 그런 경우 연구자는 가설을 다음과 같이 설정하게 된다.

귀무가설: $\mu = \mu_0$
대립가설: $\mu \neq \mu_0$

가설을 설정하고 난 다음 유의수준을 설정한다. 유의수준은 대체로 10%, 5% 1% 중에서 선택한다. 5%를 선택하였다고 가정하자.

위 가설은 양측검증을 통하여 검증해야 하므로 유의수준을 반으로 나누어서 양측에서 임계치를 결정해야 한다. 즉, $Z_{.025}=1.96$, 그리고 $-Z_{.025}=-1.96$을 임계치로 정한다.

표본의 통계량 $\overline{X}$으로부터 표준정규분포값 $Z=\dfrac{\overline{X}-\mu_0}{\frac{\sigma}{\sqrt{n}}}$를 산출하여 이 Z값이 채택영역에 속하는지 기각영역에 속하는지를 판단하여 의사결정에 참조한다.

위의 절차처럼 임계치를 설정하여 가설을 판정하는 방법도 있지만, 표본의 통계량 $\overline{X}$으로부터 Z값을 산출하고 그 값보다 크거나 작을 확률을 산출하는 방법도 있다. 그 확률을 p값이라고 하는데, p값이 유의수준보다 작은지를 판정하여 가설채택 여부를 판단하는 것이다. 즉, Z가 양수일 경우 Z보다 클 확률을, Z가 음수일 경우 Z보다 작을 확률 p를 산출하여 그 확률이 유의수준 $\alpha/2$보다 작으면 가설을 채택하고 그렇지 않으면 가설을 기각한다. 이렇게 가설을 검증하는 것이 임계치를 산정하여 검증하는 것보다 나은 점은 가설채택 여부를 판정할 뿐만 아니라 가설을 채택할 경우 그 판단이 틀릴 가능성을 확률값으로서 나타내어 준다는 점이다. 그림으로 표현하면 [그림 7-2]와 같다.

그림 7-2 표본평균의 p값 환산

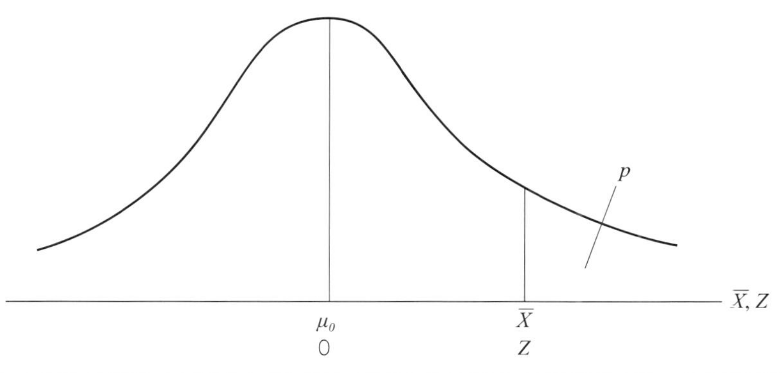

예) 부품을 20㎝ 길이로 자르는 기계가 있다. 관리자는 혹시 이 기계가 불량인지를 점검하고자 한다. 과거 경험에 의하면 이 기계의 표준편차는 0.1㎝이었다. 100개의 부품을 조사해본 결과 평균 20.02㎝로 나타났다. 5%의 유의수준 하에서 가설을 검증하라.

관리자의 관심사항은 기계의 불량 여부로서 부품의 평균길이가 20㎝로부터 변화했는지를 검증하는 것이다. 따라서 대립가설은 모집단의 평균이 20㎝가 아니라는 것이고 귀무가설은 $\mu=20$이다. σ가 0.1이므로 표준오차 s.e.는 $\frac{0.1}{\sqrt{100}}=0.01$이다. $\alpha=0.05$이고, $\alpha/2=0.025$이므로 이를 기준으로 하는 임계치는 $Z=\pm1.96$이다. s.e.가 0.01이므로 산출되는 $Z=\frac{\overline{X}-\mu_0}{\frac{\sigma}{\sqrt{n}}}=\frac{20.02-20}{0.01}=2$이다. 이 값이 임계치 1.96보다 커서 기각영역에 속하므로 귀무가설을 기각하고 대립가설을 채택한다. 즉, 기계는 불량이라고 판정할 수 있다.

임계치를 구하지 않고 p값으로 가설을 검증하는 방법을 설명하면 Z값이 2로 산출되므로 p값은 0.0228이다. 이 값이 유의수준 0.025보다 작으므로 귀무가설을 기각하고 대립가설을 채택한다.

2) 단측검증

양측검증은 연구자가 모집단의 평균이 변경되었다는 생각을 가지고 있으나 양방향과 음방향 중 어느 방향으로 변화되었는지를 모르는 경우 적용된다. 그런데 현실적으로 이런 경우는 많지 않다. 보통의 경우라면 연구자는 모평균의 어떤 방향으로의 변화를 감지하되 그 변화가 진정한 모평균의 변화인지 의구심을 갖게 되는 경우가 많을 것이다. 이런 경우에는 단측검증을 실시하게 되며 가설은 다음과 같이 설정된다.

귀무가설: $\mu\geq\mu_0$	귀무가설: $\mu\leq\mu_0$
대립가설: $\mu<\mu_0$	대립가설: $\mu>\mu_0$

단측검증의 경우에 가설검증의 방법과 절차는 양측검증과 같은데, 다만 임계치를 산출하거나 유의수준의 기준점이 α라는 점이 다르다. 양측검증의 경우 $\alpha/2$를 기준으로 하였다.

2 모분산을 모르는 경우

모평균의 신뢰구간을 추정할 때 모표준편차 σ를 모를 경우 표본의 표준편차 S를 σ의 추정치로 사용하고 그럴 경우 표본분포는 $t-$분포를 따른다고 하였다. 따라서 $t-$분포를 이용하여 신뢰구간을 산출할 수 있었다.

모분산을 모를 경우 가설의 검증에 있어서도 신뢰구간의 추정에서 사용한 $t-$분포의 적용논리를 그대로 사용할 수 있다. 따라서 $t = \dfrac{\overline{X} - \mu_0}{\dfrac{S}{\sqrt{n}}}$ 공식을 사용하여 임계치를 벗어나는지 임계치 내에 있는지를 평가하거나 p값을 산출하여 가설을 검증할 수 있다.

① 양측검증

귀무가설: $\mu = \mu_0$

대립가설: $\mu \neq \mu_0$

$$\frac{\overline{X}-\mu_0}{\dfrac{S}{\sqrt{n}}} > t_{n-1,\ \frac{\alpha}{2}} \text{ 또는 } \frac{\overline{X}-\mu_0}{\dfrac{S}{\sqrt{n}}} < -t_{n-1,\ \frac{\alpha}{2}} \text{ 이면}$$

귀무가설 H_0를 기각

여기서, $P\left(t > t_{n-1,\ \frac{\alpha}{2}}\right) = \frac{\alpha}{2}$, $P\left(t < -t_{n-1,\ \frac{\alpha}{2}}\right) = \frac{\alpha}{2}$

② 좌측검증

귀무가설: $\mu \geq \mu_0$

대립가설: $\mu < \mu_0$

만일 $\frac{\overline{X}-\mu_0}{\frac{S}{\sqrt{n}}} < -t_{n-1,\,\alpha}$이면 귀무가설 H_0를 기각

여기서, $P(t < -t_{n-1,\,\alpha}) = \alpha$

③ 우측검증
귀무가설: $\mu \leq \mu_0$
대립가설: $\mu > \mu_0$

만일 $\frac{\overline{X}-\mu_0}{\frac{S}{\sqrt{n}}} > t_{n-1,\,\alpha}$이면 귀무가설 H_0를 기각

여기서, $P(t > t_{n-1,\,\alpha}) = \alpha$

예) F강의 생물화학적산소요구량(BOD)은 평균 4.7㎎/ℓ이었는데 수질이 최근에 와서 좋지 않다는 말을 듣고 9회의 BOD를 측정한 결과 평균 5.5㎎/ℓ, 표준편차 1.2로 나타났다. 가설을 세우고 검증하라.

대립가설은 'F강의 최근 BOD 평균은 4.7보다 커졌다'이고 귀무가설은 'F강의 최근 BOD 평균은 4.7보다 커지지 않았다'이다. 기호로 표현하면

귀무가설: $\mu \leq 4.7$
대립가설: $\mu > 4.7$

가설검증을 위한 유의수준을 5%로 설정하면 임계치를 설정할 수 있는데, 우측검증이고 자유도가 8이므로 임계치는 $t_{8,0.05} = 1.86$이다. Z값을 산출하면 다음과 같다.

$$Z = \frac{\overline{X}-\mu_0}{\frac{S}{\sqrt{n}}} = \frac{5.5-4.7}{\frac{1.2}{\sqrt{9}}} = 0.8/0.4 = 2$$

Z값이 임계치보다 크므로 기각영역에 해당된다. 따라서 귀무가설을 기각하고 대립가설을 채택한다. 즉, 수질은 평균 4.7보다 나빠졌다고 할 수 있다.

임계치를 산출하여 가설을 검증하는 방법 이외에 p값을 산출하여 검증하는 방법을 설명한 바 있다. 모집단의 모표준편차를 모르는 경우에드 그 방법이 적용될 수 있다. 그러나 $t-$분포표를 이용하는 경우 모든 t값에 대한 확률을 표에서 찾을 수 없으므로 이용하기 어렵다. 만약 통계프로그램들을 이용한다면 대부분의 프로그램들이 t값에 대응하는 p값을 제시하여 주므로 그 방법이 적용될 스 있다.

지금까지 설명한 모집단의 모표준편차 σ를 모르는 경우 $t-$분포를 이용하여 가설을 검증하는 것은 소표본의 경우에 적용된다. 대표본의 경우에는 Z분포를 이용하여 가설을 검증할 수 있다. 모평균의 신뢰구간의 추정에서 설명하였듯이 $n \geq 30$인 대표본의 경우 S가 σ에 근접하므로 Z분포를 이용하여도 무방하다고 설명한 바 있다. 따라서 대표본의 경우 모분산을 아는 경우의 가설검증 방법을 이용하면 된다.

연습문제

1. 가설검증과 관련하여 다음 용어를 설명하라.

① 귀무가설과 대립가설　② 임계치와 유의수준

③ 양측검증과 단측검증　④ 제Ⅰ종 오류와 제Ⅱ종 오류

2. 가설검증의 절차를 설명하라.

3. G회사의 건전지 평균 수명은 50시간 이상이라고 주장한다. 그리고 과거 경험상 평균 수명은 정규분포를 따르고 표준편차가 5시간이라고 한다. 25개의 건전지를 무작위로 추출하여 조사하니 평균 47.8시간이었다. 유의수준 5%로 가설을 검증하라.

4. H시의 초등학생의 결석률이 갈수록 높아지고 있다는 문제제기가 있다. H시 관내 초등학교 학생 100명을 조사하여 보니 평균 10%였다. 과거의 평균이 9.5%였다면 이 지역의 결석률이 높아졌는가? 5%의 유의수준으로 검증하라.

5. Ⅰ시의 시장은 이 지역 주민의 소득을 향상시켰다고 주장한다. 과거 가구당 평균 150만원이던 것을 자신의 경제정책으로 향상시켰다는 것이다. 이를 입증하기 위하여 25가구를 사전조사한 결과 평균 155만 원, 표준편차 40만 원으로 나타났다. 5%의 유의수준으로 대립가설을 채택하기 위해서는 표본이 얼마여야 하는가?

제 8 장 두 집단의 평균의 차이 검증

제 1 절 두 집단 비교의 의의

사람의 인지 작용은 어떤 대상의 절대적인 크기를 측정하는 것보다는 그것과 다른 것과의 상대적인 차이를 비교하는 것을 더 잘하게 되어 있다. 그런 연유로 새로운 사실의 발견이나 변화의 방향인식 등은 비교를 통하여 주로 이루어진다.

비교를 위한 두 집단의 선택은 시간적으로 공간적으로 가능하다. 시간적으로는 하나의 대상에 대해 어떤 기준 시점 이전의 특징과 이후의 특징을 비교하는 것이다. 공간적으로는 한 시점에서 어떤 특징을 가진 집단과 그렇지 않은 집단을 비교하는 것이다. 전자를 종단분석이라고 하고 후자를 횡단분석이라고 한다. 종단분석과 횡단분석은 논리적으로 같은 분석이 적용된다. 예를 들어 설명하면 다음과 같다. 영양제의 효능을 비교실험하기 위하여 한 초등학교에 영양제를 투여하고 다른 학교에 투여하지 않고서 두 학교 학생의 발육을 비교하는 것은 횡단분석에 해당된다. 그와는 달리 한 학교의 영양제 투여 전 학생들의 발육상태와 투여 후의 발육상태를 비교하는 것은 종단분석에 해당된다. 두 분석방법 모두 논리적으로 같은 결과를 산출할 것이다.

두 집단을 비교하는 가장 대표적인 방법은 두 집단의 평균을 비교하는 것이다.

이것을 우리는 두 집단 평균의 차이 검증이라고 한다. 두 집단을 비교하는 다양한 방법이 있지만 가장 대표성이 높은 평균을 비교하는 것이 가장 타당하다는 것이다.

두 집단 평균의 차이를 검증하는 것은 크게 두 가지로 나눌 수 있다. 두 집단이 있으므로 표본도 두 표본이 추출되는데, 두 표본의 종속성과 독립성 여부에 따라 검증방법이 달라진다. 즉, 두 표본이 독립적이지 않고 종속적인 경우 이 두 표본을 대응표본이라고 하고, 대응표본인 경우 독립적인 두 표본의 평균의 차이 검증과는 다른 방법이 적용된다.

대응표본은 두 표본을 구성하고 있는 사례들이 짝을 이루도록 추출해야 한다. 대응표본 추출 여부를 판단하는 것은 신중히 다음 사항들을 고려해서 결정해야 한다. 다음과 같은 상황에서 대응표본을 추출해야 한다.

① 전과 후의 비교: 예를 들어, 금연의 효과 분석은 같은 사람에 속하는 자료이므로 짝을 이루어야 한다.

② 대응하는 성격을 가진 사람의 비교: 예를 들어, 지방자치단체별로 남성 공무원의 직급과 여성 공무원의 직급 비교는 비슷한 근무연한, 교육수준, 경험의 정도를 가진 사람으로 짝을 이루어야 한다.

③ 장소에 의해 짝을 이루는 관찰의 비교: 10부제의 효과 비교는 같은 도로에서 짝을 이루어 교통량을 조사해야 한다.

④ 시간에 의해 짝을 이루는 관찰의 비교: A시와 B시의 민원인의 비교는 동일한 시간에 짝을 이루어야 한다.

제 2 절 평균 차이의 표본분포

두 표본의 평균의 차이를 검증하기 위해서는 두 표본평균의 차이의 표본분포에 관한 이론이 필요하다. 그것은 한 모집단의 평균의 추정에 표본분포의 이론이 필요했던 것과 같다. 두 표본평균 차의 표본분포는 [그림 8-1]과 같이 표현된다.

그림 8-1 평균의 표본분포와 표본평균 차의 표본분포

(a) 평균의 표본분포

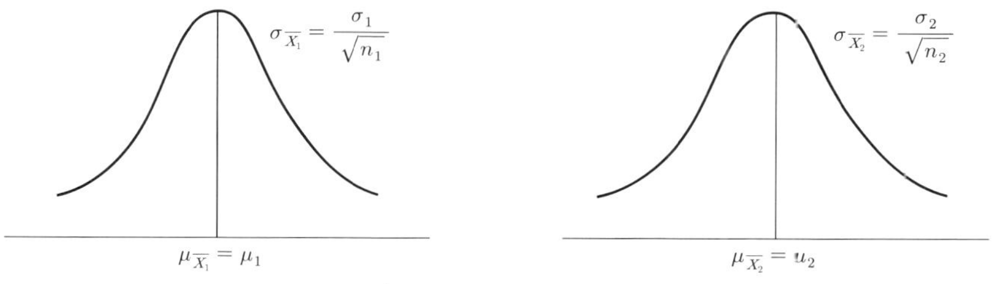

(b) 표본평균 차의 표본분포

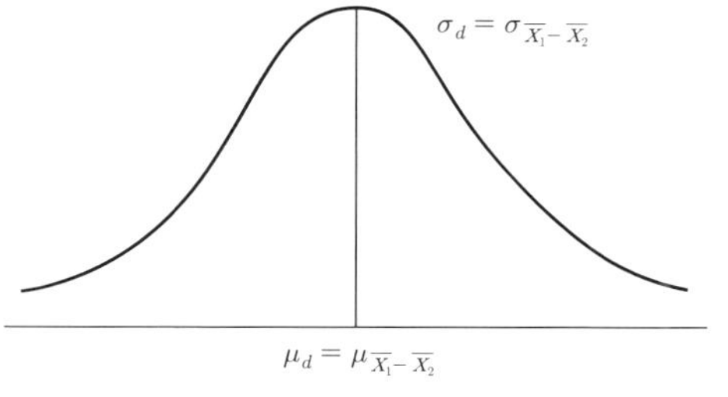

μ_1을 모평균으로 하는 모집단과 μ_2를 모평균으로 하는 모질단으로부터 추출한 두 표본평균의 차의 분포는 (b) 그림과 같은 분포를 이루며 그 평균과 표준편차(표준오차)를 μ_d, σ_d라고 표기한다면 μ_d와 σ_d는 다음과 같이 도출된다.

① $\mu_d = \mu_{\overline{X}_1 - \overline{X}_2} = \mu_1 - \mu_2$

② $\sigma_d = \sigma_{\overline{X}_1 - \overline{X}_2} = \sqrt{\sigma^2_{\overline{X}_1} + \sigma^2_{\overline{X}_2}} =$

$= \sqrt{s.e._1^2 + s.e._2^2} = \sqrt{\frac{\sigma_1^2}{n_1} + \frac{\sigma_2^2}{n_2}}$

③ 평균의 차의 표본분포는 중심극한정리에 의하여 $n_1 \geq 30$, $n_2 \geq 30$일 때 정규분포에 접근한다.

제 3 절 평균의 차에 대한 추정과 검증

1 σ를 아는 경우

평균 차이의 표본분포의 평균과 표준편차를 위 공식에 의하여 도출할 수 있으므로 이를 활용하면 평균 차이의 추정과 검증이 가능하다. 표본분포의 평균과 표준편차(표준오차)를 알면 표본평균 차의 표본분포를 표준화함으로써 표준정규확률변수 Z를 구할 수 있다.

$$Z = \frac{(\overline{X_1} - \overline{X_2}) - (\mu_1 - \mu_2)}{\sqrt{\frac{\sigma_1^2}{n_1} + \frac{\sigma_2^2}{n_2}}}$$

두 평균의 차이에 대한 신뢰구간은 다음과 같이 구할 수 있다.

$$(\overline{X_1} - \overline{X_2}) - Z_{\frac{\alpha}{2}} \sqrt{\frac{\sigma_1^2}{n_1} + \frac{\sigma_2^2}{n_2}} \le \mu_1 - \mu_2 \le (\overline{X_1} - \overline{X_2}) + Z_{\frac{\alpha}{2}} \sqrt{\frac{\sigma_1^2}{n_1} + \frac{\sigma_2^2}{n_2}}$$

그리고 두 평균의 차이에 대한 검증도 다음과 같이 실시할 수 있다.

① 양측검증

귀무가설: $\mu_1 - \mu_2 = \mu_0$

대립가설: $\mu_1 - \mu_2 \neq \mu_0$

$\frac{(\overline{X_1} - \overline{X_2}) - \mu_0}{\sqrt{\frac{\sigma_1^2}{n_1} + \frac{\sigma_2^2}{n_2}}} > Z_{\frac{\alpha}{2}}$ 또는 $\frac{(\overline{X_1} - \overline{X_2}) - \mu_0}{\sqrt{\frac{\sigma_1^2}{n_1} + \frac{\sigma_2^2}{n_2}}} < -Z_{\frac{\alpha}{2}}$ 이면 귀무가설 H_0를 기각

② 좌측검증

귀무가설: $\mu_1 - \mu_2 \ge \mu_0$

대립가설: $\mu_1 - \mu_2 < \mu_0$

만일 $\dfrac{(\overline{X_1} - \overline{X_2}) - \mu_0}{\sqrt{\dfrac{\sigma_1^2}{n_1} + \dfrac{\sigma_2^2}{n_2}}} < -Z_\alpha$ 이면 귀무가설 H_0를 기각

③ 우측검증

귀무가설: $\mu_1 - \mu_2 \le \mu_0$

대립가설: $\mu_1 - \mu_2 > \mu_0$

만일 $\dfrac{(\overline{X_1} - \overline{X_2}) - \mu_0}{\sqrt{\dfrac{\sigma_1^2}{n_1} + \dfrac{\sigma_2^2}{n_2}}} > Z_\alpha$ 이면 귀무가설 H_0를 기각

2 σ를 모르는 경우

1) 대표본의 경우

신뢰구간의 추정에서 설명한 바와 같이 대표본의 경우 σ를 몰라도 표본의 표준편차 S가 σ에 근접하므로 S를 σ 대신에 사용하면 된다. 따라서 위의 표준정규분포 변환공식은 다음과 같이 변환하여 사용할 수 있다.

$$Z = \frac{(\overline{X_1} - \overline{X_2}) - (\mu_1 - \mu_2)}{\sqrt{\dfrac{S_1^2}{n_1} + \dfrac{S_2^2}{n_2}}}$$

두 평균의 차이에 대한 신뢰구간은 다음과 같이 구할 수 있다.

$$(\overline{X_1}-\overline{X_2})-Z_{\frac{\alpha}{2}}\sqrt{\frac{S_1^2}{n_1}+\frac{S_2^2}{n_2}}\le\mu_1-\mu_2\le(\overline{X}_1-\overline{X}_2)+Z_{\frac{\alpha}{2}}\sqrt{\frac{S_1^2}{n_1}+\frac{S_2^2}{n_2}}$$

그리고 두 평균의 차이에 대한 검증도 다음과 같이 실시할 수 있다.

① 양측검증

귀무가설: $\mu_1-\mu_2=\mu_0$

대립가설: $\mu_1-\mu_2\neq\mu_0$

$\dfrac{(\overline{X_1}-\overline{X_2})-\mu_0}{\sqrt{\dfrac{S_1^2}{n_1}+\dfrac{S_2^2}{n_2}}}>Z_{\frac{\alpha}{2}}$ 또는 $\dfrac{(\overline{X_1}-\overline{X_2})-\mu_0}{\sqrt{\dfrac{S_1^2}{n_1}+\dfrac{S_2^2}{n_2}}}<-Z_{\frac{\alpha}{2}}$이면 귀무가설 H_0를 기각

② 좌측검증

귀무가설: $\mu_1-\mu_2\ge\mu_0$

대립가설: $\mu_1-\mu_2<\mu_0$

만일 $\dfrac{(\overline{X_1}-\overline{X_2})-\mu_0}{\sqrt{\dfrac{S_1^2}{n_1}+\dfrac{S_2^2}{n_2}}}<-Z_{\alpha}$이면 귀무가설 H_0를 기각

③ 우측검증

귀무가설: $\mu_1-\mu_2\le\mu_0$

대립가설: $\mu_1-\mu_2>\mu_0$

만일 $\dfrac{(\overline{X_1}-\overline{X_2})-\mu_0}{\sqrt{\dfrac{S_1^2}{n_1}+\dfrac{S_2^2}{n_2}}}>Z_{\alpha}$이면 귀무가설 H_0를 기각

2) 소표본의 경우

모평균의 추정에서 소표본의 경우 t－분포를 사용할 수 있으며 모집단이 정규분포를 따라야 한다는 가정을 도입해야 한다고 설명한 바 있다. 두 평균의 차 분석에 t－분포를 사용하기 위해서는 또 하나의 가정이 필요하다. 모분산이 둘이고 분산을 모르는 상태에서 표본분산을 가지고 추정해야 하므로 모분산이 같다는 가정을 추가적으로 해야 간단한 계산이 가능하다. 정리하면, 두 모집단이 정규분포를 띠고 있고 모표준편차는 알지 못하지만 같다고 가정하며($\sigma_1 = \sigma_2$), 표본크기가 $n_1 < 30$, $n_2 < 30$인 경우 두 모평균의 차이($\mu_1 - \mu_2$)의 신뢰구간과 가설검증은 t－분포를 이용할 수 있다.

이때 자유도는 $(n_1 + n_2 - 2)$이며 통합분산(pooled variance) S_p^2을 σ_2의 추정량으로 사용해야 한다.

$$S_p^2 = \frac{(n_1 - 1)S_1^2 + (n_2 - 1)S_2^2}{n_1 + n_2 - 2}$$

그리고 두 표본평균의 차($\overline{X}_1 - \overline{X}_2$)의 표본분포의 표준편차(표준오차)는 다음과 같다.

$$S_d = \sqrt{\frac{S_p^2}{n_1} + \frac{S_p^2}{n_2}} = S_p\sqrt{\frac{1}{n_1} + \frac{1}{n_2}}$$

위 표준오차를 이용하여 자유도($n_1 + n_2 - 2$)를 갖는 t－분포를 도출할 수 있다.

$$t_{n_1 + n_2 - 2} = \frac{(\overline{X}_1 - \overline{X}_2) - (\mu_1 - \mu_2)}{S_p\sqrt{\frac{1}{n_1} + \frac{1}{n_2}}}$$

위 t－분포를 활용하여 두 평균의 차이에 대한 신뢰구간은 다음과 같이 구할 수 있다.

$$(\overline{X}_1 - \overline{X}_2) - t_{n_1+n_2-2} S_p \sqrt{\frac{1}{n_1} + \frac{1}{n_2}} \le \mu_1 - \mu_2 \le$$

$$(\overline{X}_1 - \overline{X}_2) + t_{n_1+n_2-2} S_p \sqrt{\frac{1}{n_1} + \frac{1}{n_2}}$$

그리고 두 평균의 차이에 대한 검증방법은 다음과 같다.

① 양측검증

귀무가설: $\mu_1 - \mu_2 = \mu_0$

대립가설: $\mu_1 - \mu_2 \neq \mu_0$

$$\frac{(\overline{X_1} - \overline{X_2}) - \mu_0}{S_p \sqrt{\frac{1}{n_1} + \frac{1}{n_2}}} > t_{n_1+n_2-2,\ \frac{\alpha}{2}}$$ 또는

$$\frac{(\overline{X_1} - \overline{X_2}) - \mu_0}{S_p \sqrt{\frac{1}{n_1} + \frac{1}{n_2}}} < -t_{n_1+n_2-2,\ \frac{\alpha}{2}}$$ 이면 귀무가설 H_0를 기각

② 좌측검증

귀무가설: $\mu_1 - \mu_2 \ge \mu_0$

대립가설: $\mu_1 - \mu_2 < \mu_0$

만일 $\frac{(\overline{X_1} - \overline{X_2}) - \mu_0}{S_p \sqrt{\frac{1}{n_1} + \frac{1}{n_2}}} < -t_{n_1+n_2-2,\ \alpha}$ 이면 귀무가설 H_0를 기각

③ 우측검증

귀무가설: $\mu_1 - \mu_2 \le \mu_0$

대립가설: $\mu_1 - \mu_2 > \mu_0$

만일 $\dfrac{(\overline{X_1}-\overline{X_2})-\mu_0}{S_p\sqrt{\dfrac{1}{n_1}+\dfrac{1}{n_2}}} > t_{n_1+n_2-2,\ \alpha}$이면 귀무가설 H_0를 기각

제 4 절 대응표본을 이용한 평균 차에 대한 추정과 검증

두 모집단에서 한 쌍의 종속적인 표본을 추출하여 모평균의 차이를 추정하거나 검증하기 위해서는 두 모집단이 정규분포를 따른다는 가정이 필요하다. 그러면 모분산을 아는지 여부와 상관없이 또한 표본의 크기와 상관없이 $t-$분포를 사용할 수 있기 때문이다.

쌍을 이룬 사례값의 차이를 $X_1 - X_2 = D_i$라고 하면 표본의 평균 $\overline{D}$와 표준편차 S_D는 다음과 같이 계산된다.

$$\overline{D} = \frac{\Sigma(X_1 - X_2)}{n} = \frac{\Sigma D_i}{n}$$

$$S_D = \sqrt{\frac{\Sigma(D_i - \overline{D})^2}{n-1}}$$

$t-$분포를 이용하여 신뢰구간을 다음과 같이 구한다.

$$\overline{D} - t_{n-1,\ \frac{\alpha}{2}} \frac{S_D}{\sqrt{n}} \le \mu_1 - \mu_2 \le \overline{D} + t_{n-1,\ \frac{\alpha}{2}} \frac{S_D}{\sqrt{n}}$$

대응표본을 이용하여 두 평균의 차이 검증은 다음과 같은 방법으로 할 수 있다.

① 양측검증

귀무가설: $\mu_1 - \mu_2 = \mu_0$

대립가설: $\mu_1 - \mu_2 \neq \mu_0$

$$\frac{\overline{D}-\mu_0}{\frac{S_D}{\sqrt{n}}} > t_{n-1,\ \frac{\alpha}{2}} \text{ 또는 } \frac{\overline{D}-\mu_0}{\frac{S_D}{\sqrt{n}}} < -t_{n-1,\ \frac{\alpha}{2}}$$ 이면 귀무가설 H_0를 기각

② 좌측검증

귀무가설: $\mu_1 - \mu_2 \geq \mu_0$

대립가설: $\mu_1 - \mu_2 < \mu_0$

만일 $\frac{\overline{D}-\mu_0}{\frac{S_D}{\sqrt{n}}} < -t_{n-1,\ \alpha}$ 이면 귀무가설 H_0를 기각

③ 우측검증

귀무가설: $\mu_1 - \mu_2 \leq \mu_0$

대립가설: $\mu_1 - \mu_2 > \mu_0$

만일 $\frac{\overline{D}-\mu_0}{\frac{S_D}{\sqrt{n}}} > t_{n-1,\ \alpha}$ 이면 귀무가설 H_0를 기각

제 5 절 사례분석

1 사례1

행정학과에 재학하고 있는 학생들을 대상으로하여 7~9급 공무원에 대한 취업 희망도를 조사한 자료가 있다. 일반적으로 남학생보다는 여학생이 공무원에 대한 선호도가 높다고 한다. 이를 검증하라.

1) 가설의 설정

가설은 다음과 같이 설정된다.

가설: 여학생이 남학생보다 7~9급 공무원이 되기를 더 희망하고 있다.

2) 자료 수집

우선, 7~9급 공무원에 대한 희망도를 설문지를 통하여 다음과 같은 11점척도로 측정하였다.

7~9급 공무원에 대한 희망도를 표시하여 주십시오.

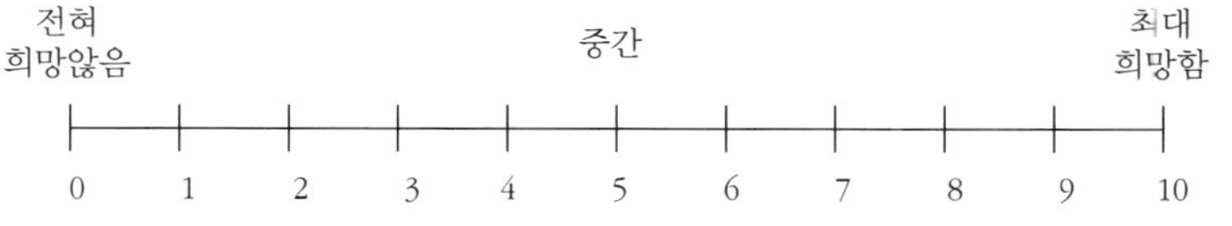

성별에 대하여서는 남학생을 1로 코딩하고 여학생을 2로 코딩하였다. 코딩된 자료는 아래와 같다.

7~9급 희망도	성별	7~9급 희망도	성별
2	1	7	1
1	1	8	1
0	1	8	2
0	1	7	1
0	1	5	1
0	1	10	1
5	1	3	2
5	1	10	2
.	.	.	.
.	.	.	.
.	.	.	.
.	.	.	.
.	.	.	.

0	1	7	2
5	1	9	2
4	1	7	2
2	1	9	2
0	1	10	2
3	1	10	2
5	1	3	1
8	1		

3) 엑셀 자료입력

다음과 같은 절차로 자료를 엑셀에 입력한다. 여기서는 타이핑하는 것보다는 텍스트 문서가 있다고 가정하고 [텍스트 나누기]로 입력하는 것을 다시 한 번 더 설명한다. 앞의 예에서 [구분 기호로 분리됨]을 선택하여 자료를 인식하였는데 여기서는 [너비가 일정함]을 선택하여 자료를 인식하도록 한다.

① 텍스트 문서(다운받은 "성별과공무원희망도자료" 파일)에 있는 위 자료를 복사한 다음 새 엑셀 시트의 A1셀에 마우스 오른쪽 버튼을 누르고 [선택하여 붙여넣기]를 선택한다. 이때 나타나는 다음의 대화상자에 텍스트를 선택하고 [확인 버튼]을 누른다.

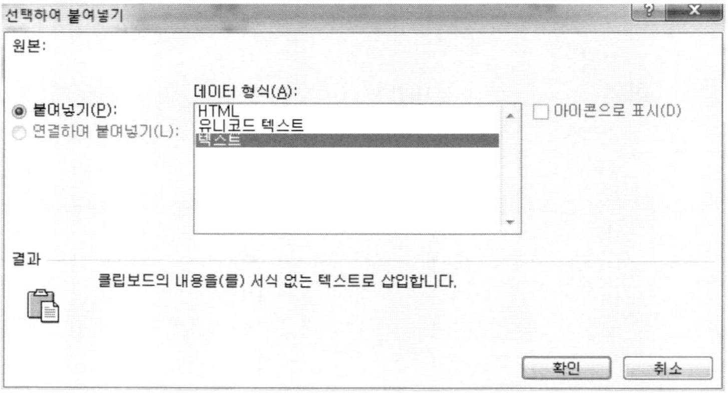

② A열에 자료들이 복사되나 [수식입력창]을 보면 한 셀에 4개의 자료들이 일렬로 입력되어 있음을 알 수 있다. 이를 분리하여야 한다.

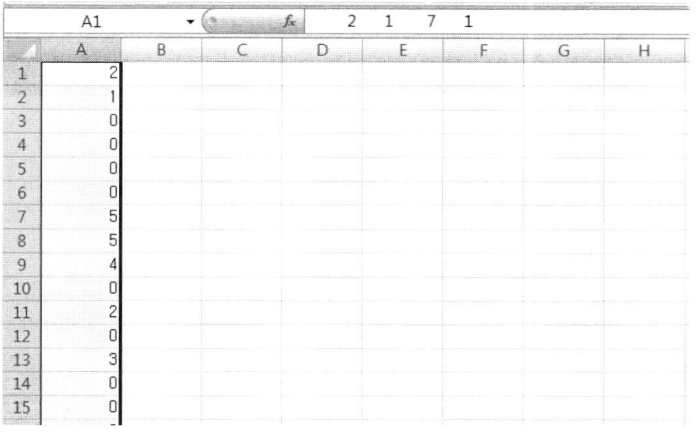

③ 블록이 설정된 상태로 [데이터 리본 메뉴]-[텍스트 나누기]를 선택한다. [너비가 일정함]을 선택하고 [다음 버튼]을 누른다.

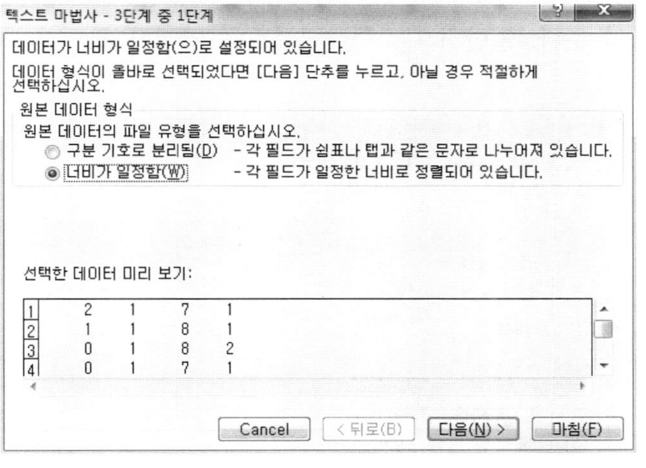

④ 화살표가 위로 향해 있는 구분선이 4개의 숫자를 나누고 있는 것을 볼 수 있다. 수직스크롤 막대를 조절하여 아래에 있는 자료들도 잘 나누어지고 있는지를 확인해 볼 수 있다. 구분선은 마우스 왼쪽 버튼을 더블클릭해서 제거하거나 클릭해서 추가할 수 있다. [다음 버튼]을 누른다.

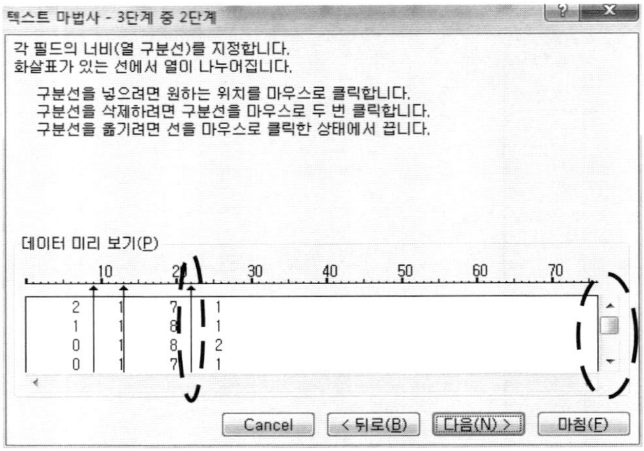

⑤ 앞 단계에서 [마침 버튼]을 눌러도 되지만 [다음 버튼]을 누르면 마지막으로 자료의 서식을 지정할 수 있다. [일반]형식은 숫자형과 문자형을 자동으로 인식하여 준다. 일반적으로 [일반]형식을 지정하면 된다. [마침 버튼]을 누른다.

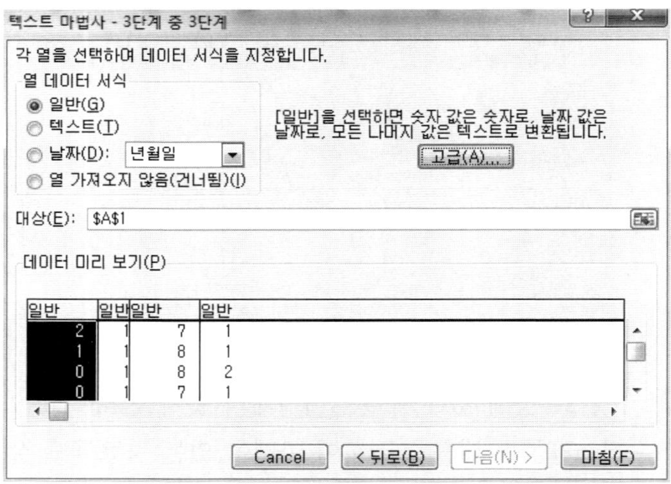

⑥ 최종적으로 자료가 제대로 인식되었는지 확인해 준다.

	A	B	C	D	E	F	G	H
1	2	1	7	1				
2	1	1	8	1				
3	0	1	8	2				
4	0	1	7	1				
5	0	1	5	1				
6	0	1	10	1				
7	5	1	3	2				
8	5	1	10	2				
9	4	1	9	2				
10	0	1	10	2				
11	2	1	9	2				
12	0	1 7		2				
13	3	1 8		2				
14	0	1	5	1				
15	0	1	5	1				
16	0	2	10	2				
17	5	1	6	2				

⑦ C열과 D열에 있는 자료를 A열과 B열 자료의 아래에 이동시킨다. 최종적으로 107개의 자료가 입력되었음을 알 수 있다. 보통 자료는 변수와 사례의 2차원 구조로 이루어지는데 변수는 열로 입력하고 사례는 행으로 입력한다. 2개의 변수 107개의 사례를 입력 완료하였다.

	A	B	C	D	E	F	G
97	10	1					
98	7	1					
99	0	2					
100	7	2					
101	7	2					
102	9	2					
103	7	2					
104	9	2					
105	10	2					
106	10	2					
107	3	1					
108							
109							
110							

두 집단의 차이 검증은 보통 $t-$검증이라고 부른다. σ를 아는 경우 정규분포를 이용할 수도 있지만 $t-$분포가 정규분포에 수렴하기 때문에 $t-$검증이 그것을 포함하고 있다고 할 수 있다. 다음의 절차를 통하여 두 집단의 차이를 검증할 수 있다.

① B열에 있는 성별에 따라 정렬하여 준다. 정렬 시에는 모든 자료들이 블록에 포함되도록 하여 정렬하여 준다. 그래야만 자료들 간의 관계가 깨어지지 않

는다. 일부가 블록에 포함되지 않은 채로 정렬되면 포함되지 않은 자료는 정렬되지 않으므로 정렬된 자료와 관계가 깨어진다. 정렬된 결과를 보면 남학생이 62명이고 107명 중 나머지는 여학생이라는 것을 알 수 있다.

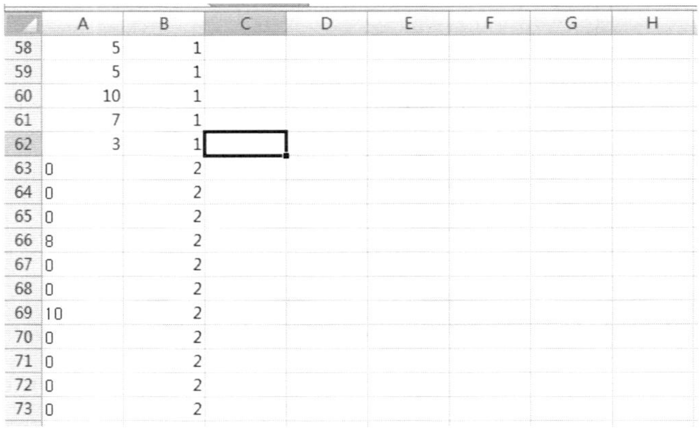

② [데이터 리본 메뉴]-[데이터 분석 메뉴]를 누르고 나타나는 아래의 대화상자에서 [t-검증: 이분산 가정 두 집단]을 선택한다. 특별한 제약없이 보통의 경우 이분산 가정 두 집단을 선택한다. [확인 버튼]을 누른다.

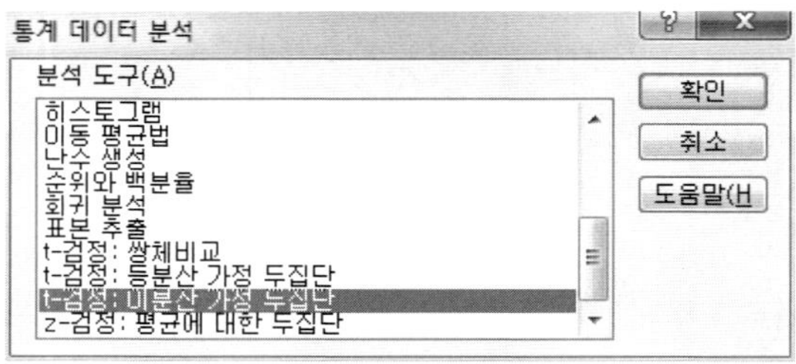

③ [변수1 입력 범위]에 첫 번째 집단의 종속변수가 존재하는 A1:A62셀을 지정하여 준다. [변수2 입력 범위]에 두 번째 집단의 종속변수가 존재하는 A63:A107셀 범위를 지정하여 준다. 이때 유의할 것은 변수1, 변수2가 뜻하는 것은 집단1, 집단2를 의미한다는 것이다. 실제 평균이 계산되는 것은 등간척도 자료이므로 성별 자료는 집단구별을 위한 용도로만 쓰여지고 계산되어지지는 않는다. [확인 버튼]을 누른다.

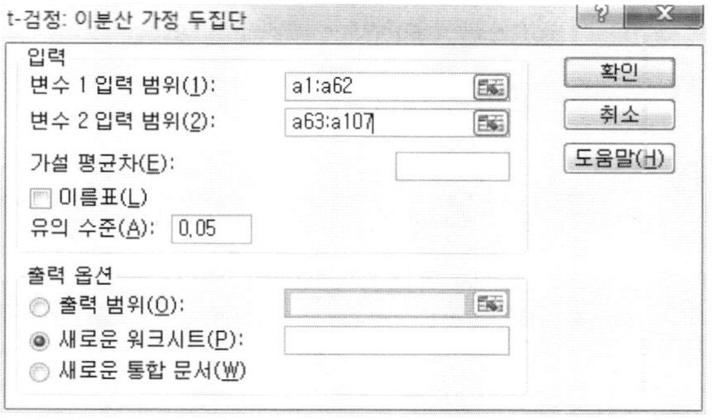

그림 8-2 성별에 따른 공무원 희망도 차이 검증 결과

	A	B	C
1	t-검정: 이분산 가정 두 집단		
2			
3		변수 1	변수 2
4	평균	3.532258	5.355556
5	분산	9.367795	16.05253
6	관측수	62	45
7	가설 평균차	0	
8	자유도	79	
9	t 통계량	-2.55861	
10	P(T<=t) 단측 검정	0.00621	
11	t 기각치 단측 검정	1.664371	
12	P(T<=t) 양측 검정	0.01242	
13	t 기각치 양측 검정	1.99045	

4) 결과 해석

분석 결과를 보며 남학생의 경우 7~9급 공무원 희망도가 평균 3.53으로 나타나고, 여학생의 경우 평균 5.356으로서 7~9급 공무원 희망도가 높다. 가설 검증 여부를 판단하기 위해서는 *p*값을 확인할 필요가 있다. 단측검증의 *p*값을 보면 0.00621로서 0.05보다 작으므로 유의수준 5% 하에서 연구가설이 채택되었다.

2 사례2

A회사는 총매출액이 증가하고 있음에도 불구하고 순이익이 감소하고 있는 것은 고비용 · 저효율의 방만한 운영에 원인이 있다고 판단을 하고, 2009년 초에 대대적인 조직개편과 정보화를 추진하였다. 다음의 자료를 가지고 그 구조개혁의 효과를 평가한다면?

개혁 전			개혁 후		
분기	매출	순익 (단위: 억)	분기	매출	순익
2004.3	250	30	2009.3	310	−2
2004.6	255	28	2009.6	312	5
2004.9	267	29	2009.9	315	9
2004.12	270	25	2009.12	309	12
2005.3	272	20	2010.3	314	15
2005.6	265	15	2010.6	320	15
2005.9	283	18	2010.9	325	18
2005.12	288	14	2010.12	322	19
2006.3	250	30	2011.3	330	25
2006.6	255	28	2011.6	332	28
2006.9	267	29	2011.9	333	29
2006.12	270	25	2011.12	336	32
2007.3	272	20	2012.3	340	33
2007.6	265	15	2012.6	345	35
2007.9	283	18	2012.9	350	40
2007.12	288	14			
2008.3	290	5			
2008.6	285	7			
2008.9	297	2			
2008.12	305	−5			

위 자료의 분석은 개혁 전과 개혁 후를 비교한다는 데서 아이디어를 찾을 수

있다. 그러므로 두 집단의 평균의 차이 검증을 생각해 볼 수 있다. 위 문제의 가설은 다음과 같이 설정될 수 있다.

가설: 개혁 후의 순이익의 평균은 개혁 전의 순이익의 평균보다 크다.
영가설: 개혁 전의 순이익의 평균과 개혁 후의 순이익의 평균의 차이가 없다.

① 텍스트 자료("순이익과매출의개혁전후비교자료" 파일)를 복사하여 엑셀에 붙여넣고 텍스트 나누기를 실행한다.

	A	B	C	D	E	F	G
1	2004.3	250	30	2009.3	310	-2	
2	2004.6	255	28	2009.6	312	5	
3	2004.9	267	29	2009.9	315	9	
4	2004.12	270	25	2009.12	309	12	
5	2005.3	272	20	2010.3	314	15	
6	2005.6	265	15	2010.6	320	15	
7	2005.9	283	18	2010.9	325	18	
8	2005.12	288	14	2010.12	322	19	
9	2006.3	250	30	2011.3	330	25	
10	2006.6	255	28	2011.6	332	28	
11	2006.9	267	29	2011.9	333	29	
12	2006.12	270	25	2011.12	336	32	
13	2007.3	272	20	2012.3	340	33	
14	2007.6	265	15	2012.6	345	35	
15	2007.9	283	18	2012.9	350	40	
16	2007.12	288	14				
17	2008.3	290	5				
18	2008.6	285	7				

② D열, E열, F열에 있는 개혁 후 자료를 잘라내어 A열, B열, C열 밑에 붙여 이동시킨다. 그런 다음 D1:D20셀에 모두 1을 입력하고 D21:D35 범위의 셀에 모두 2를 입력한다. 개혁 전은 1로 코딩하고 개혁 후는 2로 코딩하는 것이다. 이렇게 집단으로 나뉘어 있는 자료를 하나의 열에 맞추는 것은 자료입력에 있어서 매우 중요하다. 하나의 변수는 하나의 열에 있어야 하기 때문이다.

위의 텍스트 나누기만 했을 때의 화면을 보면 순이익 자료가 C열에 있고 F열에도 있다. 즉, 순이익 자료가 두 집단으로 나뉘어져 있다. 이럴 경우 순이익에 대한 분석이 어렵다. 집단별로 각각 따로 분석해야 하는데 전체에 대한 분석이 불가능하다. 집단 구분을 하더라도 아래와 같이 하면 전체분석도 되고 집단별 분석도 가능해진다. 대신에 집단을 구분하는 D열 변수가 추가되어져야 한다. 통계전문 프로그램에서는 이러한 자료입력이 분석하기에 자연스러우나 엑셀에서는 분석과정을 오히려 더 번거롭게 만드는 불편함이 있다. 그러나 회귀분석 등 고급기법의 분석마인드를 형성하기 위해서는 변수별로 자료를 입력하는 습관을 길러야 한다. 반드시 기억해야 한다. 자료는 2차원구조로 열에는 변수가 행에는 사례가 와야 한다.

	A	B	C	D	E	F	G
16	2007.12	288	14	1			
17	2008.3	290	5	1			
18	2008.6	285	7	1			
19	2008.9	297	2	1			
20	2008.12	305	-5	1			
21	2009.3	310	-2	2			
22	2009.6	312	5	2			
23	2009.9	315	9	2			
24	2009.12	309	12	2			
25	2010.3	314	15	2			
26	2010.6	320	15	2			
27	2010.9	325	18	2			
28	2010.12	322	19	2			

③ 이 자료도 두 집단의 평균의 차이 검증을 해야 하는데, 두 집단의 케이스의 수도 다르고 개혁 전과 개혁 후의 자료 간 짝을 맞추어야 하는 것은 아니므로 대응표본 분석은 아니다. 그리고 개혁 전과 개혁 후의 분산이 같을 것이라고 가정할 만한 특별한 정보가 없으므로, 일반적인 이분산 가정 두 집단 비교를 실행하면 된다. [데이터]−[데이터 분석]을 클릭한다. [t−검증: 이분산 가정 두 집단]을 선택하고 [확인 버튼]을 누른다.

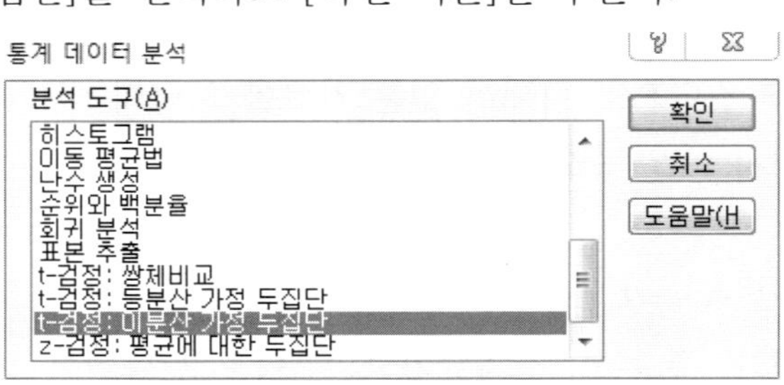

④ [변수1 입력 범위 입력상자]에 C1:C20 범위를 지정하고, [변수2 입력 범위 입력상자]에 C21:C35 범위를 지정하고 [확인 버튼]을 누른다.

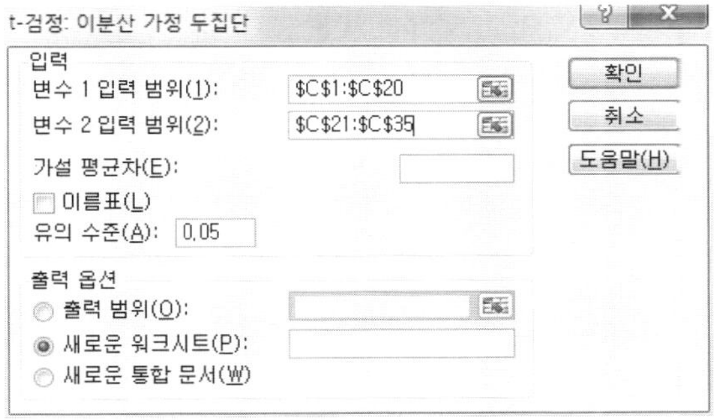

그림 8-3 구조개혁 전후의 순이익의 평균의 차이 검증 결과

	A	B	C	D	E	F
1	t-검정: 이분산 가정 두 집단					
2						
3		변수 1	변수 2			
4	평균	18.35	20.86667			
5	분산	103.0816	146.1238			
6	관측수	20	15			
7	가설 평균차	0				
8	자유도	27				
9	t 통계량	-0.65207				
10	P(T<=t) 단측 검정	0.259934				
11	t 기각치 단측 검정	1.703288				
12	P(T<=t) 양측 검정	0.519868				
13	t 기각치 양측 검정	2.05183				
14						
15						

지금까지 t-검증을 수행하여 다음과 같은 결과가 산출되었다. 결과를 보면 순이익의 경우 개혁 전과 개혁 후가 평균 18.35와 20.87로서 별반 차이가 없는 것으로 검증되었다. 개혁을 하고 순이익이 증가하였을 것이라고 방향을 지정하여 가설을 설정하였으므로 단측검증에 해당된다.

같은 과정으로 매출액의 평균의 차이 검증 결과는 [그림 8-4]와 같다. 구조개혁 전의 매출액 평균 273.8억 원보다 구조개혁 후의 매출액 평균 326.2억 원이 더 큰 것으로 나타났다. t값이 -10.8로 나타났고 p값은 $1.13-12$으로 나타나서 매우 유의하게 증가한 것으로 나타났다. 따라서 구조개혁 후 차이가 없다는 영가설을 기각하고 구조개혁 후 매출액이 증가하였다는 대립가설을 채택하였다.

그림 8-4 구조개혁 전후의 매출액의 평균의 차이 검증 결과

	A	B	C	D	E
1	t-검정: 이분산 가정 두 집단				
2					
3		변수 1	변수 2		
4	평균	273.85	326.2		
5	분산	241.8184211	170.8857		
6	관측수	20	15		
7	가설 평균차	0			
8	자유도	33			
9	t 통계량	-10.8028191			
10	P(T<=t) 단측 검정	1.1305E-12			
11	t 기각치 단측 검정	1.692360258			
12	P(T<=t) 양측 검정	2.261E-12			
13	t 기각치 양측 검정	2.034515287			
14					
15					
16					
17					

3 사례3

1) 가설의 설정

어떤 연구자가 공무원의 지식관리에 대하여 관심을 가지고 이에 대하여 연구를 하고자 할 때 지식관리 변수는 종속변수가 되는데, 왜냐하면 연구자가 관심을 가지는 대상이 주로 최종 결과변수인 종속변수가 되는 경우가 많기 때문이다. 그러면 연구의 진행방향은 주로 종속변수에 영향을 미치는 원인을 찾는 방향으로 진행된다. 만약 연구자가 개인의 특성이 지식관리에 영향을 주는지 의심을 한다면 개인의 특성 중에서 어떤 변수가 영향을 주는지 지식관리에 관한 선행연구를 조사하여 보아야 한다.

선행연구 조사 결과 개인특성 변수 중에서 성별의 영향에 대한 부분이 연구가 없다거나 논의의 소지가 있다는 결론이 내려진다면 가설은 다음과 같이 설정될 수 있다.

가설1: 성별이 지식관리에 영향을 미친다.

그런데 선행연구에서 지식관리 행동이 지식획득, 지식축적, 지식공우, 지식활용이라는 4가지 하위개념으로 나누어지고 4가지 하위변수로서 측정되어진 연구가 있다면 연구자는 결정을 해야 한다. 지식관리라는 하나의 변수로서 조사할지 아니면 4개의 세분화된 개념으로써 연구를 진행해야 할지 결정을 해야 하며 만약 세부 개념을 사용하기로 결정을 하였다면 가설을 다음과 같이 설정하야 한다.

가설1-a: 성별이 지식획득에 영향을 미친다.
가설1-b: 성별이 지식축적에 영향을 미친다.
가설1-c: 성별이 지식공유에 영향을 미친다.
가설1-d: 성별이 지식활용에 영향을 미친다.

2) 자료 수집

선행연구에 대한 조사를 통하여 변수들의 측정방법을 나타내는 설문지를 다음과 같이 구성하였다는 사실을 알아낸 다음 그 방법을 통하여 자료를 수집해야 하고 만약 선행연구에 설문지가 없다면 설문문항을 만들어야 한다. 선행연구의 설문지는 다음과 같다.

K1. 다른 조직의 보유지식 또는 각종 정책보고서 등 정보나 지식을 획득하기 위해 노력을 한다.
K2. 업무처리 및 해결에 필요한 지식을 얻기 위해 DB(업무 DB 혹은 고객 DB)를 사용한다.
K3. 다른 조직의 모범 사례 등 지식을 획득하기 위해 노력한다.
K4. 개인 혹은 부서의 아이디어나 노하우, 지식 등을 문서화·전자화한다.

K5. 업무처리 및 해결에 필요한 정보나 지식을 컴퓨터나 기타 DB에 저장한다.

K6. 지식의 활용 결과 평가내용을 기록하여 둔다.

K7. 개인적인 노하우나 유용한 정보와 지식을 자발적으로 타인과 공유한다.

K8. 타부서의 문서, 정보나 지식 등을 참조하고 싶을 때 자유롭게 접근할 수 있다.

K9. 부서 간/팀 간 필요한 정보나 지식공유를 위한 의견교류와 팀워크를 형성하도록 노력한다.

K10. 새로운 문제의 해결 혹은 상황변화에 대처하고자 할 때 지식을 활용한다.

K11. 업무수행에 과거의 실수나 경험으로부터 획득한 지식을 적극적으로 활용한다.

K12. 업무의 개선을 위하여 모범 사례 교훈을 지식으로 활용한다.

모든 문항에 대하여 다음과 같은 5점척도로 측정하였다.

매우 찬성	약간 찬성	그저 그렇다	약간 반대	매우 반대
①	②	③	④	⑤

성별에 대하여서는 여성은 0으로 코딩하고 남성은 1로 코딩하였다.

3) 자료분석

출판사 홈페이지에서 “성별과지식관리” 자료를 다운받고 다음의 절차를 통하여 t – 검증 실습을 진행할 수 있다.

① 평균값을 계산하기 위하여 AVERAGE( )함수를 사용하여 다음과 같이 입력하고 복사한다.

fx =AVERAGE(A2:C2)

D	E	F	G	H	I	J	K	L	M	N	O	P	Q
	k5	k6	k7	k8	k9	k10	k11	k12	성별	지식획득	지식축적	지식공유	지식활용
4.00	3.00	3.00	2.00	4.00	3.00	3.00	2.00	2.00	[illegible]	2.67	3.33	3.00	2.33
2.00	2.00	3.00	3.00	3.00	3.00	3.00	2.00	2.00	1.00	2.33	2.33	3.00	2.33
1.00	1.00	2.00	2.00	4.00	3.00	2.00	2.00	2.00	1.00	1.33	1.33	3.00	2.00
3.00	2.00	3.00	2.00	2.00	2.00	2.00	1.00	1.00	1.00	2.33	2.67	2.00	1.33
2.00	2.00	2.00	2.00	1.00	2.00	2.00	1.00	2.00	1.00	1.00	2.00	1.67	1.67
2.00	2.00	3.00	3.00	3.00	2.00	2.00	2.00	2.00	1.00	1.67	2.33	2.67	2.00
2.00	2.00	2.00	4.00	3.00	4.00	2.00	2.00	2.00	1.00	3.33	2.00	3.67	2.00
2.00	2.00	3.00	3.00	4.00	2.00	3.00	2.00	2.00	1.00	3.33	2.33	3.00	2.33
3.00	3.00	3.00	2.00	3.00	3.00	3.00	2.00	3.00	0.00	3.00	3.00	2.67	2.67
2.00	2.00	3.00	2.00	1.00	3.00	3.00	1.00	3.00	0.00	2.67	2.33	2.00	2.33
2.00	2.00	2.00	1.00	3.00	2.00	2.00	1.00	1.00	1.00	2.00	2.00	2.00	1.33
2.00	1.00	2.00	2.00	3.00	3.00	2.00	2.00	2.00	0.00	2.67	1.67	2.67	2.00
2.00	2.00	2.00	3.00	3.00	2.00	2.00	2.00	2.00	1.00	2.00	2.00	2.67	2.00
2.00	2.00	2.00	3.00	4.00	3.00	3.00	2.00	2.00	1.00	2.33	2.00	3.33	2.33
3.00	2.00	3.00	3.00	2.00	3.00	3.00	3.00	2.00	0.00	3.00	2.67	2.67	2.67

N2셀: =AVERAGE(A2:C2)

O2셀: =AVERAGE(D2:F2)

P2셀: =AVERAGE(G2:I2)

Q2셀: =AVERAGE(J2:L2)

② 통계전문 프로그램과는 달리 엑셀은 집단별 평균의 차이 검증이 조금 불편하게 되어 있는데 집단별로 정렬하는 과정을 거쳐야 한다는 것이 바로 그것이다. 성별로 정렬하여 준다음 t-검증을 실시할 수 있다. 성별로 정렬하기 위하여 [데이터 메뉴]-[정렬 메뉴]를 선택하면 다음의 화면이 나타난다. 이때 정렬을 위한 범위의 선택이 바로 되어 있는지를 확인하는 것이 가장 중요하다. 만약 범위에서 자료의 일부가 누락이 된 채로 정렬이 되어 버리면 그 자료는 전체가 못쓰는 자료로 되어 버리기 때문이다. 그래서 사전에 원본을 복사해 두고 하든지 정렬을 할 때마다 새로운 시트에 복사해서 하는 방법을 취해야 한다. 현재 범위를 보면 첫 번째 줄이 범위에서 빠져 있는데, 이것은 엑셀이 첫 번째 줄이 머리글(제목 또는 변수명)이라는 것을 자동으로 인식하고 있기 때문이다. 일반적으로 정렬을 할 때 머리글이 있는지 그것이 범위에 포함되지 않도록 되었는지 등을 잘 체크해 주어야 한다.

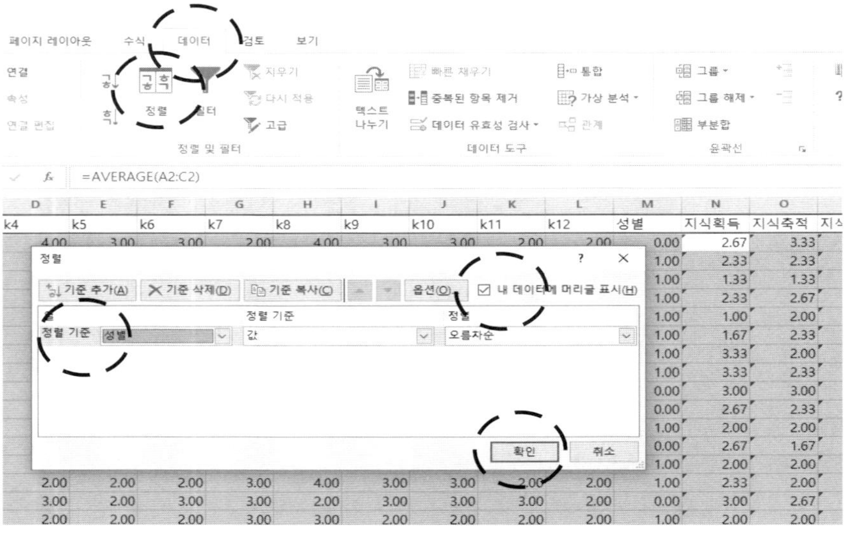

범위 설정이 제대로 되어 있다면 [정렬기준]을 성별로 선택해 준 다음 오름차순 정렬을 할 것인지 내림차순 정렬을 할 것인지 결정을 한 다음 [확인 버튼]을 눌러준다.

③ 나타나는 [대화상자]에서 [t – 검증: 이분산 가정 두 집단 목록]을 선택하고 [확인 버튼]을 눌러준다.

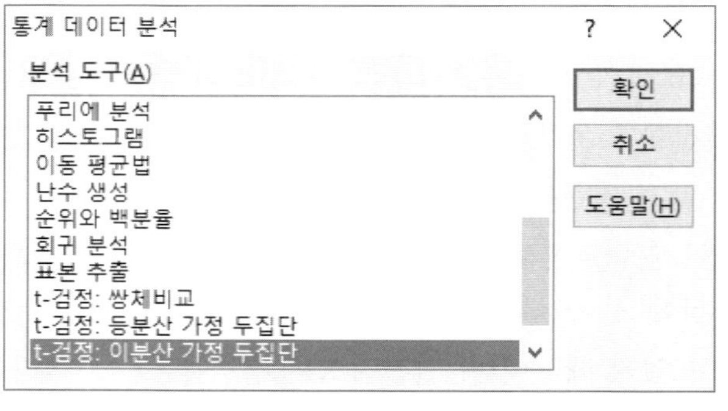

④ 스크롤 휠을 돌려 성별이 나뉘는 경계가 95번줄이라는 사실을 확인한다. 즉, 95번줄까지 여성에 관한 자료가 있고 96번줄부터는 남성의 자료가 있다는 사실을 확인한다.

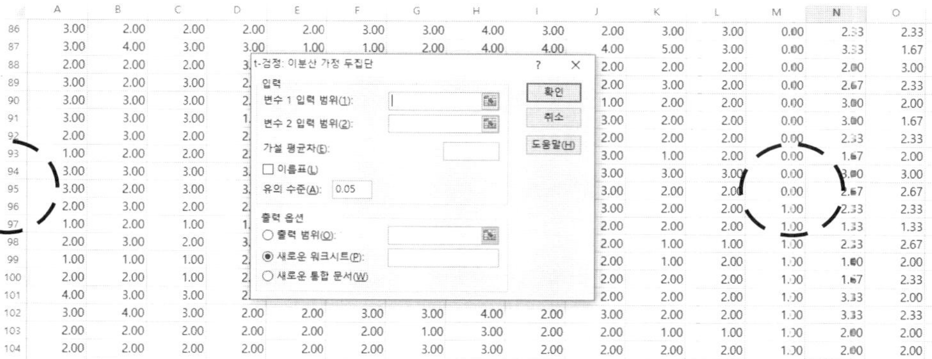

⑤ [변수1 입력 범위 입력상자]에 [N2:N95 범위]를 입력하고 [N96:N282 범위]를 입력한 다음 [확인 버튼]을 누른다.

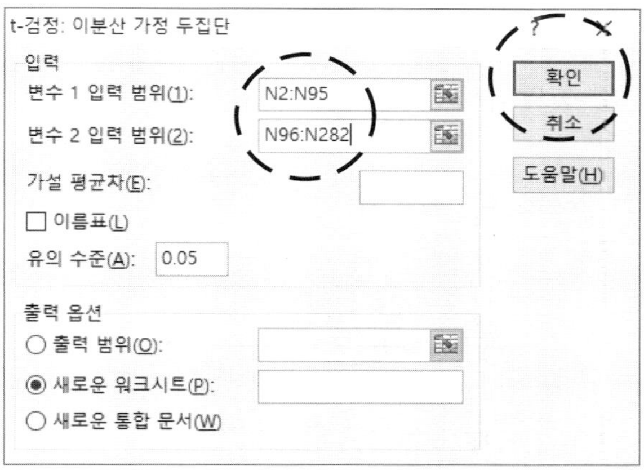

4) 결과 해석

지식획득에 대하여 분석한 결과는 다음과 같다.

	A	B	C	D
1	t-검정: 이분산 가정 두 집단			
2				
3		변수 1	변수 2	
4	평균	2.58156	2.27451	
5	분산	0.370218	0.418863	
6	관측수	94	187	
7	가설 평균;	0		
8	자유도	197		
9	t 통계량	3.906357		
10	P(T<=t) 단	6.44E-05		
11	t 기각치 단	1.652625		
12	P(T<=t) 양	0.000129		
13	t 기각치 양	1.972079		
14				
15				

여성이 2.58 정도 지식획득에 찬성하는 반면 남성은 2.27 정도 찬성하고 있다. 남성이 좀 더 지식획득에 노력하며 $t-$검증 결과 p값이 0.000129로서 매우 유의한 차이가 있음을 알 수 있다.

지식축적, 지식공유 및 지식활용의 결과는 다음과 같다.

	A	B	C	D
1	t-검정: 이분산 가정 두 집단			
2				
3		변수 1	변수 2	
4	평균	2.453901	2.376114	
5	분산	0.350899	0.379283	
6	관측수	94	187	
7	가설 평균;	0		
8	자유도	193		
9	t 통계량	1.024821		
10	P(T<=t) 단	0.153365		
11	t 기각치 단	1.652787		
12	P(T<=t) 양	0.306731		
13	t 기각치 양	1.972332		
14				

	A	B	C	D
1	t-검정: 이분산 가정 두 집단			
2				
3		변수 1	변수 2	
4	평균	2.695035	2.575758	
5	분산	0.417347	0.437928	
6	관측수	94	187	
7	가설 평균	0		
8	자유도	190		
9	t 통계량	1.448405		
10	P(T<=t) 단	0.074576		
11	t 기각치 단	1.652913		
12	P(T<=t) 양	0.149152		
13	t 기각치 양	1.972528		
14				
15				

	A	B	C	D
1	t-검정: 이분산 가정 두 집단			
2				
3		변수 1	변수 2	
4	평균	2.219858	2.055258	
5	분산	0.352576	0.326082	
6	관측수	94	187	
7	가설 평균	0		
8	자유도	180		
9	t 통계량	2.220559		
10	P(T<=t) 단	0.013814		
11	t 기각치 단	1.653363		
12	P(T<=t) 양	0.027629		
13	t 기각치 양	1.973231		
14				
15				

지식축적과 지식공유는 p값이 0.3067과 0.149로서 둘 다 영가설이 채택되고 연구가설이 기각되는 것으로 나타났다. 그러나 지식활용의 결과는 p값이 0.0276으로서 유의수준 0.05 하에서 남성과 여성이 차이가 있는 것으로 나타났다. 남성이 2.055 여성이 2.219로서 남성이 지식활용에 더 적극적인 것으로 나타났다.

따라서 가설1－a와 가설1－d는 지지되었고 가설1－b와 가설1－c는 기각되었다.

제 9 장 분산분석

제 1 절 실험계획과 분산분석의 개념

$t-$검증은 두 모집단의 평균 차이를 검증하기 위한 방법이었다. 따라서 $t-$검증의 중요한 제한은 두 집단만을 비교한다는 것이다. 세 집단 이상의 평균을 비교하기 위해서는 두 집단씩 모든 가능한 조합을 비교해야 한다. 그러나 이렇게 하는 것은 계산이 번거로울 뿐만 아니라 제Ⅰ종 오류를 범할 가능성이 높아진다.

만약 세 평균(μ_1, μ_2, μ_3)의 동일성을 검증한다고 할 때 $t-$검증을 적용한다면 $\mu_1=\mu_2$, $\mu_2=\mu_3$, $\mu_1=\mu_3$ 세 귀무가설을 검증하여야 한다. 유의수준이 0.05라면 제Ⅰ종 오류를 범하지 않을 신뢰도가 95%이므로 세 검증 전체에서 한 번도 제Ⅰ종 오류를 범하지 않을 확률은 $0.95 \times 0.95 \times 0.95 = 0.86$으로 낮아진다. 즉, 검증의 수가 증가하면 모집단의 평균 차이를 발견할 가능성이 높아진다.

이러한 위험성을 줄이고 세 집단 이상의 (두 집단도 가능) 평균 차이를 동시에 검증할 수 있는 기법이 바로 분산분석(analysis of variance: ANOVA)이다. 분산분석이란 집단 내 분산과 집단 간 분산을 비교함으로써 집단 간 평균의 차이를 검증하는 절차를 말한다. 표본집단 간 평균의 차이가 존재할 때 그 차이가 우연한 차이인지 모집단 평균의 진정한 차이인지를 판정해야 하는데 그 판정의 기준이 '집단

내 분산 정도에 대비한 집단 간 분산의 정도가 얼마나 큰가'이다.

분산분석의 연원은 비료의 투입량과 토양의 종류가 곡물의 수확량에 미치는 영향을 검증하기 위한 실험계획(experimental design)에서 비롯된다.

곡물의 수확량에 영향을 미치는 원인은 여러 가지가 있을 것이다. 투입된 비료의 양, 토질, 온도, 강수량, 농약 사용량, 종자의 종류 등 여러 가지 원인들이 수확량이라는 결과에 영향을 미칠 것이다. 이러한 원인들을 실험계획에서는 요인(인자; factor)이라고 하고, 수확량이라는 결과를 반응변수(response variable; 종속변수)라고 부른다. 이를 그림으로 나타내면 [그림 9-1]과 같다.

그림 9-1 반응변수에 영향을 미치는 요인들

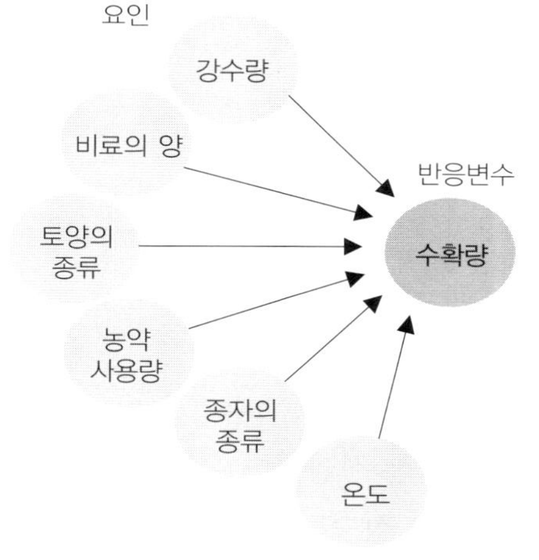

반응변수에 미치는 영향을 검증하기 위한 실험에서 여러 가지 인자의 영향력을 동시에 분석하기는 매우 어렵다. 따라서 여러 인자의 영향력 중에서 한 인자를 선택하여 그것의 개별적인 영향력을 검증하는 것이 간단한 방법일 것이다. 이렇게 선택된 요인을 처리(treatment)라고 하고, 처리의 집단별 분류를 처리수준(treatment level)이라고 한다. 예를 들어서, 다른 요인의 영향력은 배제하고 비료의 사용량만을 선택하여 이 요인의 영향력을 검증하고자 할 때 비료의 사용량이라는 요인이 처리가 된다. 그리고 단위면적당 비료를 1단위, 2단위, 3단위 투여했을 때, 그 투여

량의 수준이 처리수준이 된다. 이렇게 하나의 요인을 선택하여 그 요인의 영향력을 검증하는 것을 일원분산분석(one-way ANOVA)이라고 한다. 일원분산분석에서 다른 요인들의 영향력은 랜덤화(randomization)를 통하여 분산되어야 한다. 그래야만 다른 요인의 영향력은 분산되어 배제시키고 처리의 순수한 영향력을 분석가능하기 때문이다. 즉, 여타 요인의 영향력이 처리수준과는 독립적으로 분산되어야 한다는 것이다. 이를 그림으로 나타내면 [그림 9-2]와 같다.

그림 9-2 처리의 효과와 랜덤화

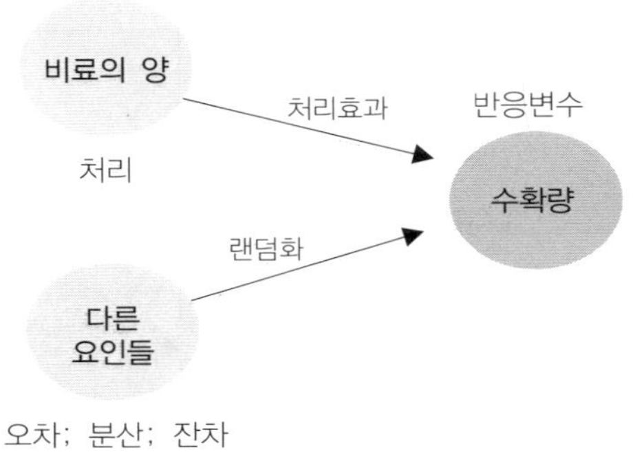

처리수준에 반응하여 나타나는 반응변수의 차이를 처리효과(treatment effect)라고 한다. 효과에는 다른 요인과는 상관없이 독립적으로 반응변수에 영향을 주는 주효과와 2개 이상의 요인이 서로 상승작용을 일으키는 교호작용(interaction)이 있다.

두 개의 요인이 반응변수에 미치는 영향을 동시에 분석하는 방법이 이원분산분석(two-way ANOVA)이다. 이원분산분석에서는 두 개의 선택된 요인 이외에 다른 요인들을 랜덤화하여 영향을 분산시키고 두 개의 요인의 영향력을 검증하는 것이다. 이때 두 개의 요인 중 분석의 주된 관심이 되는 요인을 처리라고 하고, 다른 하나를 블록(block)이라고 한다. 이 용어의 연원은 위 실험에서 비료사용량 요인과 토양의 종류 요인이 수확량에 주는 영향을 동시에 분석한 실험설계에서 유래한다. [그림 9-3]과 같이 토양의 종류 요인을 블록으로 구획한 데서 유래하는 것이다.

그림 9-3 블록별 처리수준

처리A: 비료사용량 적음
처리B: 비료사용량 중간
처리C: 비료사용량 많음

처리의 수준은 비료사용량 적음, 중간, 많음으로 3개의 수준이 있고, 블록의 처리수준은 토질A, 토질B, 토질C로 3개의 수준이 있다. 그리하여 총 처리수준은 3×3=9개의 처리수준 조합이 있다. 위 실험을 그림으로 나타내면 [그림 9-4]와 같다.

이원분산분석 방법은 수학적으로 복잡하다. 사회과학도 특히 통계학을 전공으로 하지 않는 학부수준의 입문단계에서는 그 계산 절차와 원리를 이해하는 것은 무리라고 생각된다. 따라서 본서에서는 일원분산분석의 기초원리와 사례분석을 중심으로 설명할 것이다.

그림 9-4 처리와 블록의 효과와 랜덤화

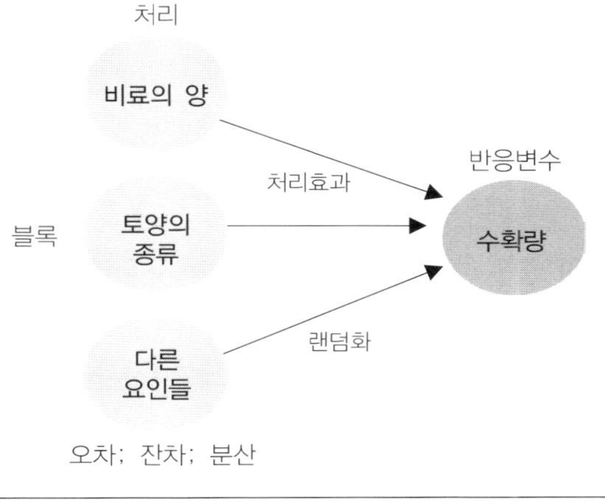

제 2 절 분산분석의 가정

분산분석은 다음과 같은 가정을 충족해야 한다.

① 모집단은 정규분포를 따른다.

② 모집단의 분산은 모두 같다.

③ 표본을 각 모집단에서 무작위로 추출한다.

④ 표본은 서로 독립적이다.

모집단이 정규분포를 따른다는 것과 모집단의 분산이 같다는 가정은 두 집단의 차이 검증에서 설명했던 바와 같은 맥락이다. 모집단의 분산이 같다고 가정하는 것은 모집단 간의 분산을 통합하기 위해서 필요한 것이다. 모집단 간의 분산이 다르다고 하더라도 추출한 표본의 크기가 같다면 분산분석에 입각한 추론은 크게 영향받지 않는다. 그러나 분산의 크기가 다른데 표본의 크기마저 다르다면 분산분석에 입각한 추론은 큰 영향을 받는다. 그러므로 모집단의 분산이 같다는 가정이 지켜지기 어려운 상황이라면 가능하면 표본의 크기를 같게 하는 것이 바람직하다.

다음 가정으로 각 사례 관측치의 오차가 서로 독립적이어야 한다. 만약 오차가 처리 수준으로부터 독립적이지 않다면 정규분포와 분산에 대한 가정이 충족되지 않기 때문이다. 이에 관한 자세한 논의는 회귀분석의 가정 부분에서 자세히 다루도록 한다.

제 3 절 분산분석의 기본원리

분산분석의 기본원리를 위에서 예로든 비료의 사용량에 따른 수확량의 변화 실험 예를 사용하여 설명하고자 한다. 비료의 처리수준을 단위면적당 1포대, 2포대, 3포대 이 세 수준으로 설정하고 5종류의 토질에 대하여 반복 실험하여 수확량을 측정한 결과 다음과 같은 관측치를 얻었다.

표 9-1 처리수준별 수확량

실험횟수 \ 인자 처리수준	비료 사용량		
	1포대	2포대	3포대
1	30	45	52
2	28	37	49
3	33	42	45
4	35	40	42
5	37	49	55
수확량 합계	163	213	243
수확량 평균	32.6	42.6	48.6

이 실험에서 귀무가설은 '$\mu_1 = \mu_2 = \mu_3$'이고 대립가설은 '모평균들 중에서 적어도 하나는 같지 않다'이다. 이 가설은 <표 9-1>의 결과표만 가지고서는 판정할 수 없다. 표본평균들이 32.6, 42.6, 48.6으로 나타났는데 이들 간의 차이는 진정한 모평균의 차이를 대표하고 있다고 할 수 있는가? 우연한 표본오차로 말미암아서 이러한 차이가 나타난 것은 아닌가? <표 9-1>에 분산분석을 적용하면 우리는 이러한 질문들에 대답할 수 있는 정보를 얻을 수 있다.

표본평균들의 차이는 명백히 존재하고 있지만 그것이 모집단의 차이라고 추론하기 위해서는 그 차이의 크기가 어떠한 의미를 가지고 있는지를 통계적으로 분석하여야 한다. 그 차이의 의미를 밝혀줄 요소로서 크게 두 가지를 생각하여 볼 수 있다. 그룹간변동(sum of squares between groups: SSB)과 그룹내변동(sum of squares within groups: SSW)이 그것이다. 이것은 또한 처리제곱합(treatment sum of squares: SSTR)과 잔차제곱합(residual sum of squares: SSE)이라고 부르기도 한다. 이것들을 설명하기 전에 우선 총변동(total variation) 내지는 총제곱합(sum of squares total: SST)을 생각해 보자. 총변동은 사례 전체 평균 $\overline{\overline{X}}$와 사례 X_{ij}(i번째 수준 j번째 사례, i는 l개 집단 j는 m개 사례)와의 차이를 제곱하여 모두 합한 것이다. 이를 공식으로 나타내면 다음과 같다.

$$\sum_{i}^{l}\sum_{j}^{m}(X_{ij} - \overline{\overline{X}})^2$$

이 총변동은 두 가지 요소로 구성되어 있다.

총변동(SST) = 그룹간변동(SSB) + 그룹내변동(SSW)
총제곱합(SST) = 처리제곱합(SSTR) + 잔차제곱합(SSE)

그룹간변동(SSB)는 전체평균 $\overline{\overline{X}}$와 i번째 수준의 표본평균 $\overline{X}_i$와의 차의 제곱합이다.

$$m\sum_{i}^{l}(\overline{X}_i - \overline{\overline{X}})^2$$

그룹내변동(SSW)은 i번째 수준의 표본평균 $\overline{X}_i$와 그 수준내사례 X_{ij}와의 차이의 제곱합을 의미한다.

$$\sum_{i}^{l}\sum_{j}^{m}(X_{ij} - \overline{X}_i)^2$$

따라서 다음과 같은 공식이 성립한다.

$$\sum_{i}^{l}\sum_{j}^{m}(X_{ij} - \overline{\overline{X}})^2 = m\sum_{i}^{l}(\overline{X}_i - \overline{\overline{X}})^2 + \sum_{i}^{l}\sum_{j}^{m}(X_{ij} - \overline{X}_i)^2$$

SSB는 총변동 중에서 우리가 그 발생 원인을 명백히 알 수 있는 변동이다. SSB가 발생하는 원인이 수준별 처리의 효과로 인하여 평균의 차이가 발생하는 것이므로 SSB의 발생 원인은 처리수준에 의한 것임을 알 수 있다. 그러나 SSW는 총변동 중에서 그 발생 원인을 전혀 알 수 없는 변동이다. 처리인자 이외의 요인들을 랜덤화하여 실험을 반복하였으므로 처리인자의 처리효과 이외의 영향력은 그 원인을 알 수 없다. 이것을 오차제곱합, 잔차제곱합 혹은 그룹내변동이라고 부른다.

모집단 평균의 차이를 검증하기 위해서는 SSB가 클수록 차이가 입증될 가능성이 높아진다. 그러나 그 가능성도 SSW에 대비하여 평가를 받아야 한다. SSW가 크다면 그 실험에서의 반응변수는 본성적으로 크게 변동하는 성질을 가진 것이다. 따라서 SSB가 왠만큼 커서는 처리수준에 의한 효과가 있다고 말하기 어렵다. 그러나 SSW가 매우 작다면 그 반응변수는 본래 작게 변동하는 성질을 가진 것이고 SSB가

상대적으로 크게 평가되어야 한다. 결론적으로, SSB가 크다는 것은 처리수준의 영향력이 크다는 것을 의미하지만 그 값만으로 영향력의 절대적 크기를 말할 수 없으며 그 영향력을 평가하기 위해서는 SSB를 SSW에 대비하여 평가하여야 한다. 이것은 <표 9-2>의 두 표를 비교하여 보면 확연히 알 수 있다.

표 9-2 평균의 차이는 같지만 SSW가 작은 경우와 큰 경우 비교

(a) SSW가 작은 경우

실험횟수 \ 처리수준	A수준	B수준
1	40	50
2	41	51
3	39	49
4	42	52
5	38	48
평균	40	50

(b) SSW가 큰 경우

실험횟수 \ 처리수준	A수준	B수준
1	40	50
2	50	60
3	30	40
4	60	70
5	20	30
평균	40	50

<표 9-2>의 두 실험은 처리수준의 효과로 인한 평균의 차이가 같은 실험이다. 두 실험에서 모두 평균의 차이가 10점으로 나타나고 있다. 그러나 그 처리효과는 달리 평가되어야 한다. 같은 평균의 차이라도 (a)의 경우 SSW가 매우 작아서 평균 10점의 차이는 상대적으로 매우 큰 차이이며, (b)의 경우 SSW가 매우 커서 평균 10점의 차이는 상대적으로 작은 차이라고 할 수 있다.

그런데 또 하나 고려하여야 할 것은 표본의 수가 많아지면 제곱합은 비례하여 커진다는 것이다. 따라서 표본의 크기에 상관없이 변동의 크기(제곱합의 크기)를

비교하기 위해서는 제곱합을 자유도로 나누어서 평균제곱(mean squares)을 산출하여야 한다. 평균제곱은 분산과 같은 개념이다. 분산분석이라고 부르는 연유가 바로 여기에 있는 것이다.

자유도는 표본의 크기에서 1을 뺀 값으로 주어진다. 총변동의 자유도는 (전체 표본의 크기−1)이므로 이 예에서는 14이다. 그룹간변동의 자유도는 $l-1=2$이다. 그룹내변동의 자유도는 $l(m-1)=12$이다. 자유도에도 다음 공식이 적용된다.

총변동의 자유도 = 그룹간변동의 자유도 + 그룹내변동의 자유도
14 = 2 + 12

SSB를 자유도로 나누면 그룹간 평균제곱(mean square between groups: MSB)이 되고 SSW를 자유도로 나누면 그룹내 평균제곱(mean square within groups: MSW)이 된다.

$$MSB = \frac{SSB}{l-1}$$

$$MSW = \frac{SSW}{l(m-1)}$$

MSB와 MSW의 비율은 F−분포라는 확률분포를 따르며 이 분포를 이용하여 F−검증을 실시할 수 있다.

$$F_0 = \frac{MSB}{MSW}$$

F값은 그룹간 자유도, 그룹내 자유도에 의하여 대응확률로 환산될 수 있으며 이를 통하여 가설검증이 가능하다.

H_0: $\mu_1 = \mu_2 = \cdots\cdots = \mu_l$
H_1: 적어도 하나는 같지 않다
$F_0 > F_{l-1,\, lm-l,\, \alpha}$이면 H_0를 기각

위 절차에 따라서 처음에 제기한 질문에 답해보자. 우선, MSB를 구하면 전체평

균 $\overline{\overline{X}}$가 41.27이고 $l=3$, $m=5$이며 그룹간 자유도가 2이므로

$$SSB=5(32.6-41.27)^2+5(42.6-41.27)^2+5(48.6-41.27)^2=653.33$$
$$MSB=653.33/2=326.66$$

MSW를 구해보면 다음과 같다.

표 9-3 MSW 계산과정

실험횟수 \ 인자처리수준	비료 사용량		
	1포대	2포대	3포대
1	$(30-32.6)^2$	$(45-42.6)^2$	$(52-48.6)^2$
2	$(28-32.6)^2$	$(37-42.6)^2$	$(49-48.6)^2$
3	$(33-32.6)^2$	$(42-42.6)^2$	$(45-48.6)^2$
4	$(35-32.6)^2$	$(40-42.6)^2$	$(42-48.6)^2$
5	$(37-32.6)^2$	$(49-42.6)^2$	$(55-48.6)^2$
SSW	247.6		
MSW	247.6/12=20.633		

MSB와 MSW를 토대로 하여 분산분석표를 작성해보면 다음과 같다.

표 9-4 F값의 계산

변동의 원천	제곱합	자유도	평균제곱	F값
처리(비료 사용량)	SSB=653.33	2	MSB=326.66	15.83
오차(잔차)	SSW=247.60	12	MSW=20.633	
총변동	SST=900.93	14		

유의수준 5% 하에서 임계치 $F_{2,12,0.05}=3.89$이므로 귀무가설을 기각하고 비료의 사용량에 따라 수확량은 차이가 있다는 결론을 내릴 수 있다.

제 4 절 사례분석

여기에서는 조직몰입(organizational commitment) 개념을 측정한 자료에 분산분석을 적용한 사례를 제시하여 분산분석의 기본원리를 설명하고자 한다.

조사의 대상은 경기도 일원의 지방공무원을 대상으로 하였는데 직급과 조직몰입도를 측정하였다. 조사대상 314명의 직급별 분포는 <표 9-5>와 같다.

표 9-5 조직몰입도 조사대상의 직급별 분포

직 급	6급	7급	8급	9급
빈도	74	103	78	59

조직몰입도는 5점척도로 측정하였으며 가장 몰입도가 높으면 1점 낮으면 5점을 부여하였다. 전체 몰입도 지수는 다음 7문항의 평균으로 하였다.

- 나는 조직의 성공을 위해 보통의 수준 이상으로 노력할 용의가 있다.
- 조직을 위해서는 어떤 형태의 직무라도 상관없이 받아들이겠다.
- 내가 추구하는 가치와 조직이 추구하는 그것과는 매우 비슷하다.
- 난 이 직장 외의 다른 직업을 갖는 것을 심각히 고려한 적이 전혀 없다.
- 내가 근무하는 조직은 나의 진가를 발휘하게 해준다.
- 내가 공무원이 된 것은 더할 나위 없이 기쁘다.
- 나는 공무원으로서 우리나라 장래에 대해 진심으로 관심을 가지고 있다.

조사 결과 다음과 같은 자료가 수집되었다.

표 9-6 공무원의 직급별 몰입도 조사 자료

직급	몰입도	직급	몰입도	직급	몰입도	직급	몰입도	직급	몰입도
7	2.29	9	2.14	8	2.57	6	2.57	6	2.00
7	2.29	7	1.57	9	1.43	8	2.14	7	3.00
6	1.57	9	2.29	8	2.57	6	1.00	7	2.00
6	1.57	6	3.29	7	1.86	9	2.71	9	1.71
6	2.43	8	2.14	9	1.86	7	2.14	8	2.00
6	2.86	7	1.86	7	3.00	8	2.86	7	2.57
5	1.86	7	3.00	6	3.00	8	2.29	6	2.00
7	2.14	6	2.29	8	2.57	8	2.43	7	2.86
8	1.71	6	2.57	8	1.00	5	1.14	6	3.43
7	2.57	6	3.43	9	2.86	6	1.00	8	3.00
8	1.43	8	2.86	9	2.00	5	1.57	6	2.86
6	1.57	7	1.29	6	2.71	7	2.00	9	2.43
6	2.29	7	3.00	8	3.43	7	2.57	9	2.43
9	1.71	6	1.71	7	1.71	8	2.29	9	2.57
6	1.57	4	3.29	8	3.00	9	3.00	8	3.86
.	.	.	.	.	.	.	.	.	.
.	.	.	.	.	.	.	.	.	.
.	.	.	.	.	.	.	.	.	.
7	2.29	6	2.57	7	2.14	7	1.71	7	2.14
9	3.29	9	2.43	7	3.43	6	2.43	9	3.71
7	1.29	8	2.29	7	2.43	9	2.71	8	1.43
9	3.00	8	3.29	5	2.43	8	1.86	9	2.86
8	2.14	7	2.29	6	3.14	8	1.43	7	1.71
7	1.43	7	3.29	7	1.43	6	3.00	6	2.00
8	2.71	6	2.71	9	3.29	8	2.00	6	3.00
7	2.29	9	2.43	9	3.29	6	2.00	9	3.14
9	3.29	7	2.57	7	2.57	7	2.29	9	2.00
9	3.29	9	2.43	7	3.29				

대립가설로서 '직급이 높을수록 몰입도가 높아진다'라는 가설을 설정하고 이를 검증하고자 한다. 직급이 3집단 이상이므로 분석방법으로서 분산분석을 실시하여야 한다.

위 자료를 엑셀에 입력하고 분산분석을 실시하는 절차는 다음과 같다.

① 텍스트 문서의 표에 있는 자료는 엑셀로 쉽게 옮길 수 있다. 텍스트 나누기의 절차 없이도 그냥 붙여넣기만 하면 자동으로 자료를 인식하는 경우가 많다. 한글의 경우, 표의 셀을 엑셀의 셀로 대부분 자동으로 인식하지만 혹시 잘되지 않는 경우는 한글의 표를 MS 워드로 복사했다가 워드상의 표를 엑셀로 옮기면 엑셀로 인식되는 경우가 많다. 위 자료를 복사하여 엑셀로 붙여넣었을 때 다음과 같이 잘 인식하고 있다.

	A	B	C	D	E	F	G	H	I	J	K
1	7	2.29	9	2.14	8	2.57	6	2.57	6	2	
2	7	2.29	7	1.57	9	1.43	8	2.14	7	3	
3	6	1.57	9	2.29	8	2.57	6	1	7	2	
4	6	1.57	6	3.29	7	1.86	9	2.71	9	1.71	
5	6	2.43	8	2.14	9	1.86	7	2.14	8	2	
6	6	2.86	7	1.86	7	3	8	2.86	7	2.57	
7	5	1.86	7	3	6	3	8	2.29	6	2	
8	7	2.14	6	2.29	8	2.57	8	2.43	7	2.86	
9	8	1.71	6	2.57	8	1	5	1.14	6	3.43	
10	7	2.57	6	3.43	9	2.86	6	1	8	3	
11	8	1.43	8	2.86	9	2	5	1.57	6	2.86	
12	7	2.57	8	2.57	8	2.86	6	2.71	6	2.57	
13	7	2	8	3	9	2.57	6	2.29	9	2	
14	7	1.71	8	2.29	8	3.43	8	2.14	8	2.43	
15	8	1.29	7	2.14	6	2.14	6	1.86	9	3.29	
16	8	2.14	7	2.14	9	2.43	7	3	6	2.71	
17	8	1.86	9	2.14	9	3	6	1.57	8	2.57	
18	7	2.57	8	3.14	7	2.43	7	2.57	9	3	
19	8	2.57	7	3	8	2.71	7	2.29	7	2.86	
20	8	2.29	9	2.29	7	4.57	8	2.29	8	2.29	
21	8	1.71	7	1	6	1.29	5	2.43	7	1.86	

② 직급 변수와 몰입도 변수의 자료가 5줄로 나뉘어져 있으므로 A열과 B열 아래로 모두 옮긴다.

	A	B	C	D	E	F	G	H
1	7	2.29						
2	7	2.29						
3	6	1.57						
4	6	1.57						
5	6	2.43						
6	6	2.86						
7	5	1.86						
8	7	2.14						
9	8	1.71						
10	7	2.57						
11	8	1.43						
12	7	2.57						

③ 모든 데이터가 빠짐 없이 들어가도록 블록을 설정하고 직급별로 정렬한다. 마우스로 A열의 열이름 A를 클릭하고 B열까지 드래그하면 A열과 B열의 모든 자료들이 블록으로 설정된다. 이때 [데이터 리본 메뉴]의 [정렬 메뉴]를 누르면 정렬을 위한 대화상자가 나타나는데 직급별로 정렬할 것이므로 [정렬 기준 펼침목록]에서 열 A를 선택한다. 그리고 [확인 버튼]을 누른다.

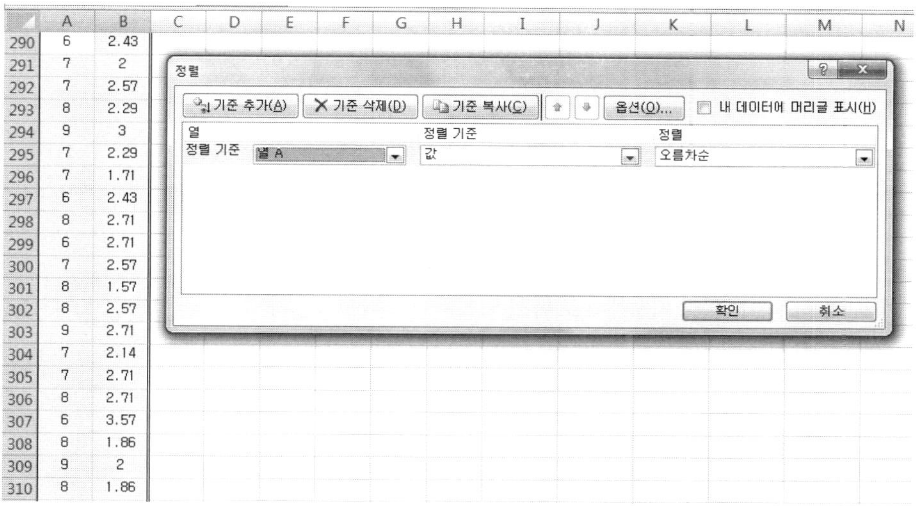

④ 정렬 후 제일 위에 보면 9행까지 4급과 5급이 분석하기에는 너무 적은 소수로 있으므로 삭제한다.

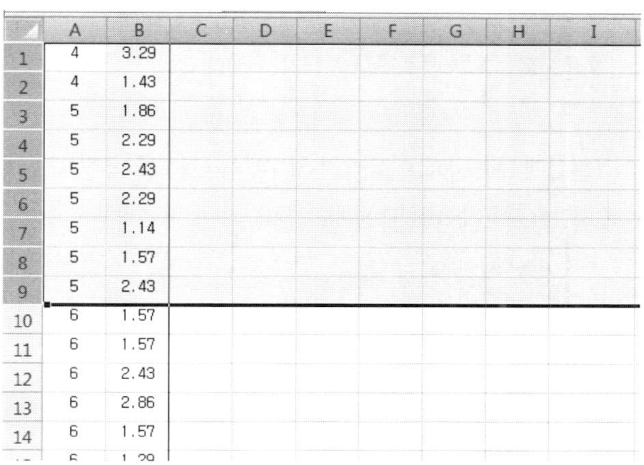

⑤ 직급별로 정렬된 자료를 직급별로 나누어서 6급 자료는 A, B열에 7급 자료는 C, D열에 오도록 다음과 같이 정리한다.

	A	B	C	D	E	F	G	H	I
1	6	1.57	7	2.29	8	1.71	9	1.71	
2	6	1.57	7	2.29	8	1.43	9	3.29	
3	6	2.43	7	2.14	8	1.29	9	2	
4	6	2.86	7	2.57	8	2.14	9	2.43	
5	6	1.57	7	2.57	8	1.86	9	2.43	
6	6	1.29	7	2	8	2.57	9	3	
7	6	1.43	7	1.71	8	2.29	9	3.29	
8	6	2	7	2.57	8	1.71	9	3.29	
9	6	1.57	7	2.57	8	2.14	9	1.43	
10	6	2.29	7	2	8	2	9	1.86	
11	6	1.57	7	2.71	8	1.86	9	2.86	
12	6	2.43	7	2.57	8	1.86	9	2	

⑥ 계산되어지는 자료는 조직몰입도 자료이므로 위 화면의 A, C, E, G열은 삭제한다. 그러면 아래와 같이 자료가 정리된다.

	A	B	C	D	E	F
1	1.57	2.29	1.71	1.71		
2	1.57	2.29	1.43	3.29		
3	2.43	2.14	1.29	2		
4	2.86	2.57	2.14	2.43		
5	1.57	2.57	1.86	2.43		
6	1.29	2	2.57	3		
7	1.43	1.71	2.29	3.29		
8	2	2.57	1.71	3.29		
9	1.57	2.57	2.14	1.43		
10	2.29	2	2	1.86		

⑦ [데이터 리본 메뉴]-[데이터 분석 메뉴]를 클릭한다. [분산분석:일원배치법]을 선택하고 [확인 버튼]을 누른다.

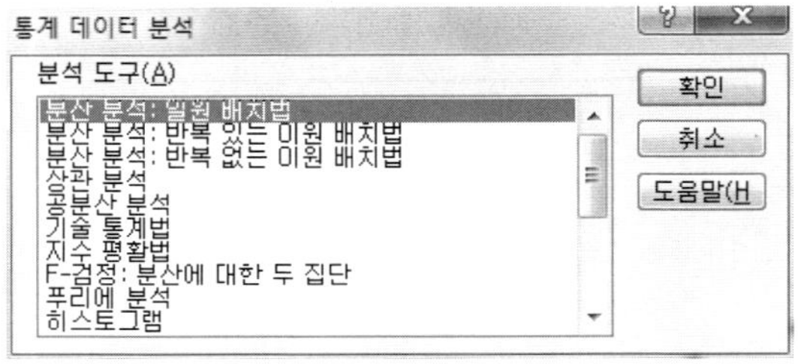

⑧ [입력 범위 입력상자]에 자료를 모두 포함할 수 있도록 A1:D103 범위를 지정하여 준다. 직급별로 사례 수가 모두 다른데, 가장 많은 사례를 가진 직급의 자료를 모두 포함하도록 행번호를 써 준다. [확인 버튼]을 누른다.

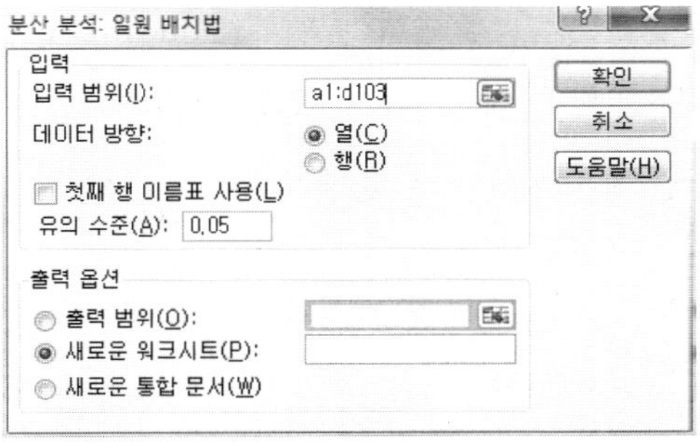

그림 9-5 직급별 몰입도의 분산분석 결과

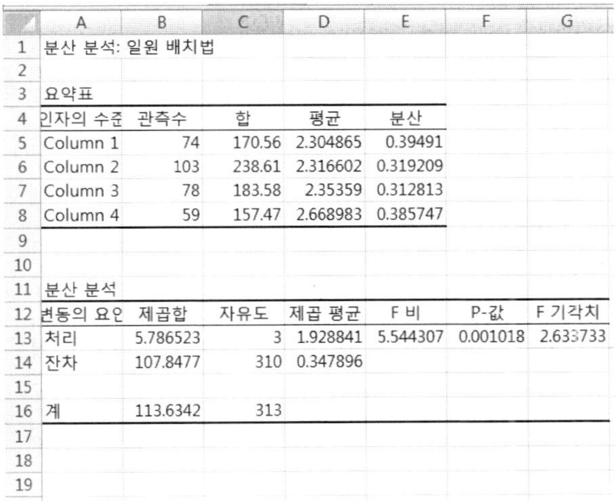

	A	B	C	D	E	F	G
1	분산 분석: 일원 배치법						
2							
3	요약표						
4	인자의 수준	관측수	합	평균	분산		
5	Column 1	74	170.56	2.304865	0.39491		
6	Column 2	103	238.61	2.316602	0.319209		
7	Column 3	78	183.58	2.35359	0.312813		
8	Column 4	59	157.47	2.668983	0.385747		
9							
10							
11	분산 분석						
12	변동의 요인	제곱합	자유도	제곱 평균	F 비	P-값	F 기각치
13	처리	5.786523	3	1.928841	5.544307	0.001018	2.633733
14	잔차	107.8477	310	0.347896			
15							
16	계	113.6342	313				
17							
18							
19							

위 분석 결과에서 다음과 같은 분산분석표를 만들 수 있다.

변동의 원천	제곱합	자유도	평균제곱	F값
처리(직급) 오차(잔차)	5.7865 107.8477	3 310	1.9288 0.347896	5.54
총변동	113.6342	313		

위 F값으로부터 계산된 확률 p값이 0.001018이므로 유의수준 5% 하에서 직급과 몰입도가 관계가 없다는 귀무가설을 기각할 수 있다.

그러나 이 정보만 가지고는 직급별로 세부적으로 어떠한 평균의 차이를 보이는지를 알 수 없다. 이것을 알기 위해서는 던컨(Duncan)의 사후분석(Multiple Range Test)이 유용하다. 그 결과 아래의 표를 얻을 수 있다.

직급	사례수	평균	동질성*
9급	59	2.66898	A
8급	78	2.35359	B
7급	103	2.31660	B
6급	74	2.30486	B

*같은 문자는 집단 간 차이가 없음

아쉽게도 엑셀에서는 던컨의 사후분석을 지원하지 않는다. 그러므로 위 표를 구하기 위해서는 $t-$검증을 반복적으로 실행하면 된다.

평균 몰입도를 보면 6급, 7급 및 8급 공무원의 경우 직급이 높아지면 더 몰입하는 경향을 보이지만 그 차이는 매우 미미하다. 그러나 9급의 경우 다른 세 집단에 비하여 상대적으로 낮은 몰입도를 보이고 있다. 그러므로 가설이 검증된 것은 9급 공무원이 유의하게 낮은 몰입도를 보임으로써 대립가설이 채택되게 된 것이다(대립가설은 "네 집단 중 평균이 다른 집단이 적어도 하나 이상 있다"이다). 결론을 정리하자면, 임용기간이 가장 짧고 직급이 가장 낮은 9급 공무원의 조직몰입도가 다른 직급보다 낮게 나타나며 그 이상의 직급의 경우 유의한 차이를 보이지 않는다. 따라서 직급 요인이 조직몰입도에 미치는 영향은 임용 초기 낮은 직급에서 나타난다.

제 5 절 직급별 지식관리

1) 가설의 설정

개인의 특성변수 중에서 직급이 지식관리 행동에 영향을 미치는지를 분석하고자 한다면 분산분석을 적용할 수 있다. 직급은 9급, 8급, 7급 등 2집단 이상으로 나누어지기 때문이다. 그리고 만약 지식관리 행동을 지식획득, 지식축적, 지식공유, 그리고 지식활용으로 세분한다면 종속변수가 4개가 되므로 분산분석을 4번 하여야 한다. 직급별로 지식획득, 지식축적, 지식공유, 지식활용에 영향을 미치는지를 연구하고 싶다면 다음과 같이 가설을 설정하여야 한다.

가설1－a: 직급이 지식획득에 영향을 미친다.
가설1－b: 직급이 지식축적에 영향을 미친다.
가설1－c: 직급이 지식공유에 영향을 미친다.
가설1－d: 직급이 지식활용에 영향을 미친다.

개인특성 변수 중에서 학력이 지식관리에 미치는 영향을 분석하기 위해서는 역시 분산분석을 실시해야 한다. 학력도 고졸 이하, 전문대졸, 대졸 이상 등 3집단 이상으로 분류되기 때문이다. 학력이 지식관리에 미치는 영향을 분석하기 위하여 가설을 다음과 같이 설정할 수 있다.

가설2－a: 학력이 지식획득에 영향을 미친다.
가설2－b: 학력이 지식축적에 영향을 미친다.
가설2－c: 학력이 지식공유에 영향을 미친다.
가설2－d: 학력이 지식활용에 영향을 미친다.

2) 자료 수집

지식관리에 대하여 다음과 같이 설문지를 구성하고 자료를 조사한 결과를 실습을 위하여 저장한 파일이 "직급별지식관리" 파일이고 다운받아서 실습할 수 있다.

지식관리	지식획득	K1	다른 조직의 보유지식 또는 각종 정책보고서 등 지식획득 노력
		K2	업무처리 및 해결에 필요한 지식을 얻기 위해 DB 사용
		K3	다른 조직의 모범 사례 등 지식을 획득하기 위해 노력한다.
	지식축적	K4	개인 혹은 부서의 아이디어나 노하우, 지식 등을 문서화 · 전자화
		K5	업무처리 및 해결에 필요한 정보나 지식을 컴퓨터 등에 저장
		K6	지식의 활용 결과 평가내용을 기록하여 둔다.
	지식공유	K7	개인적인 노하우나 유용한 정보와 지식의 자발적 공유
		K8	타부서의 문서, 정보나 지식 등을 참조
		K9	부서 간/팀 간 필요한 정보나 지식공유를 위한 의견교류와 팀워크
	지식활용	K10	새로운 문제의 해결 혹은 상황변화에 대처하고자 할 때 지식활용
		K11	업무수행에 과거의 실수나 경험으로부터 획득한 지식활용
		K12	업무의 개선을 위하여 모범 사례 교훈을 지식으로 활용한다.

모든 문항에 대하여 다음과 같은 5점척도로 측정하였다.

매우 찬성	약간 찬성	그저 그렇다	약간 반대	매우 반대
①	②	③	④	⑤

직급에 대하여서는 5급은 5, 6급은 6, 7급은 7 등으로 코딩하였다. 학력은 고졸 이하 1로 코딩하고, 전문대졸 2로 코딩하고 대졸 이상은 3으로 코딩하였다.

3) 자료분석

자료분석을 위하여 "직급별지식관리" 파일을 열고 [직급정렬 시트]로 가서 다음과 같이 지식획득 자료 중에서 5급의 자료만 범위를 지정하여 복사하고 새로운 시트의 [A3셀]에 붙여넣는다. 이때 [값 붙여넣기]를 선택하여 붙여넣는다. 그 이유는 지식획득열의 경우 K1, K2, K3열을 평균낸 것이므로 이동하여 복사하는 경우 AVERAGE함수가 복사되어지고 함수의 인수로 사용된 상대주소의 관계가 깨어져 참조에러가 난다. [값 붙여넣기]의 경우 화면에 표시된 값으로 전환하여 자료를 복사하므로 다른 곳에 붙여넣어도 참조에러가 나지 않는다.

K	L	M	N	O	P	Q	R
k11	k12	직급	학력	지식획득	지식축적	지식공유	지식활용
1.00	1.00	5.00	[illegible]	1.67	2.00	2.00	1.00
2.00	2.00	5.00	1.00	3.33	2.00	3.67	2.00
2.00	1.00	5.00	1.00	2.00	2.33	1.67	1.67
2.00	2.00	5.00	1.00	2.33	2.67	2.00	1.67
2.00	1.00	5.00	1.00	2.00	2.67	2.00	1.67
2.00	2.00	5.00	1.00	1.00	1.00	1.00	2.00
1.00	1.00	5.00	1.00	2.33	1.67	2.67	1.33
3.00	3.00	5.00	3.00	2.67	3.00	3.00	3.00
1.00	1.00	5.00	3.00	1.33	3.00	3.00	1.00
2.00	2.00	5.00	2.00	2.00	1.67	2.33	2.33
1.00	2.00	5.00	2.00	1.67	2.67	2.67	1.67
2.00	2.00	5.00	2.00	2.33	2.33	2.67	2.33
3.00	2.00	5.00	3.00	2.67	2.33	2.33	2.33
2.00	3.00	5.00	1.00	2.33	2.00	2.33	2.67
1.00	1.00	5.00	1.00	1.33	2.67	1.33	1.33
2.00	2.00	6.00	1.00	2.33	2.33	3.00	2.33
2.00	2.00	6.00	1.00	1.33	1.33	3.00	2.00
1.00	1.00	6.00	1.00	2.33	2.67	2.00	1.33
1.00	2.00	6.00	2.00	1.00	2.00	1.67	1.67
2.00	2.00	6.00	2.00	1.67	2.33	2.67	2.00
2.00	2.00	6.00	2.00	3.33	2.33	3.00	2.33
1.00	1.00	6.00	1.00	2.00	2.00	2.00	1.33

[값 붙여넣기]는 [A3셀]에서 마우스 오른쪽 버튼을 누르면 나타나는 맥락메뉴에서 [선택하 붙여넣기 메뉴]를 선택했을 때 나타나는 대화상자에서 다음과 같이 선택하면 된다.

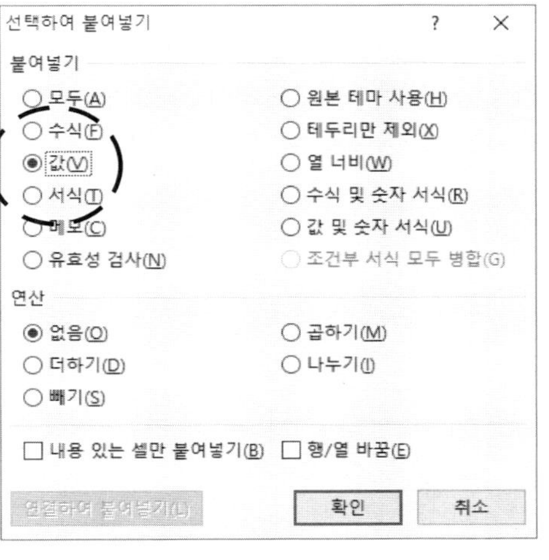

다음에 6급의 지식획득 자료를 복사하고 7급, 8급, 9급의 자료를 차례로 복사하여 다음과 같이 자료를 정리한다.

	A	B	C	D	E	F	G
1	직급별 지식획득						
2	5급	6급	7급	8급	9급		
3	1.67	2.333333	3.00	2.666667	2.666667		
4	3.33	1.333333	2.67	2.666667	2.333333		
5	2.00	2.333333	3.00	2	2.333333		
6	2.33	1	1.67	4	1		
7	2.00	1.666667	3.00	2	2.333333		
8	1.00	3.333333	2.00	3.333333	3		
9	2.33	2	3.00	2.666667	2.666667		
10	2.67	2	3.00	2.333333	2		
11	1.33	2.333333	2.00	1.666667	1		
12	2.00	2	2.33	4	3.333333		
13	1.67	2	2.00	2	2.666667		
14	2.33	2	3.00	2.333333	2.666667		
15	2.67	3	2.67	1.333333	2.666667		
16	2.33	2.333333	1.33	3	2.333333		
17	1.33	2.333333	3.33	2.666667	2		
18		3	3.67	3	2.333333		
19		1.666667	2.67	2.333333	3.333333		
20		1.666667	2.67	2.333333	2.666667		
21		2	1.33	2.666667	2.333333		
22		1	2.00	2.333333	3.333333		

이런식으로 자료를 정리해 놓은 것이 [직급별 지식관리 시트]와 [학력별 지식관리 시트]이다.

정리된 자료를 가지고 분산분석을 수행하는 절차는 매우 간단하다. 우선, 직급별 지식관리 변수들의 차이를 검증하는 절차는 다음과 같다.

① [직급별 지식관리 시트]를 열고 [데이터 메뉴]-[데이터 분석 메뉴]를 선택한 다음 나타나는 대화상자에서 [분산분석 일원 배치법 목록]을 선택한 다음 [확인 버튼]을 누른다.

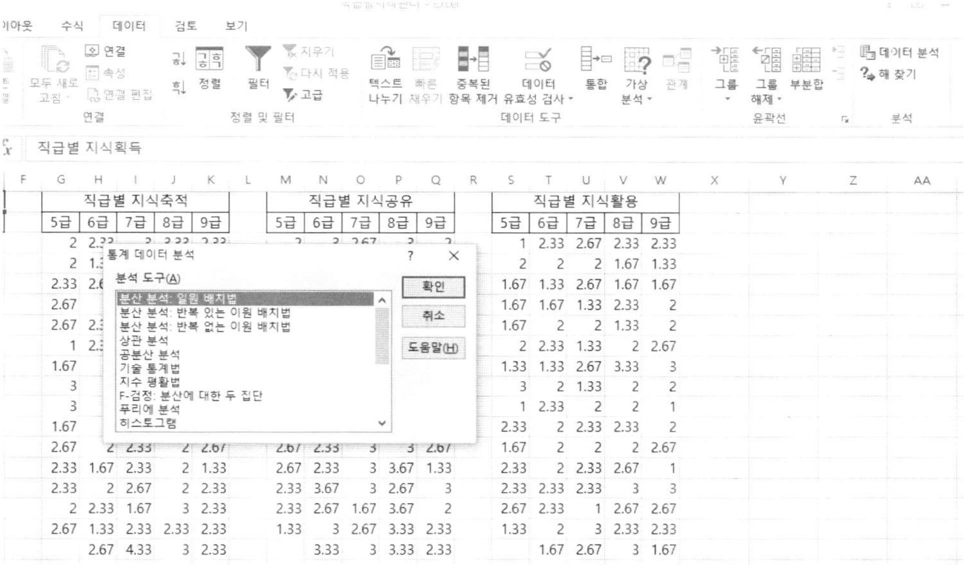

② 이때 나타나는 대화상자에서 [입력 범위 입력상자]의 오른쪽에 있는 [범위 지정 버튼]을 누른다.

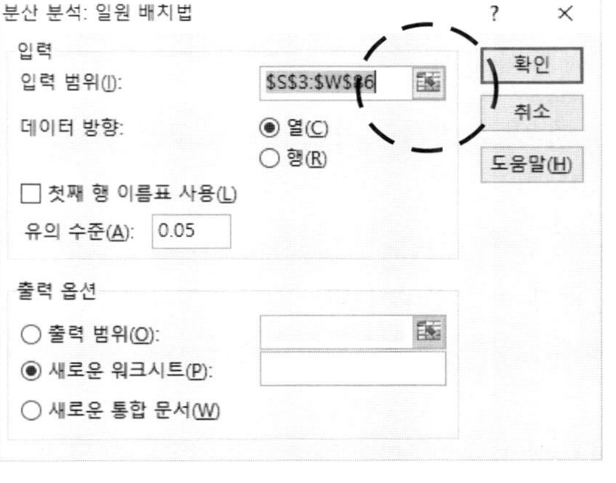

③ 마우스를 드래그하여 범위를 다음과 같이 지정한다.

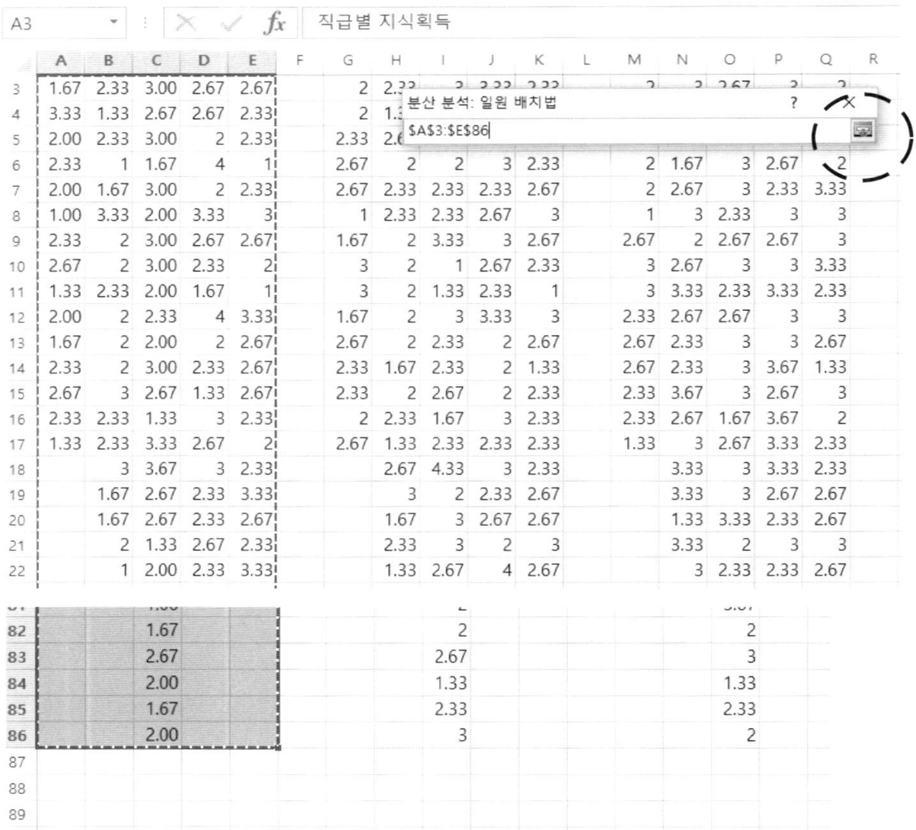

범위를 지정할 때 위 그림처럼 사례가 가장 많은 직급의 자료까지 모두 포함되도록 범위를 지정하는 것이 중요하다. 범위를 지정한 다음 [창 펼침 버튼]을 누른다.

④ 그런 다음 [확인 버튼]을 누른다. 그러면 새로운 시트에 분석 결과가 나타난다.

4) 결과 해석

직급이 지식획득에 미치는 영향을 분석한 결과를 보면

	A	B	C	D	E	F	G
1	분산 분석: 일원 배치법						
2							
3	요약표						
4	인자의 수준	관측수	합	평균	분산		
5	Column 1	15	31	2.066667	0.368254		
6	Column 2	67	150	2.238806	0.356249		
7	Column 3	84	198.3333	2.361111	0.450357		
8	Column 4	42	109.6667	2.611111	0.487353		
9	Column 5	62	157	2.532258	0.380545		
10							
11							
12	분산 분석						
13	변동의 요인	제곱합	자유도	제곱 평균	F 비	P-값	F 기각치
14	처리	6.476152	4	1.619038	3.927461	0.004083	2.405708
15	잔차	109.2424	265	0.412235			
16							
17	계	115.7185	269				
18							

[D5셀]에 2.066이 5급 공무원의 지식획득 평균값이다. [A5셀]의 Column1의 뜻이 입력 범위 속에서 첫 번째 열에 있는 자료라는 뜻이므로 5급 공무원을 지칭하고 있다. p값이 0.004이므로 유의수준 5% 하에서 직급별로 지식획득의 차이가 있다는 결론을 내릴 수 있다. 즉, 가설1-a는 지지되고 영가설은 기각되는 것으로 나타났다.

한편, 지식축적, 지식공유 및 지식활용의 결과는 다음 그림과 같다.

	A	B	C	D	E	F	G
1	분산 분석: 일원 배치법						
2							
3	요약표						
4	인자의 수준	관측수	합	평균	분산		
5	Column 1	15	34	2.266667	0.304762		
6	Column 2	67	153	2.283582	0.310619		
7	Column 3	84	198.6667	2.365079	0.360426		
8	Column 4	42	106.3333	2.531746	0.428507		
9	Column 5	62	157.6667	2.543011	0.416153		
10							
11							
12	분산 분석						
13	변동의 요인	제곱합	자유도	제곱 평균	F 비	P-값	F 기각치
14	처리	3.263896	4	0.815974	2.214665	0.067757	2.405708
15	잔차	97.63693	265	0.368441			
16							
17	계	100.9008	269				
18							

분산 분석: 일원 배치법

요약표

인자의 수준	관측수	합	평균	분산
Column 1	15	34.66667	2.311111	0.467725
Column 2	67	166	2.477612	0.344188
Column 3	84	223	2.654762	0.418866
Column 4	42	116	2.761905	0.445993
Column 5	62	169	2.725806	0.482784

분산 분석

변동의 요인	제곱합	자유도	제곱 평균	F 비	P-값	F 기각치
처리	4.424972	4	1.106243	2.622931	0.035251	2.405708
잔차	111.766	265	0.421758			
계	116.1909	269				

A1 분산 분석: 일원 배치법

분산 분석: 일원 배치법

요약표

인자의 수준	관측수	합	평균	분산
Column 1	15	28	1.866667	0.346032
Column 2	67	136.3333	2.034826	0.232776
Column 3	84	179.3333	2.134921	0.399248
Column 4	42	93.66667	2.230159	0.333269
Column 5	62	132.6667	2.139785	0.33351

분산 분석

변동의 요인	제곱합	자유도	제곱 평균	F 비	P-값	F 기각치
처리	1.980031	4	0.495008	1.501684	0.202004	2.405708
잔차	87.3533	265	0.329635			
계	89.33333	269				

지식축적, 지식공유, 지식활용에 대한 분석 결과를 보면 p값이 각각 0.0677, 0.035, 0.202로서 유의수준 5% 하에서 지식공유에 대한 직급의 영향력이 있는 것으로 나타났다. 지식축적과 지식활용에 대한 직급의 영향령은 없는 것으로 나타나 가설1-b와 가설1-d는 기각되고 가설1-c는 채택이 되는 것으로 나타났다.

다음으로, 학력이 지식획득, 지식축적, 지식공유, 지식활용에 미치는 영향을 분석하면 다음 결과가 나타난다.

분산 분석: 일원 배치법

요약표

인자의 수준	관측수	합	평균	분산
Column 1	68	156.6667	2.303922	0.490001
Column 2	52	125.6667	2.416667	0.435185
Column 3	150	363.6667	2.424444	0.40253

분산 분석

변동의 요인	제곱합	자유도	제곱 평균	F 비	P-값	F 기각치
처리	0.716972	2	0.358486	0.832299	0.436173	3.029597
잔차	115.0015	267	0.430717			
계	115.7185	269				

요약표

인자의 수준	관측수	합	평균	분산
Column 1	68	160	2.352941	0.40757
Column 2	52	126.3333	2.429487	0.328264
Column 3	150	363.3333	2.422222	0.379816

분산 분석

변동의 요인	제곱합	자유도	제곱 평균	F 비	P-값	F 기각치
처리	0.259588	2	0.129794	0.344342	0.709001	3.029597
잔차	100.6412	267	0.376933			
계	100.9008	269				

분산 분석: 일원 배치법

요약표

인자의 수준	관측수	합	평균	분산
Column 1	68	170	2.5	0.502488
Column 2	52	132.6667	2.551282	0.278364
Column 3	150	406	2.706667	0.442834

분산 분석

변동의 요인	제곱합	자유도	제곱 평균	F 비	P-값	F 기각치
처리	2.345476	2	1.172738	2.750405	0.065713	3.029597
잔차	113.8455	267	0.426388			
계	116.1909	269				

분산 분석: 일원 배치법

요약표

인자의 수준	관측수	합	평균	분산
Column 1	68	134.3333	1.97549	0.389108
Column 2	52	111	2.134615	0.214639
Column 3	150	324.6667	2.164444	0.339667

분산 분석

변동의 요인	제곱합	자유도	제곱 평균	F 비	P-값	F 기각치
처리	1.70612	2	0.85306	2.599273	0.076208	3.029597
잔차	87.62721	267	0.328192			
계	89.33333	269				

결과를 보면 지식획득, 지식축적, 지식공유, 그리고 지식활용이라는 모든 변수에 대하여 학력이 영향을 미치지 못하는 것으로 나타났다. 4개의 종속변수에 대하여 4번의 분산분석 결과 p값이 각각 0.436, 0.706 0.0657, 0.0762로 나타나 모두 0.05보다 크므로 유의수준 5% 하에서 가설2-a, 가설2-b, 가설2-c, 그리고 가설2-d는 모두 기각되었다. 따라서 학력은 지식관리에 영향을 미치지 않는다고 판단할 수 있다.

연습문제

1. 분산분석이란?

2. 분산분석의 가정을 설명하라.

3. 분산분석과 t-검증의 유사성과 차이점을 정리하라.

4. 분산분석의 기본원리를 설명하라.

5. 다음 용어를 설명하라.

① 요인
② 처리
③ 블록
④ 랜덤화
⑤ 일원분산분석
⑥ 이원분산분석
⑦ 효과
⑧ 교호작용

제 10 장 회귀분석

지금까지 설명한 분산분석과 t – 검증 방법은 모집단의 평균의 차이를 검증하여 주며 이것은 독립변수와 종속변수 사이의 관계를 검증해주는 방법으로 활용되고 있다. 즉, 독립변수와 종속변수 사이의 관계는 평균의 차이로 요약되며 평균의 차이가 크면 관계가 강하고 차이가 작으면 관계가 약하다는 것이다.

그런데 독립변수도 등간척도를 가진다면 종속변수와의 관계를 어떻게 요약할 것인가? 관계를 검증하기에 앞서 우선 관계의 정도가 통계량의 형태로 요약되어야 할 것이다. 본 장에서는 독립변수와 종속변수가 모두 등간척도로 측정되었을 때 적용할 수 있는 분석기법을 다룬다. 그 기법의 가장 대표적인 방법이 회귀분석(regression analysis)이다.

제 1 절 선형관계

1 산포도

두 변수가 등간척도를 가지고 있는 경우 두 변수 간의 관계를 나타내는 방법

중 사람이 이해하기 쉬운 것이 그래프로 표현하는 것이다. 이것을 산포도(scatter diagram)라고 한다. 다음 표는 월평균 음주운전 단속횟수와 월평균 음주운전으로 인한 사고건수이다.

단속횟수	사고건수
3	16
4	12
5	10
6	10
7	8

이 자료를 산포도로 나타내면 다음 그래프와 같다.

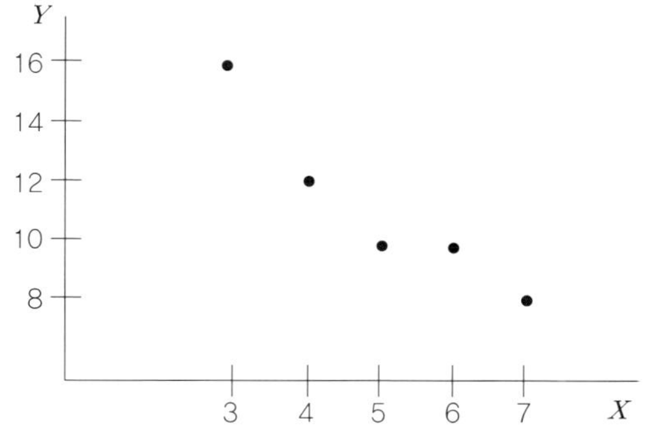

이 산포도를 보면 두 변수의 관계는 무작위적으로 흩어져 있는 것이 아니고 어떤 관계를 가지고 있는 것으로 보인다. 즉, 음주 단속횟수가 많으면 많을수록 음주로 인한 교통사고의 횟수가 줄어드는 관계가 인식되는 것이다. 이 관계를 어떻게 요약하고 검증할 것인가? 이에 답하기 전에 산포도 상에서 두 변수 사이의 관계의 종류를 살펴보자.

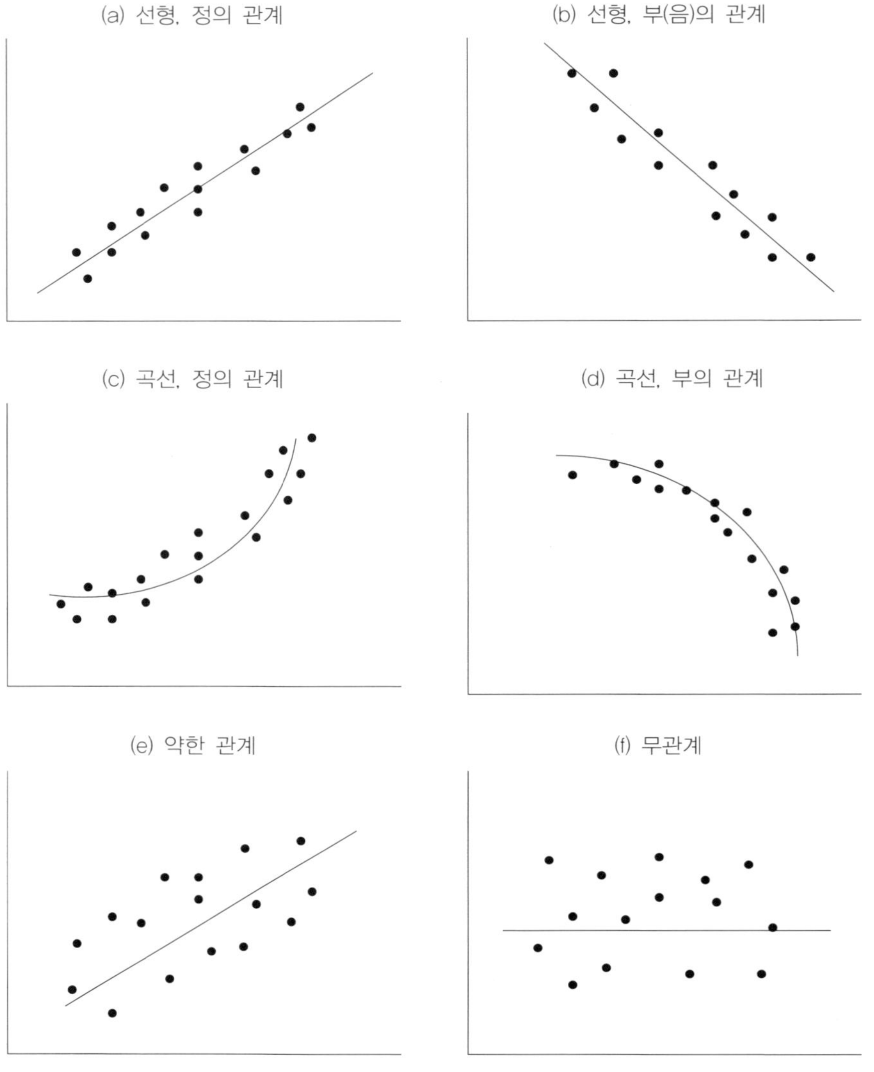

2 선형관계

관계를 요약하는 방법 중의 하나는 분포의 모습을 대표하는 선을 긋는 것이다. 그 선의 기울기가 0이면 관계가 없는 것이고 기울기가 0이 아니라면 관계가 존재한다고 볼 수 있다. 그 기울기가 양수이면 정의관계 음수이면 부(음)의 관계라고 한다. 그리고 관계의 모양이 직선모양이면 선형관계, 곡선모양이면 비선형관계라고 한다. 한편, 관계의 존재 여부, 관계의 방향, 관계의 모양과 더불어 관계의 강도를 논할 수 있는데 관계의 강도는 두 가지 요소가 동시에 고려되어야 한다. 첫째, 기울기의 절댓값이 커야 한다. 같은 조건이라면 기울기가 클수록 관계는 강하다고 할 수 있다. 둘째, 분포가 조밀해야 한다. 같은 기울기라면 분포가 조밀할수록 관계는 강하다고 할 수 있다. 이 두 가지가 동시에 고려되어야 관계의 강도를 말할 수 있다.

회귀분석은 선형관계를 가정한다. 따라서 독립변수와 종속변수는 선형관계를 가지고 있다는 전제 하에 회귀분석이 적용될 수 있다. 따라서 관계의 모습은 일차방정식의 형태로 나타나게 된다.

제 2 절 회귀방정식의 추정

선형관계를 가장 잘 대표하는 직선을 회귀방정식이라고 하고 그 일반적인 모습은 다음의 일차방정식의 형태를 가진다. 독립변수를 X로 표시하고 종속변수를 Y로 표시한다.

$$\widehat{Y}_i = \alpha + \beta X_i$$

위 회귀방정식은 예측치 $\widehat{Y}_i$와 X_i와의 관계를 나타내 준다. 그런데 실제 Y의 값은 예측치 $\widehat{Y}_i$로부터 동떨어져 있다. 그 이유는 실제 Y가 X의 영향 이외에 다른 요인의 무작위적인 영향을 받기 때문이다. 위 예에서 음주운전으로 인한 사고건수는 음주운전 단속이라는 요인 이외에 음주운전 방지 캠페인, 도로상황, 교통상황, 경기지수 등 여러 가지 알 수 없는 요인의 영향을 받고 있다. 이러한 설명되지 않은 모든 변동을 오차(error) 또는 잔차(residual)라고 한다.

$$\varepsilon_i = Y_i - \widehat{Y}_i$$

이 오차를 반영하면 실제 Y_i의 값은 다음 방정식으로 표현된다.

$$Y_i = \alpha + \beta X_i + \varepsilon_i$$

위 방정식을 모집단 회귀모형(population regression model)이라고 한다.

모집단의 회귀모형은 우리가 알 수 없으므로 추정을 해야 한다. 모집단의 회귀 방정식을 추정하기 위하여 표본을 추출하고 표본회귀선(sample regression line)을 구하여야 한다.

$$\hat{Y}_i = a + bX_i$$

표본회귀선에 잔차(residual)항을 추가하여 표본회귀모형(sample regression model)을 얻을 수 있다.

$$e_i = Y_i - \hat{Y}_i$$
$$Y_i = a + bX_i + e_i$$

이 방정식을 위 예에 적용하면 다음 그림과 같다.

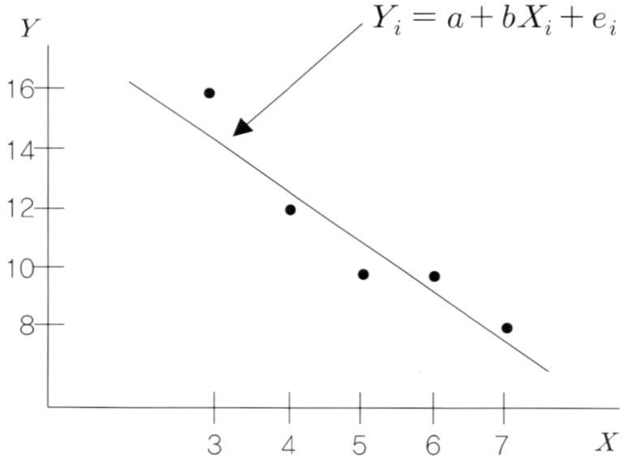

독립변수와 종속변수의 관계를 가장 잘 대표하는 회귀방정식은 유일하다. 따라서 a, b는 유일하다. 이 a와 b를 계산하는 방법이 최소자승법(least squares method)이다. 최소자승법은 잔차의 제곱합이 최소가 되게 하는 a와 b를 계산하는 방법을 제공하여 준다. 최소자승법에 의하여 a와 b는 다음과 같이 계산된다.

$$b = \frac{\sum X_i Y_i - \overline{X}\,\overline{Y}}{\sum X_i^2 - n\overline{X^2}}$$

$$a = \overline{Y} - b\overline{X}$$

위 자료에 이 공식을 적용하면 다음과 같은 회귀선이 도출된다.

X_i	Y_i	X_i^2	$X_i Y_i$
3	16	9	48
4	12	16	48
5	10	25	50
6	10	36	60
7	8	49	56
25	56	135	262

$$\overline{X} = 5$$

$$\overline{Y} = 11.2$$

$$b = \frac{262 - 5(5)(11.2)}{135 - 5(25)} = -1.8$$

$$a = 11.2 + 1.8(5) = 20.2$$

$$\widehat{Y}_i = 20.2 - 1.8X_i$$

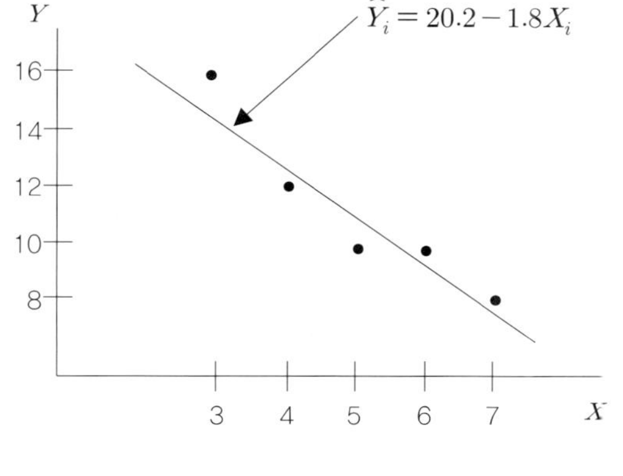

제 3 절 가설검증과 적합도

1 t-검증

독립변수와 종속변수가 관계가 있다는 가설을 검증하기 위해서는 표본회귀선의 기울기가 0인지 아닌지를 검증해야 한다. 따라서 기울기 b의 확률분포, 즉 기울기의 표준오차를 알아야 한다. 그것을 알 수 있다면 우리는 $t-$검증을 이용하여 기울기가 0이 되는지 유무를 검증할 수 있다. 회귀계수 b의 표준오차를 구하는 공식은 다음과 같다.

$$S_b = \sqrt{\frac{MSE}{\sum(X_i - \overline{X})^2}}$$

$$MSE = \frac{\sum(Y_i - \widehat{Y_i})^2}{n-2}$$

이때의 자유도는 $(n-2)$인데 a와 b를 추정할 때 자유도를 하나씩 잃기 때문이다. S_b를 이용하여 t값을 산출할 수 있다.

$$t_{n-2} = \frac{b-0}{S_b}$$

위 공식에 사례에서 추정된 기울기와 계산된 S_b를 대입하면 t값은 -4.7로 계산된다. 이 값을 임계치와 비교하면 가설이 검증된다.

2 F-검증

제9장에서 설명한 분산분석은 회귀분석에도 적용된다. 종속변수의 총변동을 설명된 변동과 설명되지 않은 변동으로 나누는 분산분석이 회귀분석에도 적용된다는 것이다.

$$\begin{aligned}
&\text{총변동} &&= \text{설명된 변동} + \text{설명되지 않은 변동} \\
&\text{전체제곱합} &&= \text{회귀제곱합} + \text{잔차제곱합} \\
&SST &&= SSR + SSE \\
&\sum(Y_i - \overline{Y})^2 &&= \sum(\widehat{Y}_i - \overline{Y})^2 + \sum(Y_i - \widehat{Y}_i)^2
\end{aligned}$$

SSR의 자유도는 1이고 SSE의 자유도는 $(n-2)$이며 SST의 자유도는 두 자유도를 합한 $(n-1)$이 된다. 제곱합을 자유도로 나누면 평균제곱(mean square)을 구할 수 있다. 회귀제곱합을 자유도로 나누면 회귀평균제곱(mean square regression: MSR)이 잔차제곱합을 자유도로 나누면 잔차제곱합(mean square error: MSE)이 구해진다.

MSR과 MSE에 의하여 F값이 산출된다.

$$F_0 = \frac{MSR}{MSE}$$

F값을 가지고 귀무가설 $b=0$을 검증할 수 있다.

3 적합도

유의성 검증이 관계의 유무를 통계적으로 검증하는 것이라면 적합도는 회귀선이 독립변수의 영향력을 얼마나 잘 설명하는지에 관한 지표이다. 제9장의 분산분석 부분에서 설명하였지만 총변동은 설명된 변동과 설명되지 않은 변동으로 구성된다. 총변동 대비 설명된 변동의 비율이 클수록 그 회귀선의 적합도는 크다고 할 수 있다. 이를 결정계수(coefficient of determination: R^2)라고 한다.

$$R^2 = \frac{SSR}{SST}$$

결정계수는 0부터 1 사이의 값을 가진다. 그리고 백분율 지표가 되므로 비전문가라도 이해하기가 쉽다. 즉, 결정계수가 0.7이라면 전체 변동의 70%를 회귀제곱합이 설명한다는 것이다. 결정계수가 0이라는 것은 종속변수의 변동을 전혀 설명하지 못한다는 뜻이다. 반면에, 결정계수가 1이라는 것은 종속변수의 변동을 완벽하게 회귀선이 설명한다는 뜻이며 사례값이 회귀직선상에 위치한다는 뜻이다.

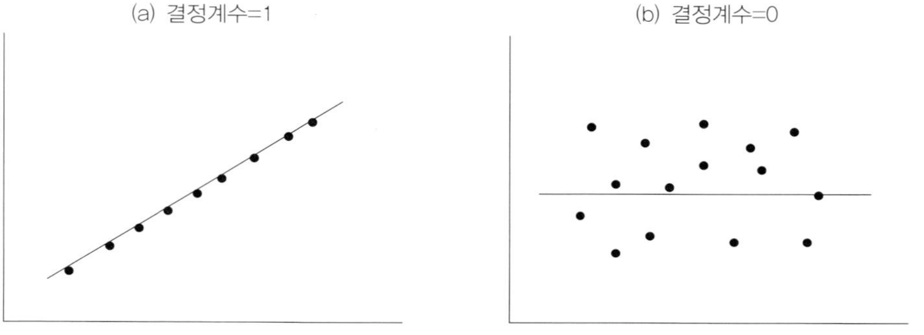

결정계수는 상관관계와 밀접한 관련이 있다. 결정계수의 제곱근을 취하면 상관계수 r이 된다. 상관계수는 -1에서 $+1$ 사이의 값을 가진다. 상관관계도 역시 선형관계를 가정하며 r의 절댓값이 클수록 관계가 강하다.

4 회귀분석의 가정

회귀분석은 지금까지 설명해온 분석방법 중에서 가장 정교한 분석방법이다. 따라서 적용의 조건도 비교적 엄격하다고 할 수 있다. 회귀분석이 적용되기 위한 여러 가지 조건들 중에서 주요하게 다루어야 할 몇 가지 가정을 제시하면 다음과 같다.

① 오차는 평균이 0인 정규분포를 따른다.
② 오차의 분산은 독립변수에 대하여 독립적으로 일정하다.
③ 오차는 서로 독립적이다.
④ 독립변수와 종속변수는 등간척도를 갖는다.
⑤ 변수 간 관계는 선형관계이다.

제 4 절 사례분석1

1 가설의 설정

우리나라 기초지방자치단체 중 시에 근무하는 지방공무원의 정원은 몇 명이 되어야 적당한가? 즉, 도시 지방공무원의 표준적인 정원은 몇 명이 되어야 하는가? 이러한 질문은 대규모 신도시를 개발할 때 공무원 인력 수요를 예측한다든지, 아니면 지방정부 운영의 적절성을 평가한다든지 등을 위하여서는 반드시 답을 얻어야 할 질문인 것이다.

이론적인 목적에서든 실용적인 목적에서든 이러한 질문이 제기되면 그 질문에 답한다든지 문제해결을 위한 아이디어가 있을 것이다. 그것이 있어야 논의가 전개될 수 있지 그것이 없다면 더 이상의 진전은 없을 것이다. 그러한 직관과 아이디어를 한 문장으로 압축해서 조사연구의 방향을 설정해 주는 것이 가설이다. 이후 연구의 진행은 그 가설을 타당하게 검증하기 위한 것이다. 그 타당한 절차에 따라 성실히 연구를 수행하면 된다. 중요한 아이디어는 가설의 설정단계에서 반영된다.

표준정원 산정에 있어서 핵심적인 아이디어는 행정수요를 제대로 반영해야 한다는 것이고 행정수요를 가장 잘 반영하는 지표는 그 지역에 거주하는 주민의 수, 즉 인구이다. 이 아이디어를 가설형태로 표현하면 "인구와 지방공무원 정원은 관계가 있다"이다. 이 가설은 말 그대로 가설로서 진위 여부가 알려지지 않은 언명이며 우리의 아이디어가 미치지는 못했지만 더욱 표준정원 산정에 합당한 지식이 존재할 지도 모른다. 그러나 가설의 설정단계에서 중요한 아이디어는 이미 반영된 상태이며 현 단계에서 더 이상의 아이디어는 없으며, 가설을 검증해 보아서 나타난 결과를 활용하거나 후속 연구를 진행하는 수밖에 없다.

그리고 가설검증 결과 완전한 지식을 얻지는 못하고 부분적인 지식을 얻더라도 그 한계를 알고 활용한다면 그것이 최선일 것이다. 비유적으로 표현하자면 내일 비가 올지 안 올지 완벽히 예측하는 지식이 없을지라도 그 경우 내일 비올 확률이라도 예측할 수 있는 지식이 있다면 이것을 활용하는 것이 최선일 것이며 확률적 지식의 한계를 알고 활용한다면 그것이 최선일 것이다.

회귀분석의 가설검증이 바로 이러한 역할을 수행해 준다. 가설의 진위 여부를 판정해 줄 뿐만 아니라 어느 정도의 신뢰도를 가지고 관계를 추정할 수 있으며 관심 있는 종속변수를 얼마나 설명할 수 있으며 설명할 수 없는 부분이 얼마인지에 관한 지표를 산출하여 준다.

우리가 설정한 표준정원 산정에 관한 가설로 돌아가서 설정한 가설을 도식적으로 표현하면 다음과 같다.

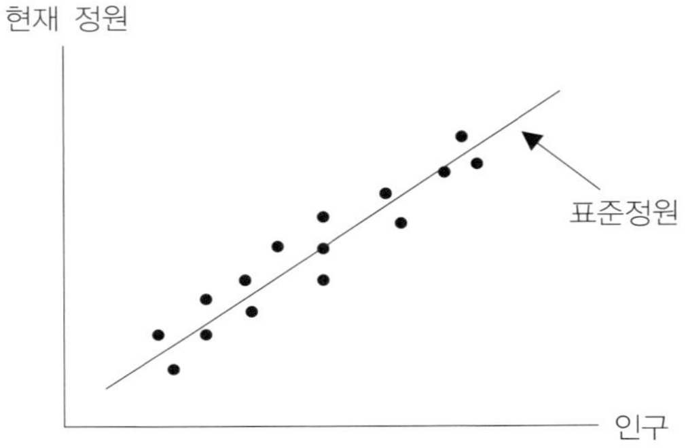

이 가설검증을 위하여 회귀분석을 적용하여서 알려고 하는 것과 알 수 있는 것은 다음과 같다.

① 표준정원을 산정할 수 있는 회귀선(회귀방정식)

② 인구와 현재 정원과의 관계 유무와 유의확률(유의확률 p값)

③ 인구변수로 표준정원을 산정하는 경우 설명되지 않는 오차의 정도(결정계수)

2 자료 수집

다음은 우리나라 68개 시의 인구와 현재 공무원 수 자료이다.

시	인 구	현재 공무원
경주	146,456	962
제주	245,707	1,107
춘천	184,818	1,073
목포	228,667	1,215
천안	206,615	849
청주	495,685	1,659
태백	689,63	621
과천	70,522	472
수원	721,112	2,386
여천	71,180	479
평택	92,086	496
창원	403,190	1,130
나주	38,307	503
.	.	.
.	.	.
.	.	.
.	.	.
송탄	99,421	471
충주	142,677	729
김천	83,397	532
부천	738,771	2,326
거제	53,575	349
영주	84,455	525
김해	153,098	579
원주	177,745	817
군포	189,596	580
고양	340,743	1,040

위 자료의 산포도를 그려보면 다음 그림과 같다.

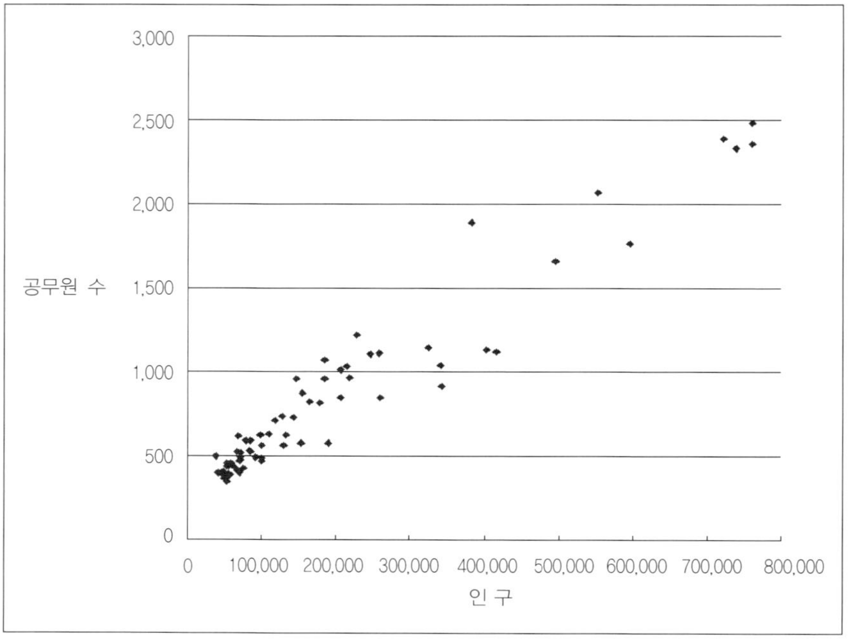

위 산포도를 보면 회귀모형의 가정을 모두 지키고 있음을 알 수 있다. 우선, 인구와 공무원 수 변수 간에 선형관계의 모습을 보이고 있으며 오차의 분산이 독립변수와 어떤 관계를 가지는 모습이 아니며(오차항이 독립변수와 독립적) 오차 간에 어떤 관계를 가지는 모습도 아니므로(오차항 간의 독립성) 회귀분석의 가정을 충족시키는 것으로 보인다.

3 가설검증 및 토의

수집한 자료에 회귀분석을 적용하기 위하여 다음과 같이 자료입력과 데이터분석 절차를 거친다.

① 위의 표에 있는 자료를 복사하여 엑셀에 붙여넣어서 자료를 입력한다. 회귀분석의 경우 t-검증이나 분산분석처럼 자료를 집단별로 정리하는 과정

이 필요 없다.

	A	B	C	D	E	F
1	시	인구	현재 공무원			
2	경주	146456	962			
3	제주	245707	1107			
4	춘천	184818	1073			
5	목포	228667	1215			
6	천안	206615	849			
7	청주	495685	1659			
8	태백	68963	621			
9	과천	70522	472			
10	수원	721112	2386			
11	여천	71180	479			
12	평택	92086	496			
13	창원	403190	1130			
14	나주	38307	503			
15	서귀포	84740	595			
16	광양	57530	451			
17	성남	759513	2483			

② [데이터 리본 메뉴]-[데이터 분석 메뉴]를 선택하고 나타나는 대화상자에 회귀분석을 선택하고 [확인 버튼]을 누른다.

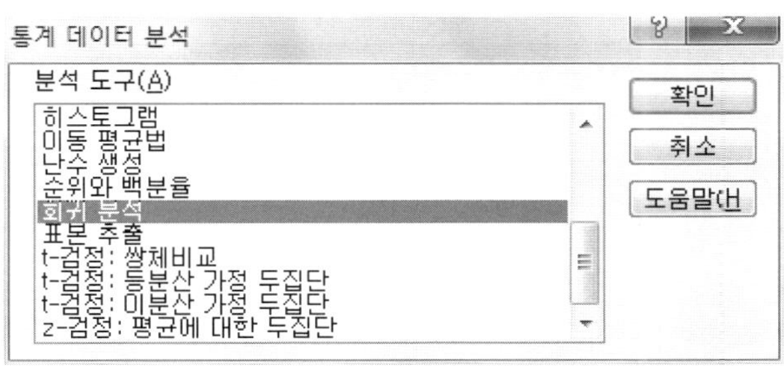

③ 독립변수는 인구이고 종속변수는 공무원 수이므로 그어 맞게 [Y축 입력 범위 입력상자]에는 C2:C69 범위를 지정하고 [X축 입력 범위 입력상자]에는 B2:B69 범위를 지정하여 준다. [확인 버튼]을 누른다.

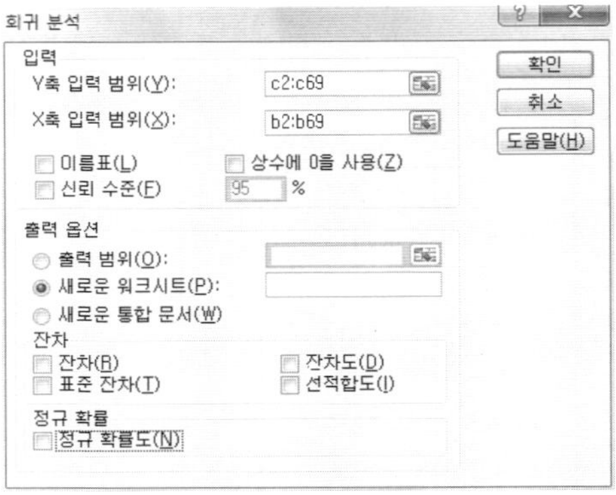

그림 10-1 인구와 공무원 정원에 대한 회귀분석 결과

회귀분석 통계량	
다중 상관계수	0.965155
결정계수	0.931524
조정된 결정계수	0.930487
표준 오차	141.6557
관측수	68

분산 분석

	자유도	제곱합	제곱 평균	F 비	유의한 F
회귀	1	18016461	18016461	897.8445	3.79E-40
잔차	66	1324379	20066.35		
계	67	19340840			

	계수	표준 오차	t 통계량	P-값	하위 95%	상위 95%
Y 절편	304.9875	24.68238	12.35648	7.89E-19	255.7075	354.2674
X 1	0.002764	9.22E-05	29.96405	3.79E-40	0.00258	0.002948

최소자승법으로 추정된 a와 b가 305와 0.00276으로 나타나 인구와 현재 지방공무원 수와의 관계는 다음 회귀방정식으로 추정된다.

$$Y = 305 + 0.00276X$$

우선, 귀무가설 $(b=0)$에 대한 검증은 $t-$검증과 $F-$검증 모두 적용할 수 있다. $t-$검증 결과 t값이 29.964이고 p값이 0.0001로서 $b=0$이라는 귀무가설을 기각하고 b가 0이 아니라는 연구가설을 채택한다. 따라서 인구와 지방공무원 수와는 관계가 있다. b의 값이 0과 가까워 보이는데 귀무가설이 기각된 데는 척도의 문제가 숨어 있다. 인구의 수가 공무원 정원보다 월등히 많은 수이므로 조그만 기울기도 사실상 큰 기울기로 인식되어야 한다. 왜냐하면, 기울기의 표준오차가 0.00009224로 매우 작기 때문이다. 따라서 단순히 b값의 크기만으로 관계의 존재 여부를 속단하는 것은 매우 위험하다.

하여간, 추정된 회귀방정식을 해석하면 인구 만 명이 증가할수록 공무원 28명이 증가한다는 관계는 통계적으로 유의하다.

변동의 원천	제곱합	자유도	평균제곱	F값
인구 오차	18016461 1324379	1 66	18016461 20066	897.8
총변동	113,087457	67		

F값을 p값으로 환산하면 0.0001이므로 $b=0$이라는 귀무가설을 기각한다. 위 $t-$검증과 비교하면 $F-$검증의 결과는 같은 결과를 산출한다.

유의확률 p값의 지표 이외에 적합도를 분석하면 결정계수 R_2가 0.93으로 나타나고 있다. 이 값은 사회과학에서는 매우 높은 설명력을 나타내고 있다고 할 수 있다. 공무원 수의 변동이라는 전체 총변동 중 93%의 변동을 인구가 설명하고 있다. 나머지는 인구 이외의 알 수 없는 오차요인으로 인하여 발생하는 변동이다. 이를 그림으로 나타내면 다음과 같다.

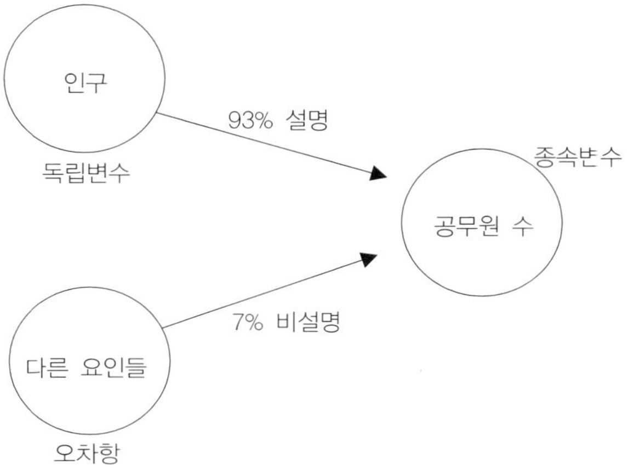

결정계수가 93%라는 것은 공무원 수의 총변동을 100으로 볼 때 행정수요를 대표하는 인구의 영향으로 인한 변동이 93%라는 의미이며, 나머지 7%는 다른 요인들의 영향으로 인한 변동이며 그 변동의 원인을 모른다는 것이다.

제 5 절 사례분석2

1 평균의 차이 검증

A회사는 총매출액이 증가하고 있음에도 불구하고 순이익이 감소하고 있는 것은 고비용·저효율의 방만한 운영에 원인이 있다고 판단을 하고, 1995년 초에 대대적인 조직개편과 정보화를 추진하였다. 다음의 자료를 가지고 그 구조개혁의 효과를 평가한다면?

그림 10-2 구조개혁 전후의 순이익의 평균의 차이 검증 결과

	A	B	C	D	E	F
1	t-검정: 이분산 가정 두 집단					
2						
3		변수 1	변수 2			
4	평균	18.35	20.86667			
5	분산	103.0816	146.1238			
6	관측수	20	15			
7	가설 평균차	0				
8	자유도	27				
9	t 통계량	-0.65207				
10	P(T<=t) 단측 검정	0.259934				
11	t 기각치 단측 검정	1.703288				
12	P(T<=t) 양측 검정	0.519868				
13	t 기각치 양측 검정	2.05183				
14						
15						

주어진 자료를 가지고 평균의 차이 검증을 수행한 결과 위과 같은 분석 결과가 산출되었다. 결과를 보면 순이익의 경우 개혁 전과 개혁 후가 평균 18.35와 20.87로

서 별반 차이가 없는 것으로 검증되었다(p값 0.5198).

2 기울기의 차이 검증

위에서 설명한 평균의 차이 검증은 앞에서 설명한 t-검증의 사례에서 제시되었던 것이다. 그런데 이 분석은 사실보다는 단순화되어 있으며 발견하지 못한 사실이 있다. 그것은 자료를 분기별로 산점도를 그려보면 알 수 있다.

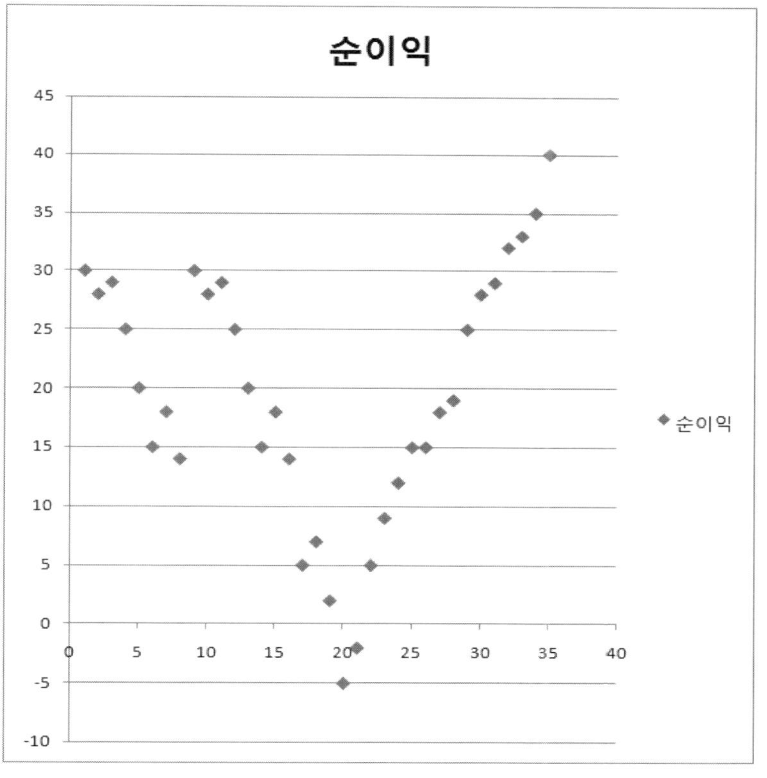

기간의 흐름에 따른 순이익의 평균의 차이를 비교해 보면 비슷하게 나타났지만 21기를 시점으로 하여 그 이전과 이후의 기울기가 전혀 다르다는 것을 알 수 있다. 따라서 평균이 비슷하다는 이유만으로 개혁의 이전과 이후가 변함이 없다는 것은

잘못된 결론이라는 사실을 알 수 있다. 앞으로 조금만 더 세월이 흐른다면 순이익의 계속 증가할 것 같은 추세를 보여주고 있는 것이다. 이런 경우, 시점을 기준으로 두 집단으로 분류하여 각각 회귀분석을 실시한 후 기울기의 차이를 검증함으로써 정책의 효과를 판단할 수 있다.

먼저, 개혁 전과 개혁 후 두 집단으로 나누어서 회귀분석을 실시하면 다음과 같다. 자료는 제8장에서 설명한 대로 입력되어 있는 것으로 가정하고 설명한다.

① 두 집단으로 나누어서 회귀분석을 할 것이므로 한 줄로 맞추어 정리된 자료를 다시 두 집단으로 나누어서 배치한다.

	A	B	C	D	E	F	G
1	2004.3	250	30		2009.3	310	-2
2	2004.6	255	28		2009.6	312	5
3	2004.9	267	29		2009.9	315	9
4	2004.12	270	25		2009.12	309	12
5	2005.3	272	20		2010.3	314	15
6	2005.6	265	15		2010.6	320	15
7	2005.9	283	18		2010.9	325	18
8	2005.12	288	14		2010.12	322	19
9	2006.3	250	30		2011.3	330	25
10	2006.6	255	28		2011.6	332	28
11	2006.9	267	29		2011.9	333	29
12	2006.12	270	25		2011.12	336	32
13	2007.3	272	20		2012.3	340	33
14	2007.6	265	15		2012.6	345	35
15	2007.9	283	18		2012.9	350	40
16	2007.12	288	14				
17	2008.3	290	5				
18	2008.6	285	7				
19	2008.9	297	2				
20	2008.12	305	-5				

② 독립변수가 시간축이고 분기별자료이므로 시간을 등간척도로 나타내기 위하여 2004년 1사분기를 1로 코딩하고 연속된 숫자로 나타내준다.

	A	B	C	D	E	F	G
1	1	250	30		21	310	-2
2	2	255	28		22	312	5
3	3	267	29		23	315	9
4	4	270	25		24	309	12
5	5	272	20		25	314	15
6	6	265	15		26	320	15
7	7	283	18		27	325	18
8	8	288	14		28	322	19
9	9	250	30		29	330	25
10	10	255	28		30	332	28
11	11	267	29		31	333	29
12	12	270	25		32	336	32
13	13	272	20		33	340	33
14	14	265	15		34	345	35
15	15	283	18		35	350	40
16	16	288	14				
17	17	290	5				
18	18	285	7				
19	19	297	2				
20	20	305	-5				
21							

③ 개혁 전 자료에 대하여 회귀분석을 실시한다. 종속변수는 C열의 순이익이고 독립변수는 A열의 시간(분기)이다. [확인 버튼]을 누른다.

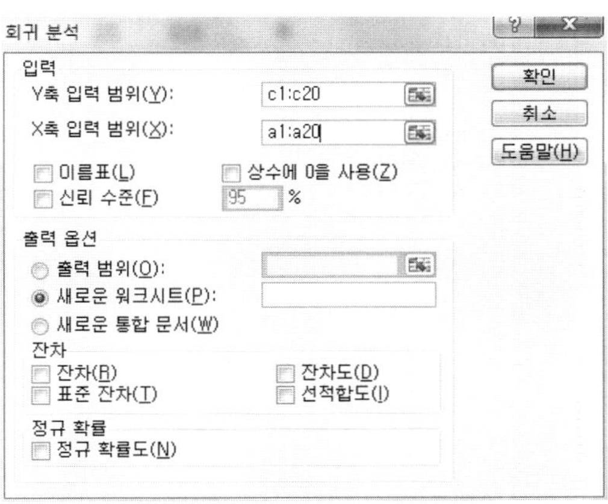

④ 개혁 전의 결과는 다음과 같다.

	A	B	C	D	E	F	G
1	요약 출력						
2							
3	회귀분석 통계량						
4	다중 상관	0.762765					
5	결정계수	0.58181					
6	조정된 결	0.558577					
7	표준 오차	6.745558					
8	관측수	20					
9							
10	분산 분석						
11		자유도	제곱합	제곱 평균	F 비	유의한 F	
12	회귀	1	1139.504	1139.504	25.04264	9.2E-05	
13	잔차	18	819.0459	45.50255			
14	계	19	1958.55				
15							
16		계수	표준 오차	t 통계량	P-값	하위 95%	상위 95%
17	Y 절편	32.09474	3.133524	10.24238	6.17E-09	25.51145	38.67803
18	X 1	-1.30902	0.261582	-5.00426	9.2E-05	-1.85858	-0.75946
19							

⑤ 개혁 후의 자료에 대하여 회귀분석을 실시한다. 종속변수는 G열의 순이익이고 독립변수는 E열의 시간(분기)이다. [확인 버튼]을 누른다.

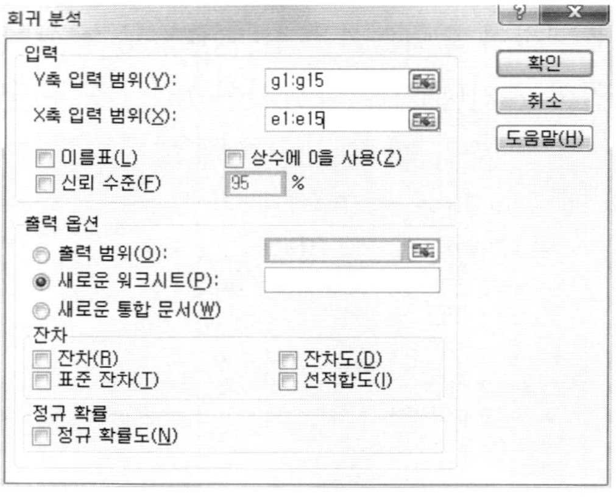

⑥ 개혁 후의 결과는 다음과 같다.

	A	B	C	D	E	F	G
1	요약 출력						
2							
3	회귀분석 통계량						
4	다중 상관:	0.989642					
5	결정계수	0.979392					
6	조정된 결:	0.977807					
7	표준 오차	1.800819					
8	관측수	15					
9							
10	분산 분석						
11		자유도	제곱합	제곱 평균	F 비	유의한 F	
12	회귀	1	2003.575	2003.575	617.8251	2.41E-12	
13	잔차	13	42.15833	3.242949			
14	계	14	2045.733				
15							
16		계수	표준 오차	t 통계량	P-값	하위 95%	상위 95%
17	Y 절편	-54.0333	3.049009	-17.7216	1.74E-10	-60.6203	-47.4464
18	X 1	2.675	0.10762	24.85609	2.41E-12	2.442502	2.907498
19							
20							

기울기가 0인지 아닌지를 검증하기 위해서 t값을 산출하여 검증할 수 있다. 기울기의 차이도 같은 논리로 계산할 수 있다. 기울기가 0인지 아닌지의 귀무가설이 $b=0$이라면 기울기의 차이가 0인지 아닌지의 귀무가설은 $b_1-b_2=0$이다.

기울기의 차이가 $2.675-(-1.30902)=3.985$이므로 이 값이 0인지 검증하기 위해서는 기울기의 표준오차로 나누어 주어야 한다. 그런데 기울기의 표준오차가 두 개이므로 두 집단의 표준오차로부터 전체 표준오차를 구하는 공식을 사용하여 전체 표준오차를 구할 수 있다. 공식은 다음과 같다.

$$\text{s.e.}_{\text{전체}}=\sqrt{s.e._1^2+s.e._2^2}$$

따라서 $\text{s.e.}_{\text{전체}}=\sqrt{(0.107622+0.261582)}=0.28285$ 이다. 이 값을 기울기의 차이에 나누어 주면 t값이 산출된다. 3.985/0.28285=14이므로 t값은 14가 된다. 그리고 자유도가 33이므로 유의수준 0.001 하에서의 임계치 $t=3.385$보다 크므로 기울기는 다르다고 결론지을 수 있다.

제 6 절 사례분석3

앞 절의 두 사례는 실증자료를 분석한 것이다. 사람의 마음에 관한 심리자료도 회귀분석을 적용할 수 있다. 이때 조건은 독립변수와 종속변수 모두 등간척도로 측정됨을 전제로 하고 있다. 사회과학 연구에서 5점척도로 측정되는 경우에 엄격하게는 서열척도로 취급해야 하지만 주로 등간척도로 간주하는 경우가 많이 있다. 따라서 회귀분석은 사회과학 연구에서 가장 많이 쓰이는 방법 중에 하나이다.

1 가설의 설정

분산분석과 t-검증의 사례로 지식활용에 영향을 주는 요인으로서 직급, 학력, 성별 등이 미치는 영향을 분석한 바 있다. 이때의 공통점은 독립변수가 모두 서열척도이거나 명목척도, 즉 집단자료라는 사실이다. 그러나 등간척도로 측정되면서 지식활용에 영향을 주는 수많은 독립변수들이 있을 것이다. 예를 들어, 조직에 대한 일체감, 충성심, 열의 등을 나타내는 조직몰입 변수도 지식활용에 영향을 줄 수 있을 것이다. 만약 조직몰입을 독립변수로 선택하고 지식활용을 종속변수로 선택하면 가설은 다음과 같다.

가설: 조직몰입이 높을수록 지식활용이 많다.

2 자료분석

사례분석에 필요한 자료는 "조직몰입과지식활용자료" 파일이다. 파일을 열고 회귀분석을 다음 절차에 따라 수행하면 된다.

① [데이터 리본 메뉴]-[데이터 분석 메뉴]를 선택하고 나서 나타나는 대화상자의 목록상자에서 [회귀분석 목록]을 선택한 다음 [확인 버튼]을 누른다.

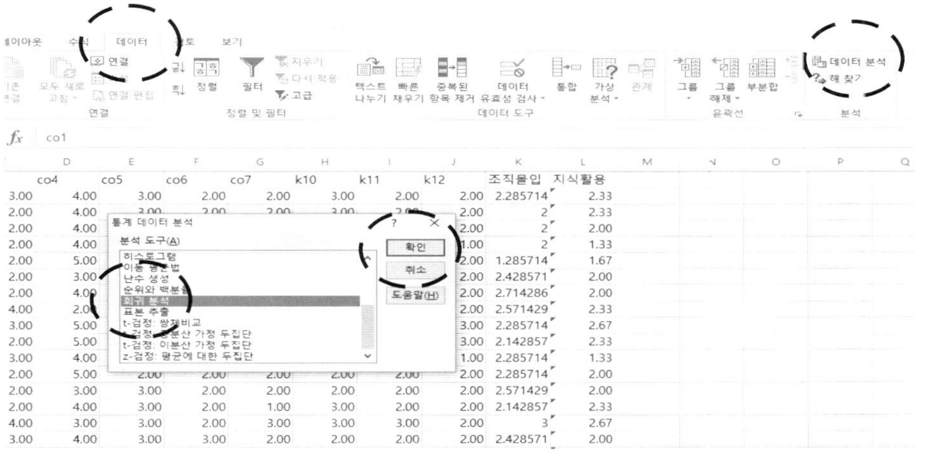

② 나타나는 대화상자에서 [Y축 입력 범위 입력상자]에 K2:K289를 입력하고 [X축 입력 범위 입력상자]에 L2:L289를 입력한 다음 [확인 버튼]을 누른다.

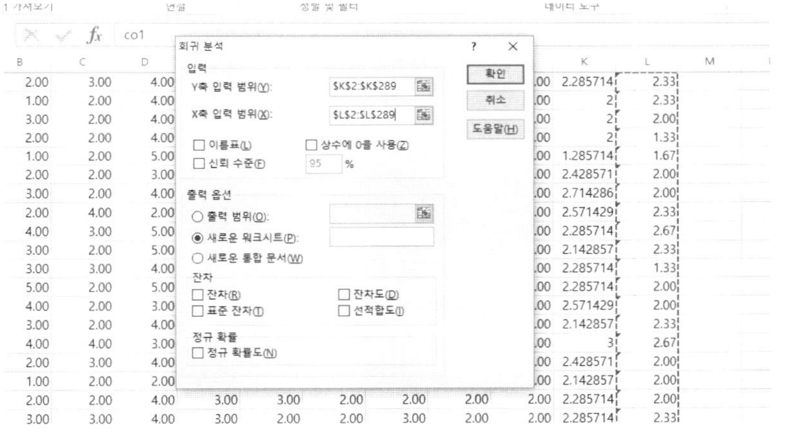

3 결과 해석

A1 fx 요약 출력

요약 출력

회귀분석 통계량	
다중 상관	0.382192
결정계수	0.146071
조정된 결	0.143085
표준 오차	0.467987
관측수	288

분산 분석

	자유도	제곱합	제곱 평균	F 비	유의한 F
회귀	1	10.71459	10.71459	48.92241	1.89E-11
잔차	286	62.63738	0.219012		
계	287	73.35197			

	계수	표준 오차	t 통계량	P-값	하위 95%	상위 95%	하위 95.0%	상위 95.0%
Y 절편	1.8592	0.102965	18.0566	3.63E-49	1.656534	2.061866	1.656534	2.061866
X 1	0.328858	0.047017	6.994455	1.89E-11	0.236315	0.421401	0.236315	0.421401

나타난 결과를 보면 $a=1.8592$이고 $b=0.328858$임을 알 수 있다. 따라서 회귀방정식은 다음과 같이 추정됨을 알 수 있다.

$$Y=0.328858\mathrm{X}+1.8592$$

그리고 기울기를 나타내는 회귀계수 $b=0$인지를 검증한 결과는 p값이 1.89E−11로서 유의수준 0.05보다 작으므로 b는 0이 아니라고 할 수 있다. 즉, 조직몰입은 지식활용에 영향을 미친다고 할 수 있다. 따라서 가설은 지지되는 것으로 나타났다.

그리고 결정계수가 0.146으로서 회귀방정식으로 지식활용을 예측했을 때 지식활용의 총변동분(전체제곱합)의 14.6%를 설명하고 있음을 알수 있다. 쉬운 말로 설명하면 지식활용을 결정짓는 요인의 전체를 100으로 했을 때 조직몰입 변수가 14.6% 정도의 영향력이 있음이 분석되었다고 할 수 있다.

연습문제

1. 최소자승법을 간단히 설명하라.

2. 회귀선의 개념을 설명하라.

3. 회귀분석의 적용 조건을 설명하라.

4. 유의성 검증과 적합도 검증의 차이를 설명하라.

5. 다음 용어를 설명하라.

① 산포도
② 회귀방정식
③ 결정계수
④ 회귀계수
⑤ 오차항
⑥ MSE

제 11 장 다중회귀분석

제10장에서 설명한 회귀분석 모형은 독립변수가 하나인 모형이다. 하나의 독립변수가 종속변수에 주는 영향을 분석하는 것을 단순회귀분석이라고 한다. 반면에, 두 개 이상의 독립변수가 종속변수에 주는 영향을 분석하는 것을 다중회귀분석이라고 한다. 실제로 단 한 요인의 영향만을 받는 현상은 드물다. 따라서 대부분의 자료분석은 다중회귀모형을 사용한다.

제 1 절 다중회귀모형

다중회귀모형의 개념과 분석방법을 설명하기 위하여 독립변수가 두 개인 다중회귀모형을 설명하고자 한다. 모집단의 다중회귀모형의 형태는 다음과 같다.

$$Y_i = \alpha + \beta_1 X_{1i} + \beta_2 X_{2i} + \varepsilon_i$$
$$\widehat{Y_i} = \alpha + \beta_1 X_{1i} + \beta_2 X_{2i}$$

독립변수가 X_1, X_2로 둘이므로 β_1 β_2로 선형관계의 기울기가 둘이다. α는 절편을 나타내고 ε는 오차를 나타낸다. 위와 같은 함수식을 일차다항함수라고 한다.

모든 독립변수 X와 종속변수는 모두 선형관계를 가진다. 다만, 독립변수의 항이 여러 개 있으므로 다항함수인 것이다.

위 식에서 β_1, β_2를 편회귀계수(partial regression coefficient)라고 하고 이것은 다른 모든 변수의 영향이 일정하게 고정되어 있다고 가정하고 그 독립변수가 종속변수에 미치는 부분적인 영향을 나타내준다.

모집단 선형다중회귀식의 모수를 추정하기 위해서는 표본선형다중회귀식을 추정해야 한다. 표본선형다중회귀모형은 다음과 같은 모습을 가진다(독립변수가 2개인 경우).

$$Y_i = a + b_1 X_{1i} + b_2 X_{2i} + \varepsilon_i$$
$$\widehat{Y}_i = a + b_1 X_{1i} + b_2 X_{2i}$$

다중회귀모형이 적용되기 위해서는 단순회귀분석의 가정이 충족되어야 하며 추가적으로 다음의 가정이 지켜져야 한다.

첫째, 두 독립 변수 간의 상관관계가 높지 않아야 한다. 독립변수들이 높은 상관관계를 가질 경우 최소자승법에 의한 추정은 편의(bias)를 가지게 되고 다중공선성(multicollinearity)의 문제가 발생한다. 사회과학에 있어서 독립변수들 간의 상관관계는 피하기 어려운 상황이다. 대부분의 변수들이 서로 상관관계를 가지는 경우가 많은 것이다.

둘째, 관측치의 수는 독립변수의 수보다 적어도 2개 이상 많아야 한다. 최소자승 추정이 가능해지기 위해서는 당연한 가정이다.

단순회귀분석의 가정과 위 가정이 충족된다면 최소자승 추정이 가능해지고 우리는 a, b_1, b_2를 추정할 수 있게 된다. 독립변수의 수가 2개 이상인 경우 다중회귀분석모형의 최소자승 추정방법은 계산이 매우 복잡하지만 가능하다. 앞의 사례분석 부분에서 보았지만 컴퓨터 통계패키지를 이용할 경우 우리는 손쉽게 추정치를 알 수 있다. 따라서 본서에서 모수의 추정방법은 설명을 생략하기로 한다.

제 2 절 적합도와 가설검증

적합도 판정의 기준 중 하나인 결정계수는 단순회귀분석과 동일한 방법으로 다중회귀분석에서도 계산될 수 있다. 결정계수는 모형에서 하나의 값이 산출되므로 모든 독립변수의 설명력이 하나의 결정계수 안에 포함되어 있다. 독립변수 하나하나의 설명력을 부분 결정계수라고 한다. 독립변수의 수가 많아질수록 결정계수는 높아진다. 결정계수의 값은 음의 값을 취할 수 없으므로 독립변수가 많아지면 전체 결정계수는 항상 증가한다. 이런 문제를 극복하기 위하여 결정계수 산정 시 자유도를 고려하여 수정된 결정계수(adjusted coefficient of determination)를 산출한다.

$$\overline{R}^2 = 1 - \frac{\frac{SSE}{(n-k-1)}}{\frac{SST}{(n-1)}}$$

다중회귀분석의 가설검증을 설명하면 다음과 같다. 다중회귀분석의 귀무가설은 모든 기울기가 0이다라는 것이고, 대립가설은 적어도 하나의 기울기는 0이 아니다라는 것이다.

귀무가설: $b_1 = b_2 = \cdot\cdot\cdot\cdot = b_k = 0$

대립가설: 적어도 하나는 0이 아니다.

$F-$검증은 단순회귀분석이든 다중회귀분석이든 동일하게 적용된다. 왜냐하면, 단순회귀분석이든 다중회귀분석이든 종속변수의 예측치는 하나의 값이 산출되므로 F분석은 같은 계산논리가 적용되기 때문이다.

반면에, $t-$검증은 기울기 하나하나에 대한 검증이 가능하다. 각 기울기별 표준오차를 산출하므로 기울기별로 하나하나 0인지 아닌지를 검증할 수 있다. 따라서 특정 기울기가 0인지를 검증하려면 $t-$검증을 적용해야 한다.

회귀계수(기울기)별 표준오차를 계산하는 것은 계수를 추정하는 것과 마찬가지로 매우 복잡하다. 앞에서 설명한 것과 같은 논리로 계산방법은 설명을 생략하고자 한다. 다만, 통계패키지를 통하여 계산된 표준오차를 이용하여 가설을 검증하는 것은 단순회귀분석에서 설명한 것과 같다.

기울기계수인 회귀계수는 가설검증에 있어서 필수적이지만 그 상대적 크기를 비교하기 어렵다는 문제점을 가지고 있다. 왜냐하면, 변수들마다 단위나 척도가 다르기 때문에 회귀계수 b를 비교하여 영향력의 정도를 비교할 수 없기 때문이다.

이러한 문제를 해결하기 위해서는 변수를 표준화하여 동일한 척도로 만든 다음 그 기울기를 비교하는 것이다. 그러면 기울기의 크기에 따라 영향력의 정도가 비교될 수 있다. 이렇게 변수를 표준화한 다음 기울기계수를 산출한 것을 표준화회귀계수라고 한다. 베타계수라고도 하며 그리스 문자 베타(β)를 기호로 사용한다. 베타계수는 관계의 강도를 나타내는 상관계수와 유사한 성격을 가지고 있지만 같지는 않다. 상관계수는 $-1 \sim +1$의 범위를 가지지만 표준화회귀계수는 1을 넘을 수도 있다. 척도를 표준화하여 독립변수들 간에 서로 비교할 수 있다는 것이지 기울기의 속성을 가지고 있으며 관계의 강도를 측정하기 위하여 만들어낸 개념은 아니다. 따라서 베타계수가 비슷해도 관계의 강도는 다를 수 있다.

상관계수는 r로 표기하는데 결정계수 R_2의 R과 같은 것이다. 따라서 결정계수의 제곱근을 취하면 상관계수가 된다. 이런 의미에서 회귀분석은 상관관계 분석을 포함하고 있다고 할 수 있다.

독립변수 여러 개를 동시에 분석할 수 있는 다중회귀분석의 장점은 이밖에도 많다. 대표적인 것이 가변수(dummy variable)의 활용이다. 회귀분석의 가장 큰 특징이 등간척도를 사용한다는 것인데, 여러 개의 독립변수 중에서 등간척도를 갖지 못하는 것이 있을 수 있다. 그런 집단자료들을 회귀분석에서 가능하도록 해주는 것이 가변수이다. 예를 들어, 성별변수의 경우에 여성과 남성을 1과 2로 코딩하는 경우에 의도하지 않았지만 수학적으로는 “남성은 여성의 2배이다”라는 의미가 부여되어져 버린다. 그래서 “이다” 혹은 “아니다”라는 의미로 0과 1로 코딩한 것을 가변수라고 한다. 그러면 3집단인 경우에는 두 개의 가변수를 사용해야 한다. 만약 A, B, C 세 집단으로 분류되는 하나의 변수가 있다면 A가변수와 B가변수를 만들어서 만약 집단 A에 속하면 A가변수에는 1, B가변수에는 0으로 코딩한다. 집단 B에 속하면 A가변수에는 0, B가변수에는 1로 코딩한다. 만약 C집단에 속한다면 A가변수에도 0, B가변수에도 0으로 코딩한다. 이렇게 가변수를 사용하면 성별이라든지 학력 등과 같은 명목척도 서열척도를 가진 변수를 독립변수로 추가할 수 있게 된다.

제 3 절 사례분석

제10장에서 단순회귀분석의 사례로 인구와 공무원 정원과의 관계를 분석하였다. 그 분석에서 인구 독립변수의 설명력이 93%로서 매우 높았다. 그렇지만 나머지 7%의 요인 중 영향력을 가지는 것으로 부각되는 변수가 있다면 명시적으로 그 변수의 영향력을 검증해 볼 필요가 있다. 이 경우, 다중회귀분석이 필요하다.

인구 이외에 행정구조의 문제도 공무원 정원에 영향을 미칠 것이다. 같은 인구를 가진 시라도 면적이 넓다든지 등의 이유로 동의 수가 더 많다면 더 많은 공무원이 필요할 것이다. 따라서 기존의 자료에 동수라는 변수를 추가하여 다음과 같은 자료를 수집하였다.

시	인 구	동	공무원
경주	146,456	16	962
제주	245,707	19	1,107
춘천	184,818	24	1,073
목포	228,667	29	1,215
천안	206,615	12	849
청주	495,685	32	1,659
태백	68,963	15	621
과천	70,522	6	472
속초	77,446	13	594
.	.	.	.
.	.	.	.
.	.	.	.
.	.	.	.
오산	63,119	6	435
안산	416,154	17	1,117
구미	213,727	20	1,031
포항	324,143	25	1,147
이리	218,435	19	969

순천	164,466	16	824
안동	118,661	18	710
진해	127,598	24	738
밀양	50,269	6	366
김천	83,397	13	532
부천	738,771	33	2,326
거제	53,575	6	349
영주	84,455	13	525
김해	153,098	10	579
원주	177,745	18	817
군포	189,596	10	580
고양	340,743	29	1,040

위 자료의 산포도를 그려보면 다음 그림과 같다.

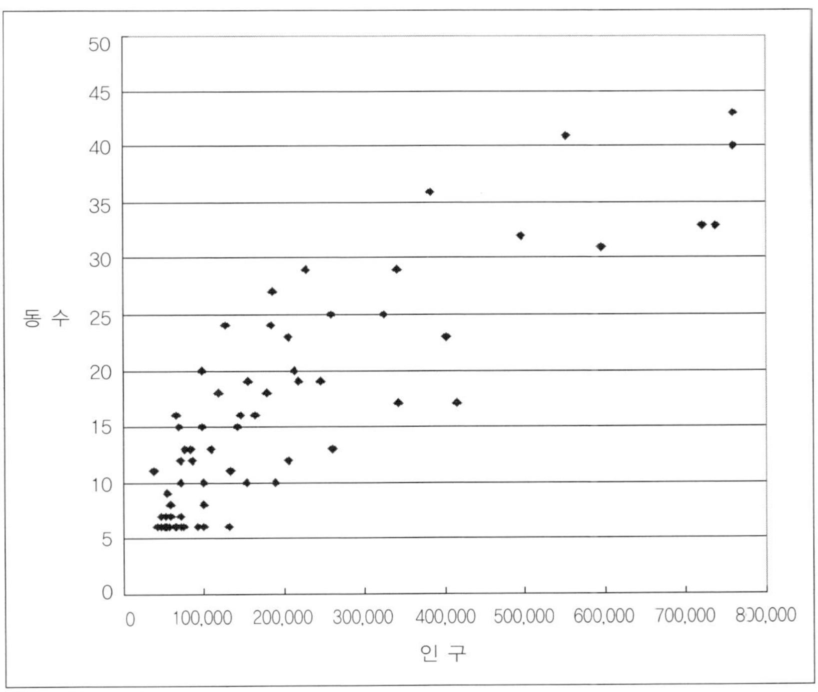

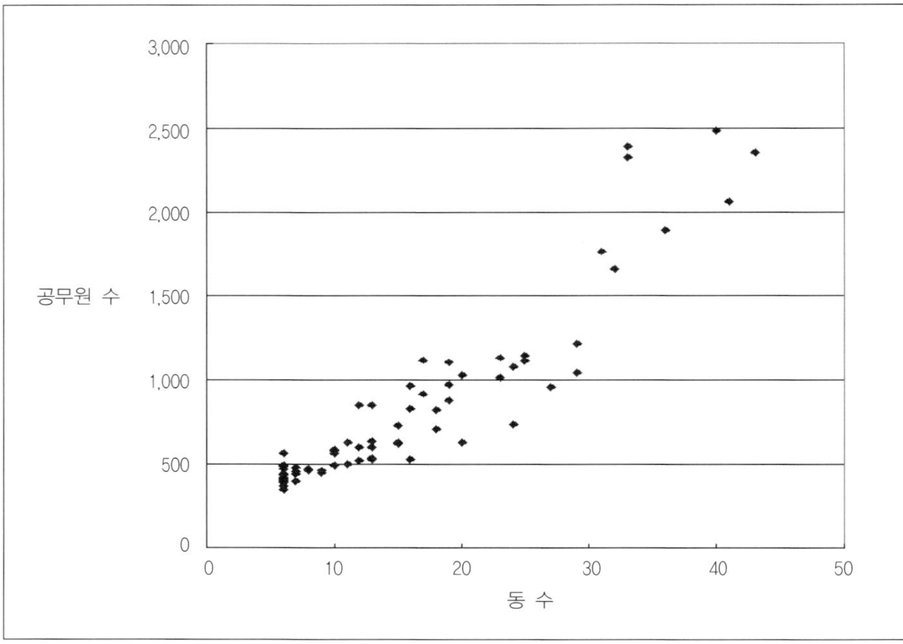

독립변수 간 관계인 동수와 인구와의 관계를 보면 선형관계가 있어 보인다. 동수와 종속변수인 공무원 수와의 관계를 보면 더욱 강한 관계가 있어 보인다. 다음 상관관계표를 보면 그러한 사실을 확연히 알 수 있다.

	인 구	동 수
동 수	0.85777***	
공무원 수	0.96625***	0.93037***

***: $p<0.001$

동수와 인구 사이에 상관관계가 매우 크게 존재하므로 다중공선성의 문제가 있으며 모수의 추정치에는 편의(bias)가 있을 수 있다. 따라서 해석에 유의해야 할 것이다.

자료분석을 위하여 자료를 입력하고 다중회귀분석을 다음과 같은 절차로 실시하였다. 분석 절차에 있어서 다중회귀분석도 회귀분석과 별로 다를 것이 없다. 다만 독립변수들이 나란히 모여 있어야 한다는 차이만 있을 뿐이다.

① 위 표 자료를 복사하여 엑셀에 붙여넣고 정리하여 분석할 자료를 마련한다.

	A	B	C	D	E	F
1	시	인구	동	공무원		
2	경주	146456	16	962		
3	제주	245707	19	1107		
4	춘천	184818	24	1073		
5	목포	228667	29	1215		
6	천안	206615	12	849		
7	청주	495685	32	1659		
8	태백	68963	15	621		
9	과천	70522	6	472		
10	수원	721112	33	2386		
11	여천	71180	7	479		
12	평택	92086	6	496		
13	창원	403190	23	1130		
14	나주	38307	11	503		
15	서귀포	84740	12	595		
16	광양	57530	7	451		
17	성남	759513	40	2483		
18	속초	77446	13	594		
19	오산	63119	6	435		
20	안산	416154	17	1117		
21	구미	213727	20	1031		
22	포항	324143	25	1147		

② [데이터 리본 메뉴]－[데이터 분석 메뉴]를 클릭한다. 회귀분석을 선택하고 [확인 버튼]을 누른다.

③ [Y축 입력 범위 입력상자]에 종속변수인 공무원 정원이 있는 D2:D69 셀 범위를 지정한다. 그리고 독립변수인 인구와 동 수가 있는 B2:B69 범위를 [X축 입력 범위 입력상자]에 지정하고 [확인 버튼]을 누른다.

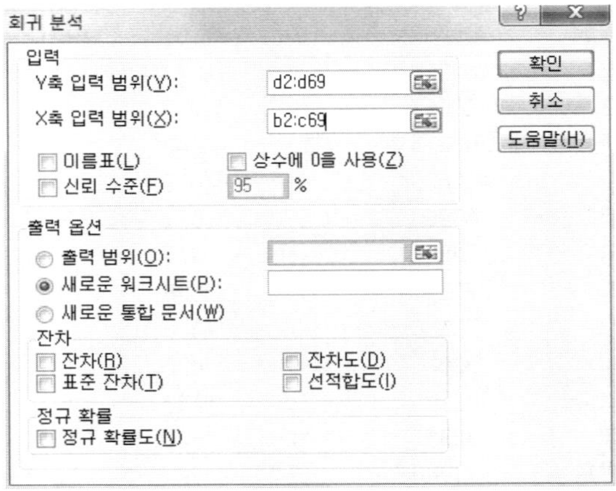

그림 11-1 공무원 정원 다중회귀분석 결과

	A	B	C	D	E	F	G
1	요약 출력						
2							
3	회귀분석 통계량						
4	다중 상관계수	0.983236					
5	결정계수	0.966753					
6	조정된 결정계수	0.96573					
7	표준 오차	99.4621					
8	관측수	68					
9							
10	분산 분석						
11		자유도	제곱합	제곱 평균	F 비	유의한 F	
12	회귀	2	18697814	9348907	945.03	9.06E-49	
13	잔차	65	643026.1	9892.709			
14	계	67	19340840				
15							
16		계수	표준 오차	t 통계량	P-값	하위 95%	상위 95%
17	Y 절편	159.9192	24.61502	6.496812	1.33E-08	110.7596	209.0788
18	X 1	0.001865	0.000126	14.78434	1.8E-22	0.001613	0.002117
19	X 2	19.8763	2.395008	8.299052	8.59E-12	15.09314	24.65946
20							

추정된 a, b_1, b_2가 160, 0.00187, 19.9으로서 추정된 다중회귀방정식은 다음과 같다.

$$Y = 160 + 0.00187X_1 + 19.9X_2$$

위 모형 전체에 관한 유의성 검증으로 $F-$검증 결과 p값이 0.0001 이하로서 매우 유의하다. 따라서 귀무가설 $b_1 = b_2 = 0$을 기각한다. 기울기 각각에 대한 검증은 $t-$검증을 통하여 가능하다. 두 기울기 모두 p값이 0.0001 이하로서 매우 유의하다.

결정계수는 0.967로서 두 변수 전체의 설명력은 총변동의 96.7%를 설명하고 있다. 제10장의 결과와 비교해 보면 추가적으로 3.6% 정도의 설명력이 상승하였다. 즉, 동 수라는 독립변수가 설명되지 않은 7%의 오차변동 중에서 3.6%의 설명을 추가하였다. 이를 그림으로 나타내면 다음과 같다.

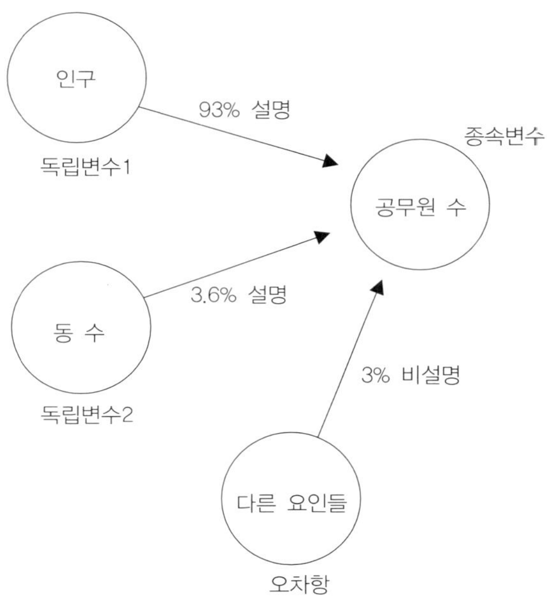

그런데 주의해야 할 것은 인구변수의 계수가 변화되었다. 단순회귀분석에서는 기울기가 0.00276이었는데, 같은 자료를 분석했음에도 동 수 변수를 추가하고 난 뒤 기울기가 0.00187으로 변화되었다. 그 이유는 앞에서 언급하였지만 독립변수 간에 다중공선성이 있을 경우 추정된 모수는 편의(bias)를 가지기 때문이다.

풀어서 설명하면 인구와 동 수 간에 상관관계가 있으므로 인구가 설명한 공무원 정원의 변동 93% 속에는 동 수가 공무원 정원을 설명하는 변동과 겹쳐 있다. 겹치는 부분을 어느 변수가 가져갈 것인가? 여기에 불확실성이 있다. 따라서 전체적인 결정계수 97%는 믿을 수 있으나 독립변수 하나하나의 독립적인 영향력은 어느 정도 불확실한 부분이 있다. 따라서 다중공선성이 존재하는 경우 분석의 결과를 활용할 때 그러한 한계를 이해하고 사용하여야 할 것이다.

제 4 절 종합사례분석

안성시는 안성쌀의 홍보를 강화하여 안성지역 농민의 판로개척과 소득향상을 지원하기로 결정하였다. 그러나 그 방법을 선택하는 데 있어서 결정을 내리지 못하고 있다. 홍보방법의 대안으로는 신문광고, TV광고, 이벤트개최(쌀아가씨 선발대회, 직판 등)로 압축되었으나 최종 결정을 내리지 못하고 있다. 그리하여 다음의 자료를 수집하였다.

시 · 군	홍보방법	예산소요액	소비지 쌀가격
1	신문	100,000,000	150,000
2	TV	200,000,000	160,000
3	신문	50,000,000	130,000
4	신문	30,000,000	130,000
5	TV	150,000,000	150,000
6	이벤트	50,000,000	130,000
7	신문	20,000,000	120,000
8	신문	100,000,000	160,000
9	이벤트	30,000,000	120,000
10	이벤트	20,000,000	130,000
11	TV	250,000,000	160,000
12	신문	200,000,000	160,000
13	신문	10,000,000	120,000
14	이벤트	100,000,000	140,000
15	TV	100,000,000	130,000

소비지 쌀가격이 홍보의 효과를 측정할 수 있는 지표라 할 수 있다. 다양한 홍보활동의 효과로 지역별 농산물에 대한 인지도가 영향을 받고 이것은 해당지역 농산물에 대한 수요와 가격에 영향을 미치게 된다. 결국, 홍보의 효과는 여러 가지로 측정할 수 있지만 소비지 쌀가격도 하나의 지표가 될 수 있다. 따라서 종손변수는 소비지 쌀가격이 된다.

우선, 생각해 볼 수 있는 독립변수는 홍보방법이다. 홍보방법에 따라서 그 효과가 달라질 것이다. 홍보방법이 3가지이므로 분산분석이 필요하다. 종속변수가 등간척도로 측정되므로 집단별 평균의 비교분석이 적용된다. 그리고 집단이 3집단이므로 분산분석이 적용되는 것이다.

다음의 절차를 거쳐서 분산분석을 실시한다.

① 자료를 엑셀에 입력한다.

	A	B	C	D	E
1	시군	홍보방법	예산소요액	소비지쌀가격	
2	1	신문	100000000	150000	
3	2	TV	200000000	160000	
4	3	신문	50000000	130000	
5	4	신문	30000000	130000	
6	5	TV	150000000	150000	
7	6	이벤트	50000000	130000	
8	7	신문	20000000	120000	
9	8	신문	100000000	160000	
10	9	이벤트	30000000	120000	
11	10	이벤트	20000000	130000	
12	11	TV	250000000	160000	
13	12	신문	200000000	160000	
14	13	신문	10000000	120000	
15	14	이벤트	100000000	140000	
16	15	TV	100000000	130000	
17					

② 홍보방법별로 정렬한다.

	A	B	C	D	E
1	시군	홍보방법	예산소요액	소비지쌀가격	
2	2	TV	200000000	160000	
3	5	TV	150000000	150000	
4	11	TV	250000000	160000	
5	15	TV	100000000	130000	
6	1	신문	100000000	150000	
7	3	신문	50000000	130000	
8	4	신문	30000000	130000	
9	7	신문	20000000	120000	
10	8	신문	100000000	160000	
11	12	신문	200000000	160000	
12	13	신문	10000000	120000	
13	6	이벤트	50000000	130000	
14	9	이벤트	30000000	120000	
15	10	이벤트	20000000	130000	
16	14	이벤트	100000000	140000	
17					

③ 홍보방법별로 소비지 쌀가격 자료를 정리한다.

	A	B	C	D	E	F
1	시군	홍보방법	예산소요액	소비지쌀가격		
2	2	TV	200000000	160000	150000	130000
3	5	TV	150000000	150000	130000	120000
4	11	TV	250000000	160000	130000	130000
5	15	TV	100000000	130000	120000	140000
6	1	신문	100000000		160000	
7	3	신문	50000000		160000	
8	4	신문	30000000		120000	
9	7	신문	20000000			
10	8	신문	100000000			
11	12	신문	200000000			
12	13	신문	10000000			
13	6	이벤트	50000000			
14	9	이벤트	30000000			
15	10	이벤트	20000000			
16	14	이벤트	100000000			
17						

④ 분산분석을 실시한다.

	A	B	C	D	E	F	G
1	분산 분석: 일원 배치법						
2							
3	요약표						
4	인자의 수준	관측수	합	평균	분산		
5	Column 1	4	600000	150000	2E+08		
6	Column 2	7	970000	138571.4	3.14E+08		
7	Column 3	4	520000	130000	66666667		
8							
9							
10	분산 분석						
11	변동의 요인	제곱합	자유도	제곱 평균	F 비	P-값	F 기각치
12	처리	8.08E+08	2	4.04E+08	1.804255	0.206499	3.885294
13	잔차	2.69E+09	12	2.24E+08			
14							
15	계	3.49E+09	14				

분석 결과 홍보방법별로 유의한 차이가 없는 것으로 나타났다. p값이 0.2065로서 영가설을 채택하고 연구가설을 기각한다.

평균을 보면 텔레비전 광고가 가장 효과적인 것으로 나타났고 다음으로 신문광고가 효과적인 것으로 나타났다. 그런데 텔레비전 광고의 경우 가격이 높아서 예산이 많이 소요된다. 여기서 새로운 독립변수에 대한 논의가 필요하다. 홍보방법도 중요하지만 지속적 홍보의 양도 중요하다. 텔레비전 광고가 효과는 좋지만 예산이 많이 소요되어 홍보를 지속적으로 할 수 없다. 상대적으로 저렴한 신문광고를 지속적으로 하는 것도 광고효과를 높이는 방법일 수 있다.

이러한 아이디어를 반영하여 독립변수로서 예산액을 추가할 수 있다. 그런데 예산은 등간척도를 가지므로 회귀분석이 적용되는데 홍보방법의 경우 명목척도를 가지므로 t – 검증이나 분산분석이 적용될 수 있다. 이러한 문제의 해결을 위하여 가변수(dummy variable)의 도입이 필요하다. 가변수란 명목이나 서열척도를 가지는 자료를 코딩 변경하여 0과 1로 코딩하여 집단화 자료를 집단에 대한 소속 여부로 0, 1로 등간척도로 척도변환한 변수를 의미한다.

여기서는 홍보방법 중에서 신문광고 여부를 나타내는 가변수를 도입하여 예산소요액과 소비지 쌀가격에 미치는 영향을 분석하는 다중회귀분석을 실시하고자 한다. 다음의 절차를 거쳐 다중회귀분석을 실시한다.

⑤ 열을 하나 삽입하여 신문광고 여부 가변수를 만든다. 신문이면 1로 코딩하고 다른 것은 0으로 코딩한다.

	A	B	C	D	E	F	G
1	시군	홍보방법		예산소요액	소비지쌀가격		
2	2	TV	0	200000000	160000		
3	5	TV	0	150000000	150000		
4	11	TV	0	250000000	160000		
5	15	TV	0	100000000	130000		
6	1	신문	1	100000000	150000		
7	3	신문	1	50000000	130000		
8	4	신문	1	30000000	130000		
9	7	신문	1	20000000	120000		
10	8	신문	1	100000000	160000		
11	12	신문	1	200000000	160000		
12	13	신문	1	10000000	120000		
13	6	이벤트	0	50000000	130000		

⑥ 신문과 예산소요액을 독립변수로 하고 소비지 쌀가격을 종속변수로 하는 다중회귀분석을 실시한다.

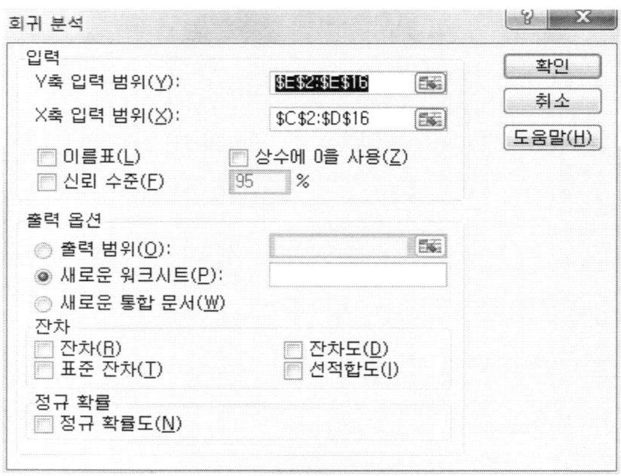

분석 결과를 보면 예산소요액이 소비지 쌀가격에 유의한 영향을 미치는 것으로 검증되었다. p값이 0.00000983으로서 예산을 많이 투입할수록 광고의 효과로 인한 소비지 쌀가격이 높아진다. 한편, 신문광고 방법의 경우 p값이 0.1345로서 유의한 영향을 미친다고 하기가 어렵다. 연구가설이 기각되고 영가설이 채택된다. 결론적으로, 신문광고 방법은 다른 방법에 비하여 특별히 효과가 있다고 말할 수 없고 예산소요액은 커질수록 광고효과가 높다.

	A	B	C	D	E	F	G
1	요약 출력						
2							
3	회귀분석 통계량						
4	다중 상관:	0.903048					
5	결정계수	0.815496					
6	조정된 결:	0.784745					
7	표준 오차	7328.791					
8	관측수	15					
9							
10	분산 분석						
11		자유도	제곱합	제곱 평균	F 비	유의한 F	
12	회귀	2	2.85E+09	1.42E+09	26.51961	3.94E-05	
13	잔차	12	6.45E+08	53711182			
14	계	14	3.49E+09				
15							
16		계수	표준 오차	t 통계량	P-값	하위 95%	상위 95%
17	Y 절편	117999.7	3982.955	29.62617	1.37E-12	109321.6	126677.8
18	X 1	6323.911	3939.937	1.605079	0.134455	-2260.47	14908.3
19	X 2	0.000196	2.69E-05	7.273058	9.83E-06	0.000137	0.000254
20							

제 5 절 행태자료 분석사례

단순회귀분석에서는 독립변수가 하나인 것으로 가정되지만 다중회귀분석에서는 독립변수가 여러 개인 경우 종속변수에 미치는 영향을 분석할 수 있다. 모형전체로서 종속변수에 미치는 영향도 분석되지만 개별 독립변수 하나하나의 영향력을 검증할 수 있는 것이다. 이때 여러 변수의 영향력을 분석하는 특징으로 인하여 여러 가지 복잡한 응용이 가능해진다. 예를 들어서, 여러 독립변수 중에서 몇 개의 독립변수만 선택하는 모형진단 내지는 단계별 분석의 절차를 수행할 수 있고 등간척도를 가지지 않는 독립변수를 모형에 포함하기 위하여 가변수를 사용한다든지 등등 여러 가지 응용을 할 수 있다. 또는 독립변수 간에 영향력의 크기를 비교한다든지 하는 것이 가능해지는 것이다. 그러나 이러한 고도의 응용은 SPSS와 같은 전문통계패키지를 사용할 때 쉽게 분석할 수 있다. 여기서는 제한된 통계함수 및 프로그램을 갖추고 있는 엑셀을 활용하여 이러한 좀 더 전문화된 응용방법을 설명하고자 한다.

1 가설의 설정

조직구성원이 직무를 수행함에 있어서 지식을 획득하여 업무의 성과를 높이려는 시도는 조직관리에 있어서 매우 중요한 의미를 지닌다고 할 수 있다. 따라서 연구자가 지식획득에 대하여 관심을 가지고 있고 여기에 영향을 미치는 요인들을 알아보고자 한다면, 지식획득은 종속변수가 되고 영향을 미치는 요인들은 독립변수들이 된다.

독립변수들 중에서 우선 직급이 지식획득에 영향을 미친다는 사실은 분산분석에서 살펴 본 바가 있다. 또한 성별이 지식획득에 영향을 미친다는 사실도 t-검증에서 확인하였다. 이외에도 이론적배경 조사와 선행연구 조사를 통하여 조직몰입과 연령이 지식획득에 영향을 줄 가능성이 있다는 사실을 인지하였다면 가설을 다음과 같이 설정할 수 있다.

가설1: 조직몰입이 지식획득에 영향을 미친다.
가설2: 연령이 지식획득에 영향을 미친다.
가설3: 성별이 지식획득에 영향을 미친다.
가설4: 직급이 지식획득에 영향을 미친다.

2 가설검증

가설을 검증하기 위하여 다중회귀분석을 실시한다. 독립변수는 조직몰입, 연령, 성별, 직급이고 종속변수는 지식획득이다. 다중회귀분석을 수행하는 절차는 다음과 같다.

① "지식획득에영향을미치는요인자료" 파일을 열고 [데이터 메뉴]-[데이터 분석 메뉴]를 선택한 다음 나타나는 대화상자의 목록상자에서 [회귀분석 목록]을 선택하고 [확인 버튼]을 클릭한다. [Y축 입력 범위 입력상자]에 O2:O280 범위를 입력하고 [X축 입력 범위 입력상자]에 K2:N280 범위를 입력한

다음 [확인 버튼]을 누른다.

② 나타나는 결과를 해석하여 가설검증 여부를 판단한다. 독립변수로 입력된 순서가 연령, 성별, 직급, 조직몰입의 순서이므로 X_2, X_4가 유의수준 0.05 이하로 검증되었으므로 성별과 조직몰입이 지식획득에 영향을 미친다고 할 수 있다. 즉, 가설1과 가설3이 지지되었다.

요약 출력

회귀분석 통계량	
다중 상관계수	0.457149
결정계수	0.208985
조정된 결정계수	0.197438
표준 오차	0.583399
관측수	279

분산 분석

	자유도	제곱합	제곱 평균	F 비	유의한 F
회귀	4	24.63848	6.159619	18.09765	3.33E-13
잔차	274	93.25718	0.340355		
계	278	117.8957			

	계수	표준 오차	t 통계량	P-값	하위 95%	상위 95%	하위 95.0%	상위 95.0%
Y 절편	0.336053	0.667665	0.503325	0.61514	-0.97835	1.650458	-0.97835	1.650458
X 1	0.01026	0.008241	1.24495	0.214214	-0.00596	0.026483	-0.00596	0.026483
X 2	-0.23595	0.080408	-2.93443	0.003625	-0.39425	-0.07766	-0.39425	-0.07766
X 3	0.071885	0.048425	1.484466	0.138835	-0.02345	0.167216	-0.02345	0.167216
X 4	0.507691	0.071887	7.062309	1.35E-11	0.366169	0.649213	0.366169	0.649213

결정계수가 0.209로서 성별과 조직몰입이 지식획득의 총변동의 20.9%를 설명할 수 있다. 연령과 직급의 영향력은 유의하다고 검증되지 않았으나 모형의 설명력 속에 이 두 변수의 설명력도 어느 정도 포함되어 있다고 할 수 있다. 왜냐하면, 전체 모형의 설명력은 모든 독립변수의 설명력의 합이기 때문이다. 또한 결정계수는 항상 양의 값을 가지므로 유의미하지 않은 변수라도 모형에 추가하면 조금이지만 설명력은 증가하게 된다. 이러한 미세한 차이를 식별하기 위해서는 유의미하지 않은 변수를 모형에서 제거하고 새로 회귀분석을 실시한다든지 등의 방법을 사용할 수 있다.

3 모형진단

다중회귀분석에서 독립변수를 가감하여 분석하는 방법을 단계별 분석이라고 하고 이 방법을 통하여 모형진단을 할 수 있다. 단계별 분석은 크게 두 가지로 나누어 볼 수 있는데 진입법과 소거법이 그것이다. 진입법은 모형에 독립변수를 하나씩 추가해 보는 방법인데 설명력이 가장 큰 변수부터 하나씩 추가하여 단계별로 모형을 형성해 나가는 방법이다. 소거법은 반대로 첫 단계에서 모든 독립변수를 넣고 분석한 다음 설명력이 가장 낮은 변수부터 하나씩 제거해 나가는 방법이다. SPSS와 같은 전문프로그램의 경우 STEPWISE 옵션을 사용하는 경우 자동으로 모형을 진단해 준다. 그러나 엑셀의 경우 사용자가 직접 하나씩 단계별로 모든 경우를 분석해 보는 방법밖에 없다. 따라서 변수가 많은 다중회귀모형의 경우 시간이 많이 소요된다. 진입법을 사용하여 단계별 분석을 시행하는 과정은 다음과 같다.

① 독립변수가 4개이므로 독립변수별로 단순회귀분석을 4번 실시한다. 그 결과는 다음과 같다.

요약 출력

회귀분석 통계량	
다중 상관	0.17494
결정계수	0.030604
조정된 결	0.027104
표준 오차	0.642332
관측수	279

분산 분석

	자유도	제곱합	제곱 평균	F 비	유의한 F
회귀	1	3.608067	3.608067	8.744908	0.003372
잔차	277	114.2876	0.412591		
계	278	117.8957			

	계수	표준 오차	t 통계량	P-값	하위 95%	상위 95%	하위 95.0%	상위 95.0%
Y 절편	2.968789	0.200825	14.78293	7.44E-37	2.573451	3.364127	2.573451	3.364127
X 1	-0.0152	0.005141	-2.95718	0.003372	-0.02532	-0.00508	-0.02532	-0.00508

요약 출력

회귀분석 통계량	
다중 상관	0.218439
결정계수	0.047716
조정된 결	0.044278
표준 오차	0.636638
관측수	279

분산 분석

	자유도	제곱합	제곱 평균	F 비	유의한 F
회귀	1	5.625459	5.625459	13.87948	0.000236
잔차	277	112.2702	0.405308		
계	278	117.8957			

	계수	표준 오차	t 통계량	P-값	하위 95%	상위 95%	하위 95.0%	상위 95.0%
Y 절편	2.585106	0.065664	39.3686	1.8E-115	2.455842	2.714371	2.455842	2.714371
X 1	-0.30042	0.080639	-3.72552	0.000236	-0.45916	-0.14168	-0.45916	-0.14168

	A	B	C	D	E	F	G	H	I	J
1	요약 출력									
2										
3	회귀분석 통계량									
4	다중 상관	0.202313								
5	결정계수	0.04093								
6	조정된 결	0.037468								
7	표준 오차	0.638902								
8	관측수	279								
9										
10	분산 분석									
11		자유도	제곱합	제곱 평균	F 비	유의한 F				
12	회귀	1	4.82552	4.82552	11.82159	0.000675				
13	잔차	277	113.0701	0.408195						
14	계	278	117.8957							
15										
16		계수	표준 오차	t 통계량	P-값	하위 95%	상위 95%	하위 95.0%	상위 95.0%	
17	Y 절편	1.623262	0.225084	7.211808	5.28E-12	1.18017	2.066355	1.18017	2.066355	
18	X 1	0.105335	0.030636	3.438254	0.000675	0.045026	0.165644	0.045026	0.165644	
19										

	A	B	C	D	E	F	G	H	I	J
1	요약 출력									
2										
3	회귀분석 통계량									
4	다중 상관	0.414112								
5	결정계수	0.171489								
6	조정된 결	0.168498								
7	표준 오차	0.593825								
8	관측수	279								
9										
10	분산 분석									
11		자유도	제곱합	제곱 평균	F 비	유의한 F				
12	회귀	1	20.21781	20.21781	57.33474	5.5E-13				
13	잔차	277	97.67785	0.352628						
14	계	278	117.8957							
15										
16		계수	표준 오차	t 통계량	P-값	하위 95%	상위 95%	하위 95.0%	상위 95.0%	
17	Y 절편	1.03628	0.18175	5.701678	3.04E-08	0.678494	1.394067	0.678494	1.394067	
18	X 1	0.530131	0.070012	7.571971	5.5E-13	0.392307	0.667955	0.392307	0.667955	
19										

② 결과를 보면 조직몰입 변수의 설명력이 가장 크고 다음으로 성별, 직급, 연령의 순서이다. 그러므로 이제는 독립변수에 조직몰입 변수는 항상 포함하고 다른 변수를 하나씩 순서대로 추가하여 분석해 본다. 그 결과는 다음과 같다.

요약 출력

회귀분석 통계량	
다중 상관계	0.450057
결정계수	0.202551
조정된 결정	0.196773
표준 오차	0.583641
관측수	279

분산 분석

	자유도	제곱합	제곱 평균	F 비	유의한 F
회귀	2	23.87992	11.93996	35.05189	2.72E-14
잔차	276	94.01574	0.340637		
계	278	117.8957			

	계수	표준 오차	t 통계량	P-값	하위 95%	상위 95%	하위 95.0%	상위 95.0%
Y 절편	1.25807	0.191011	6.58636	2.27E-10	0.882046	1.634094	0.882046	1.634094
X 1	-0.24372	0.074331	-3.27884	0.001176	-0.39005	-0.09739	-0.39005	-0.09739
X 2	0.506491	0.069188	7.320467	2.71E-12	0.370287	0.642695	0.370287	0.642695

요약 출력

회귀분석 통계량	
다중 상관계	0.426927
결정계수	0.182266
조정된 결정	0.176341
표준 오차	0.591017
관측수	279

분산 분석

	자유도	제곱합	제곱 평균	F 비	유의한 F
회귀	2	21.48842	10.74421	30.75912	8.72E-13
잔차	276	96.40724	0.349302		
계	278	117.8957			

	계수	표준 오차	t 통계량	P-값	하위 95%	상위 95%	하위 95.0%	상위 95.0%
Y 절편	0.718279	0.246012	2.919697	0.003793	0.233982	1.202577	0.233982	1.202577
X 1	0.055758	0.029235	1.907239	0.057528	-0.00179	0.11331	-0.00179	0.11331
X 2	0.49647	0.071882	6.90677	3.42E-11	0.354964	0.637976	0.354964	0.637976

	A	B	C	D	E	F	G	H	I
1	요약 출력								
2									
3	회귀분석 통계량								
4	다중 상관	0.418054							
5	결정계수	0.174769							
6	조정된 결	0.168789							
7	표준 오차	0.593721							
8	관측수	279							
9									
10	분산 분석								
11		자유도	제곱합	제곱 평균	F 비	유의한 F			
12	회귀	2	20.60448	10.30224	29.22586	3.07E-12			
13	잔차	276	97.29118	0.352504					
14	계	278	117.8957						
15									
16		계수	표준 오차	t 통계량	P-값	하위 95%	상위 95%	하위 95.0%	상위 95.0%
17	Y 절편	1.292251	0.304553	4.2431	3.01E-05	0.692708	1.891793	0.692708	1.891793
18	X 1	-0.0052	0.004965	-1.04734	0.295858	-0.01498	0.004574	-0.01498	0.004574
19	X 2	0.507907	0.073146	6.943789	2.73E-11	0.363913	0.651901	0.363913	0.651901
20									

③ 두 번째 변수를 추가했을 때 설명력이 가장 높은 경우는 성별변수를 두 번째 변수로 추가한 경우이다. 설명력이 0.2로서 가장 높고 두 변수 모두 유의한 영향력이 있는 것으로 나타났다. 이제는 성별과 조직몰입도를 필수 독립변수로 하고 다른 변수들을 차례로 추가한 모형의 분석 결과는 다음과 같다.

	A	B	C	D	E	F	G	H	I
1	요약 출력								
2									
3	회귀분석 통계량								
4	다중 상관	0.450137							
5	결정계수	0.202624							
6	조정된 결	0.193925							
7	표준 오차	0.584675							
8	관측수	279							
9									
10	분산 분석								
11		자유도	제곱합	제곱 평균	F 비	유의한 F			
12	회귀	3	23.88846	7.962819	23.2937	1.82E-13			
13	잔차	275	94.0072	0.341844					
14	계	278	117.8957						
15									
16		계수	표준 오차	t 통계량	P-값	하위 95%	상위 95%	하위 95.0%	상위 95.0%
17	Y 절편	1.221397	0.300783	4.060725	6.38E-05	0.629267	1.813527	0.629267	1.813527
18	X 1	0.000832	0.005263	0.158024	0.874554	-0.00953	0.011192	-0.00953	0.011192
19	X 2	-0.2484	0.080144	-3.09946	0.00214	-0.40618	-0.09063	-0.40618	-0.09063
20	X 3	0.50959	0.072033	7.074394	1.25E-11	0.367784	0.651397	0.367784	0.651397
21									

요약 출력

회귀분석 통계량	
다중 상관계수	0.452229
결정계수	0.204511
조정된 결정계수	0.195833
표준 오차	0.583982
관측수	279

분산 분석

	자유도	제곱합	제곱 평균	F 비	유의한 F
회귀	3	24.11096	8.036987	23.56644	1.32E-13
잔차	275	93.7847	0.341035		
계	278	117.8957			

	계수	표준 오차	t 통계량	P-값	하위 95%	상위 95%	하위 95.0%	상위 95.0%
Y 절편	1.091976	0.277938	3.92885	0.000108	0.54482	1.639132	0.54482	1.639132
X 1	0.025424	0.030889	0.823082	0.411174	-0.03538	0.086232	-0.03538	0.086232
X 2	-0.22054	0.079528	-2.77307	0.005933	-0.3771	-0.06398	-0.3771	-0.06398
X 3	0.493391	0.071035	6.945774	2.72E-11	0.35355	0.633232	0.35355	0.633232

④ 분석 결과를 보면 새로 추가한 변수의 유의성이 없고 결정계수가 크게 증가하지 않으므로 더 이상 변수를 추가한 것은 의미가 없다고 판단된다. 따라서, 이전 단계의 모형이 적합하다는 판단을 할 수 있다. 즉, 조직몰입과 성별을 독립변수로 하는 모형이 가장 적합한 모형이라고 진단된다.

4 표준화회귀계수

SPSS와 같은 통계전용패키지는 표준화회귀계수를 산출해 주지만 엑셀에서는 변수를 표준화한 다음 기울기계수를 추정하는 방법으로 베타계수를 산출할 수 있다. 다음 절차를 통하여 표준화회귀계수를 산출할 수 있다.

① 기술통계 분석을 통하여 각 변수들의 평균과 표준편차를 산출한다.

② $Z = (X - \text{평균})/\text{표준편차}$ 공식을 사용하여 각 변수를 표준화한다.

③ 표준화된 변수를 사용하여 다중회귀분석을 실시한다. 그 결과는 다음과 같다.

	A	B	C	D	E	F	G	H	I
1	요약 출력								
2									
3	회귀분석 통계량								
4	다중 상관	0.457149							
5	결정계수	0.208985							
6	조정된 결	0.197438							
7	표준 오차	0.895858							
8	관측수	279							
9									
10	분산 분석								
11		자유도	제곱합	제곱 평균	F 비	유의한 F			
12	회귀	4	58.09795	14.52449	18.09765	3.33E-13			
13	잔차	274	219.902	0.802562					
14	계	278	278						
15									
16		계수	표준 오차	t 통계량	P-값	하위 95%	상위 95%	하위 95.0%	상위 95.0%
17	Y 절편	-9.1E-17	0.053634	-1.7E-15	1	-0.10559	0.105586	-0.10559	0.105586
18	X 1	0.118057	0.094828	1.24495	0.214214	-0.06863	0.304741	-0.06863	0.304741
19	X 2	0.138066	0.093007	1.484466	0.138835	-0.04503	0.321166	-0.04503	0.321166
20	X 3	-0.17156	0.058465	-2.93443	0.003625	-0.28666	-0.05646	-0.28666	-0.05646
21	X 4	0.396583	0.056155	7.062309	1.35E-11	0.286033	0.507133	0.286033	0.507133
22									

결과를 보면 4번째 열에 있는 조직몰입 변수(X_4)의 영향력이 가장 큰 것으로 나타났다. 표준화회귀계수가 0.396으로서 조직몰입과 지식획득과의 상관관계(r)가 0.395로 나타났다. 다음으로 성별(X_3)의 상관계수가 -0.17로 나타났다. 이 결과를 SPSS의 회귀분석 결과와 비교하면 같은 결과가 나타났다는 것을 알 수 있다.

모형 요약

모 형	R	R 제곱	수정된 R 제곱	추정값의 표준오차
1	.457[a]	.209	.197	.58340

a. 예측값: (상수), VAR00004, VAR00003, VAR00002, VAR00001

분산분석[a]

모 형		제곱합	자유도	평균 제곱	F	유의확률
1	회귀 모형	24.638	4	6.160	18.098	.000[b]
	잔차	93.257	274	.340		
	합계	1117.896	278			

a. 종속변수: VAR00005

b. 예측값: (상수), VAR00004, VAR00003, VAR00002, VAR00001

계수[a]

모 형		비표준화계수		표준화계수	t	유의확률
		B	표준오차	베타		
1	(상수)	.336	.668		.503	.615
	VAR00001	.010	.008	.118	1.245	.214
	VAR00002	.072	.048	.138	1.484	.139
	VAR00003	−.236	.080	−.172	−2.934	.004
	VAR00004	.508	.072	.397	7.062	.000

a. 종속변수: VAR00005

제12장 교차표분석

제1절 교차표

지금까지 종속변수가 등간척도인 경우 평균의 비교를 통하여 독립변수와 종속변수 사이의 관계를 검증하는 절차에 관하여 논의하여 왔다. 그런데 종속변수가 질적자료이고 독립변수도 질적자료인 경우 관계분석은 가능한가? 질적자료의 경우 빈도분석을 주로 하게 된다. 질적자료를 가지고 두 변수 간의 관계를 확인하기 위해서는 빈도를 측정하는 표를 서로 교차하여 작성함으로써 가능하다. 이것이 교차표(cross tables)인 것이다. 다음 가상의 자료를 보면서 설명하고자 한다.

	승 진	탈 락	계
남	5	15	20
여	2	10	12
계	7	25	32

위 교차표는 빈도를 표시하고 있는데 성별 간의 승진율을 알기 위하여 백분율표로 전환할 필요가 있는데, 행별 합계를 기준으로 백분율을 구하면 행백분율표를 구할 수 있다. 행백분율을 구할 때의 전제조건은 독립변수가 행으로 배치된 경우,

즉 표의 왼쪽 첫째 열에 독립변수의 구분이 있어야 한다.

	승 진	탈 락	계
남	25%	75%	100%
여	17%	83%	100%
계	22%	78%	100%

비교의 기준은 제일 아래쪽 행의 행백분율을 기준으로 삼는다. 남녀를 불문하고 전체 승진의 비율은 22%이다. 그럼에도 불구하고 남자의 경우 25%가 승진했으며 여자의 경우 17%만이 승진하였다. 따라서 성별에 따라서 승진율이 다르다고 할 수 있다.

제 2 절 카이제곱 검증

위의 교차표분석 결과를 가지고 승진에 있어서 남녀차별이 있다는 주장을 하기에는 좀 부족한 부분이 있다. 위 자료는 전수 조사가 아니므로 표본의 추출과정에서 표본오차로 인하여 발생한 결과라고 주장한다면 반박할 근거가 없는 것이다. 그러한 표본오차의 정도를 측정하여 주는 지표가 p값인데, 지금까지는 $t-$검증이나 $F-$검증을 통하여 p값을 산출하였다. 교차표분석에서는 카이제곱(χ^2) 검증을 통하여 p값을 산출할 수 있다.

우선, 카이제곱(χ^2)값을 산출하기 위해서는 기대도수를 계산하여야 한다. 기대도수란 합계의 행백분율에 따른 빈도수를 말한다. 위의 예에서 남녀 불문하고 전체의 승진비율 22 : 87의 비율로 승진해야 한다. 이 비율을 남자집단, 여자집단에 적용하면 다음과 같은 기대도수를 산출할 수 있다.

	승 진	탈 락	계
남	20×22%=4.4	20×78%=15.6	20
여	12×22%=2.6	20×78%=9.4	12
계	32×22%=7	32×78%=25	32

카이제곱값은 다음 공식에 의하여 산출된다.

$$카이제곱값=\Sigma((관찰도수-기대도수)^2/기대도수)$$

예를 들어, 남자승진 셀의 카이제곱값은 (5−4.4)2/4.4이고 모든 셀의 값을 합하면 전체 카이제곱값이 산출된다. 결산 결과 카이제곱값은 0.28이 산출된다.

카이제곱값은 셀의 수에 따라 의미가 달라지는데 셀의 수가 많을수록 자유도가 커지고 카이제곱값의 유의성은 줄어들게 된다. 자유도는 다음과 같은 공식으로 구해진다.

$$자유도=(행의\ 수-1)\times(열의\ 수-1)$$

자유도가 1인 경우 유의수준 0.05의 임계치는 3.84146이다. 따라서 산출된 카이제곱값이 임계치보다 작으므로 가설을 기각하고 영가설을 채택한다.

제 3 절 사례분석

A회사의 노조는 직원 90% 이상이 토요격주 휴무제를 찬성하고 타회사의 60% 이상이 시행하고 있다는 조사 결과를 가지고 이 제도의 시행을 강력히 주장하였다. 이에 대한 사측의 입장은 이 제도를 시행한 타회사의 생산성 저하 사례를 이유로 반대하였으나, 노조측은 그것은 경기전반의 하락에 따른 것이지 그 제도의 영향은 아니라는 견해를 제시하였다. 다음의 자료를 분석하여 의사결정에 참조한다면?

회사번호	휴무제 시행 여부	매출증감
1	○	감
2	○	증
3	○	감
4	×	증
5	×	감
6	○	감
7	○	감
8	×	증
9	○	감
10	○	증
11	×	감
12	○	감
13	×	감
14	○	증
15	○	감
16	×	증
17	○	감
18	○	감
19	○	감
20	×	증
21	○	감
22	○	증
23	×	감
24	○	감

위 자료를 엑셀에 입력하고 교차표분석을 수행하는 수식을 작성하면 다음과 같다. 토요격주 휴무제의 시행을 1로 그렇지 않은 것을 0으로 크딩하였으며, 매출이 증가한 경우 1로 감소한 경우 0으로 코딩하였다.

① 다운받은 “격주휴무제자료”를 열고 위 자료를 복사하여 엑셀에 붙여넣은 다음 [텍스트 나누기]를 하여 다음 그림과 같이 되도록 한다.

	A	B	C	D	E
1	1	O	감		
2	2	O	증		
3	3	O	감		
4	4	X	증		
5	5	X	감		
6	6	O	감		
7	7	O	감		
8	8	X	증		
9	9	O	감		
10	10	O	증		
11	11	X	감		
12	12	O	감		
13	13	X	감		
14	14	O	증		
15	15	O	감		
16	16	X	증		

② [바꾸기]를 이용하여 코딩을 변경한다.

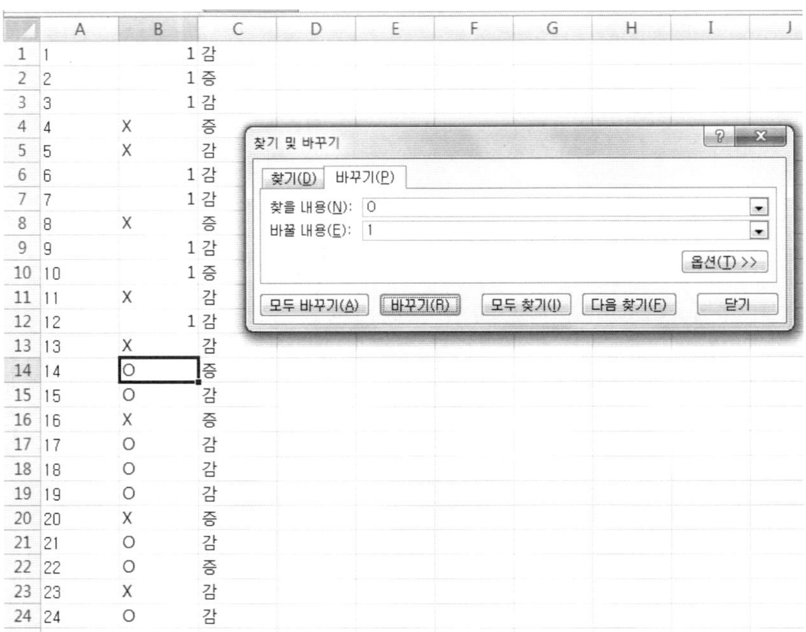

	A	B	C
1	1	1	감
2	2	1	증
3	3	1	감
4	4	X	증
5	5	X	감
6	6	1	감
7	7	1	감
8	8	X	증
9	9	1	감
10	10	1	증
11	11	X	감
12	12	1	감
13	13	X	감
14	14	O	증
15	15	O	감
16	16	X	증
17	17	O	감
18	18	O	감
19	19	O	감
20	20	X	증
21	21	O	감
22	22	O	증
23	23	X	감
24	24	O	감

③ 모두 0과 1로 코딩 변경한다.

	A	B	C	D	E
1	1	1	0		
2	2	1	1		
3	3	1	0		
4	4	0	1		
5	5	0	0		
6	6	1	0		
7	7	1	0		
8	8	0	1		
9	9	1	0		
10	10	1	1		

④ B열 기준으로 정렬하여 미시행 그룹과 시행 그룹으로 나눈다.

	A	B	C	D	E	F
1	4	0	1		0	
2	5	0	0		1	
3	8	0	1			
4	11	0	0			
5	13	0	0			
6	16	0	1			
7	20	0	1			
8	23	0	0			
9	1	1	0		0	
10	2	1	1		1	
11	3	1	0			
12	6	1	0			
13	7	1	0			
14	9	1	0			
15	10	1	1			
16	12	1	0			

⑤ 미시행 그룹의 매출 증감빈도를 계산한다. 이때 히스토그램을 사용한다.

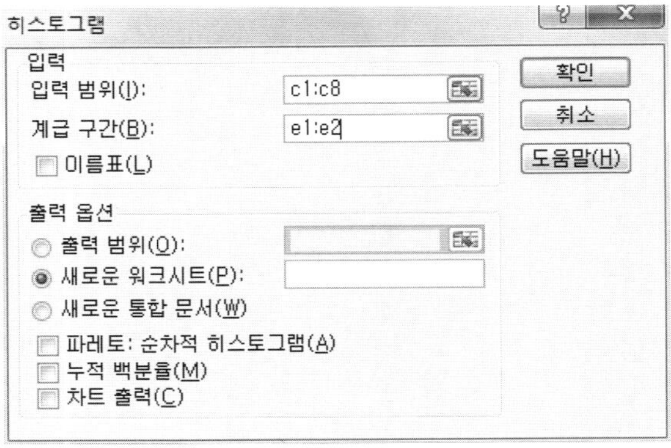

⑥ 시행 그룹의 매출 증감빈도를 계산한다.

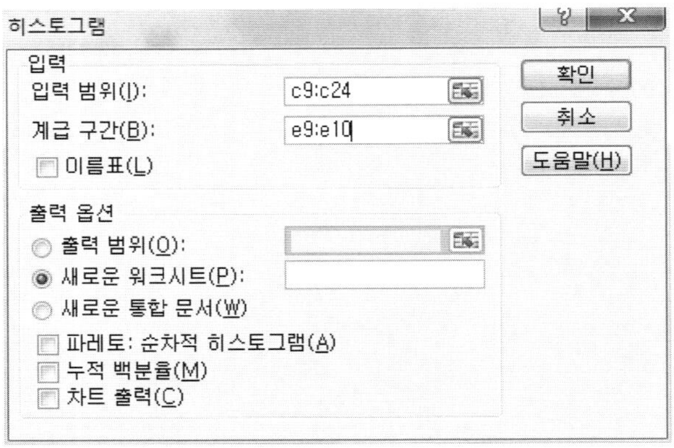

⑦ 빈도분석 결과를 정리하여 표로 작성한다.

E	F	G	H	I
		감소	증가	
	미시행	4	4	
	시행	12	4	

⑧ 엑셀은 교차표분석은 제공하지 않는다. 교차표분석과 카이제곱 검증을 위한 수식을 작성하면 다음과 같다. 독립변수 5집단과 종속변수 5집단의 교차표를 분석하는 수식을 작성해 놓으면 그 이하의 집단수를 가지는 교차표를 분석하는 데 활용할 수 있을 것이다. 먼저, 빈도를 입력하기 위한 공간을 마련하고 표의 틀을 갖춘다. 계에는 행합계와 열합계를 모두 구한다.

외부 데이터 가져오기 | 연결 | 정렬 및 필터

I4 | f_x =SUM(D4:H4)

	A	B	C	D	E	F	G	H	I
1	<표1>	빈도표							
2				종속변수					
3				집단1	집단2	집단3	집단4	집단5	계
4		독립변수	집단1						0
5			집단2						0
6			집단3						0
7			집단4						0
8			집단5						0
9			계	0	0	0	0	0	0
10									

⑨ 행백분율 표를 만들기 위하여 각 셀을 행합계로 나누는 수식을 작성한다.

D14 | f_x =D4/$I4

	A	B	C	D	E	F	G	H	I
1	<표1>	빈도표							
2				종속변수					
3				집단1	집단2	집단3	집단4	집단5	계
4		독립변수	집단1						0
5			집단2						0
6			집단3						0
7			집단4						0
8			집단5						0
9			계	0	0	0	0	0	0
10									
11	<표2>	비율표(행백분율)							
12				종속변수					
13				집단1	집단2	집단3	집단4	집단5	계
14		독립변수	집단1	#DIV/0!	#DIV/0!	#DIV/0!	#DIV/0!	#DIV/0!	#DIV/0!
15			집단2	#DIV/0!	#DIV/0!	#DIV/0!	#DIV/0!	#DIV/0!	#DIV/0!
16			집단3	#DIV/0!	#DIV/0!	#DIV/0!	#DIV/0!	#DIV/0!	#DIV/0!
17			집단4	#DIV/0!	#DIV/0!	#DIV/0!	#DIV/0!	#DIV/0!	#DIV/0!
18			집단5	#DIV/0!	#DIV/0!	#DIV/0!	#DIV/0!	#DIV/0!	#DIV/0!
19			계	#DIV/0!	#DIV/0!	#DIV/0!	#DIV/0!	#DIV/0!	#DIV/0!

D14셀에 수식 "=D4/$I4"를 입력한다. 그리고 D14셀을 D14:H18 범위에 복사한다. 계에는 행합계와 열합계를 위 표에서와 같이 모두 구한다.

⑩ 이론적 빈도를 계산하기 위하여 D24셀에 수식 "=$I4*D$19"를 입력한다. 그리고 D24셀을 D24:H28 범위에 복사한다.

D24 | =$I4*D$19

	A	B	C	D	E	F	G	H	I
1	<표1>	빈도표							
2				종속변수					
3				집단1	집단2	집단3	집단4	집단5	계
4		독립변수	집단1						0
5			집단2						0
6			집단3						0
7			집단4						0
8			집단5						0
9			계	0	0	0	0	0	0
10									
11	<표2>	비율표(행백분율)							
12				종속변수					
13				집단1	집단2	집단3	집단4	집단5	계
14		독립변수	집단1	#DIV/0!	#DIV/0!	#DIV/0!	#DIV/0!	#DIV/0!	#DIV/0!
15			집단2	#DIV/0!	#DIV/0!	#DIV/0!	#DIV/0!	#DIV/0!	#DIV/0!
16			집단3	#DIV/0!	#DIV/0!	#DIV/0!	#DIV/0!	#DIV/0!	#DIV/0!
17			집단4	#DIV/0!	#DIV/0!	#DIV/0!	#DIV/0!	#DIV/0!	#DIV/0!
18			집단5	#DIV/0!	#DIV/0!	#DIV/0!	#DIV/0!	#DIV/0!	#DIV/0!
19			계	#DIV/0!	#DIV/0!	#DIV/0!	#DIV/0!	#DIV/0!	#DIV/0!
20									
21	<표3>	이론적 빈도표							
22				종속변수					
23				집단1	집단2	집단3	집단4	집단5	계
24		독립변수	집단1	#DIV/0!	#DIV/0!	#DIV/0!	#DIV/0!	#DIV/0!	
25			집단2	#DIV/0!	#DIV/0!	#DIV/0!	#DIV/0!	#DIV/0!	
26			집단3	#DIV/0!	#DIV/0!	#DIV/0!	#DIV/0!	#DIV/0!	
27			집단4	#DIV/0!	#DIV/0!	#DIV/0!	#DIV/0!	#DIV/0!	
28			집단5	#DIV/0!	#DIV/0!	#DIV/0!	#DIV/0!	#DIV/0!	
29			계						

⑪ 이론적 빈도표와 빈도표로부터 카이제곱값을 계산한다.

D34 | f_x =(D4-D24)^2/D24

	A	B	C	D	E	F	G	H	I
7			집단4						0
8			집단5						0
9			계	0	0	0	0	0	0
10									
11	<표2>	비율표(행백분율)							
12				종속변수					
13				집단1	집단2	집단3	집단4	집단5	계
14			집단1	#DIV/0!	#DIV/0!	#DIV/0!	#DIV/0!	#DIV/0!	#DIV/0!
15			집단2	#DIV/0!	#DIV/0!	#DIV/0!	#DIV/0!	#DIV/0!	#DIV/0!
16		독립변수	집단3	#DIV/0!	#DIV/0!	#DIV/0!	#DIV/0!	#DIV/0!	#DIV/0!
17			집단4	#DIV/0!	#DIV/0!	#DIV/0!	#DIV/0!	#DIV/0!	#DIV/0!
18			집단5	#DIV/0!	#DIV/0!	#DIV/0!	#DIV/0!	#DIV/0!	#DIV/0!
19			계	#DIV/0!	#DIV/0!	#DIV/0!	#DIV/0!	#DIV/0!	#DIV/0!
20									
21	<표3>	이론적 빈도표							
22				종속변수					
23				집단1	집단2	집단3	집단4	집단5	계
24			집단1	#DIV/0!	#DIV/0!	#DIV/0!	#DIV/0!	#DIV/0!	
25			집단2	#DIV/0!	#DIV/0!	#DIV/0!	#DIV/0!	#DIV/0!	
26		독립변수	집단3	#DIV/0!	#DIV/0!	#DIV/0!	#DIV/0!	#DIV/0!	
27			집단4	#DIV/0!	#DIV/0!	#DIV/0!	#DIV/0!	#DIV/0!	
28			집단5	#DIV/0!	#DIV/0!	#DIV/0!	#DIV/0!	#DIV/0!	
29			계						
30									
31	<표4>	카이제곱값							
32				종속변수					
33				집단1	집단2	집단3	집단4	집단5	계
34			집단1	#DIV/0!	#DIV/0!	#DIV/0!	#DIV/0!	#DIV/0!	
35			집단2	#DIV/0!	#DIV/0!	#DIV/0!	#DIV/0!	#DIV/0!	
36		독립변수	집단3	#DIV/0!	#DIV/0!	#DIV/0!	#DIV/0!	#DIV/0!	
37			집단4	#DIV/0!	#DIV/0!	#DIV/0!	#DIV/0!	#DIV/0!	
38			집단5	#DIV/0!	#DIV/0!	#DIV/0!	#DIV/0!	#DIV/0!	
39			계						

D34셀에 "=(D4−D24)^2/D24" 수식을 입력하여 카이제곱값을 계산한다. D34 셀을 D34:H38 범위에 복사하여 모든 셀의 카이제곱값을 계산한다. 이 셀들의 값을 합산하면 교차표의 전체 카이제곱값이 된다.

⑫ 값을 계산할 수 있는 수식을 모두 입력하였으므로 앞서 계산한 빈도값을 D4:E5 범위에 입력한다. 그러면 카이제곱값이 D34:E35 범위에 나타난다.

<표1> 빈도표

		종속변수					
		집단1	집단2	집단3	집단4	집단5	계
독립변수	집단1	4	4				8
	집단2	12	4				16
	집단3						0
	집단4						0
	집단5						0
	계	16	8	0	0	0	24

<표2> 비율표(행백분율)

		종속변수					
		집단1	집단2	집단3	집단4	집단5	계
독립변수	집단1	0.5	0.5	0	0	0	1
	집단2	0.75	0.25	0	0	0	1
	집단3	#DIV/0!	#DIV/0!	#DIV/0!	#DIV/0!	#DIV/0!	#DIV/0!
	집단4	#DIV/0!	#DIV/0!	#DIV/0!	#DIV/0!	#DIV/0!	#DIV/0!
	집단5	#DIV/0!	#DIV/0!	#DIV/0!	#DIV/0!	#DIV/0!	#DIV/0!
	계	0.66667	0.33333	0	0	0	1

<표3> 이론적 빈도표

		종속변수					
		집단1	집단2	집단3	집단4	집단5	계
독립변수	집단1	5.33333	2.66667	0	0	0	
	집단2	10.6667	5.33333	0	0	0	
	집단3	0	0	0	0	0	
	집단4	0	0	0	0	0	
	집단5	0	0	0	0	0	
	계						

<표4> 카이제곱값

		종속변수					
		집단1	집단2	집단3	집단4	집단5	계
독립변수	집단1	0.33333	0.66667	#DIV/0!	#DIV/0!	#DIV/0!	
	집단2	0.16667	0.33333	#DIV/0!	#DIV/0!	#DIV/0!	
	집단3	#DIV/0!	#DIV/0!	#DIV/0!	#DIV/0!	#DIV/0!	
	집단4	#DIV/0!	#DIV/0!	#DIV/0!	#DIV/0!	#DIV/0!	
	집단5	#DIV/0!	#DIV/0!	#DIV/0!	#DIV/0!	#DIV/0!	
	계						

⑬ p확률값을 계산하기 위하여 다음과 같이 입력하여 준비를 하고 L4셀에 수식 “=CHIDIST(L2, L3)”를 입력한다.

=CHIDIST(L2,L3)

E	F	G	H	I
	종속변수			
집단2	집단3	집단4	집단5	계
4				8
4				16
				0
				0
				0
8	0	0	0	24

K	L	M
카이제곱값		← <표4>에 나타난 값을 합산한 값
자유도		← 자유도=(행의수-1)X(열의수-1)
확률값	#NUM!	

E	F	G	H	I
	종속변수			
집단2	집단3	집단4	집단5	계
0.5	0	0	0	1
0.25	0	0	0	1
#DIV/0!	#DIV/0!	#DIV/0!	#DIV/0!	#DIV/0!
#DIV/0!	#DIV/0!	#DIV/0!	#DIV/0!	#DIV/0!
#DIV/0!	#DIV/0!	#DIV/0!	#DIV/0!	#DIV/0!
0.33333	0	0	0	1

⑭ 자유도를 계산하여 입력하고 L2셀에 수식 “=SUM(D34:E35)”를 입력한다.

=SUM(D34:E35)

E	F	G	H	I
	종속변수			
집단2	집단3	집단4	집단5	계
4				8
4				16
				0
				0
				0
8	0	0	0	24

K	L	M
카이제곱값	1.5	← <표4>에 나타난 값을 합산한 값
자유도	1	← 자유도=(행의수-1)X(열의수-1)
확률값	0.22067	

결과를 보면 매출 증가의 비율이 33%로 나타나고 있다. 그런데 토요격주 휴무제를 시행하지 않은 회사에서는 매출증가 비율이 50%이고 휴무제를 시행하고 있는 회사에서는 매출증가 비율이 25%에 그치고 있다. 따라서 토요격주 휴무제를 시행하는 것이 생산성을 떨어뜨리는 것처럼 보이지만 카이제곱값을 보면 그러한 결론을 내리기 어렵다. 카이제곱값이 1.5이고 p값이 0.221이므로 유의수준 0.05 하에서 가설을 채택하지 못하고 영가설을 채택하게 된다. 결론적으로 토요격주 휴무제의 시행은 생산성을 떨어뜨린다고 단언하기 어렵다.

지금까지 카이제곱 검증을 위한 수식입력 방법을 설명했지만 작성이 쉽지는 않다. 어려운 경우 다운받은 파일 중에 "교차표분석" 엑셀 파일을 이용하면 된다. 파일을 열고 <표 1> 빈도표에 빈도만 입력하고, 자유도를 계산하여 [L3셀]에 자유도만 입력해주면 카이제곱값과 p값을 계산해 준다.

교차표분석에서 관계의 강도를 나타내주는 지표는 람다(Lambda)와 감마(Gamma)가 있는데 SPSS와 같은 전문프로그램을 이용하여 산출할 수 있다.

람다는 0~1 사이의 값을 가지는데 1이면 가장 강한 관계, 즉 완전한 관계가 있다. 명목척도와 순위척도 모두에 적용가능하다.

감마는 −1~1 사이의 값을 가지고, −1에서 알 수 있듯이 상관계수나 회귀계수처럼 방향을 가진다. 따라서 명목척도보다는 순위척도에 적용된다. −1에 가까우면 강한 음의 관계를 가지고, 1에 가까우면 강한 양의 관계를 가진다. 0에 가까우면 관계의 강도가 약하다.

카이제곱 검증에 있어서 p값은 다른 기법의 p값과 성격이 같고(관계유무검증), 람다와 감마는 결정계수 R^2, 상관계수 r, 표준화회귀계수 β 등과 유사한 성격을 가지고 있다.

[부 록]

〈표 1〉 난수표

00000	10097	32533	76520	13586	34673	54876	80959	09117	39292	74945
00001	37542	04805	64894	74296	24805	24037	20636	10402	00822	91665
00002	08422	68953	19645	09303	23209	02560	15953	34764	35080	33606
00003	99019	02529	09376	70715	38311	31165	88676	74397	04436	27659
00004	12807	99970	80157	36147	64032	36653	98951	16877	12171	76833
00005	66065	74717	34072	76850	36697	36170	65813	39885	11199	29170
00006	31060	10805	45571	82406	35303	42614	86799	07439	23403	09732
00007	85269	77602	02051	65692	68665	74818	73053	85247	18623	88579
00008	63573	32135	05325	47048	90553	57548	28468	28709	83491	25624
00009	73796	45753	03529	64778	35808	34282	60935	20344	35273	88435
00010	98520	17767	14905	68607	22109	40558	60970	93433	50500	73998
00011	11805	05431	39808	27732	50725	68248	29405	24201	52775	67851
00012	83452	99634	06288	98083	13746	70078	18475	40610	68711	77817
00013	88685	40200	86507	58401	36766	67951	90364	76493	29609	11062
00014	99594	67348	87517	64969	91826	08928	93785	61368	23478	34113
00015	65481	17674	17468	50950	58047	76974	73039	57186	40218	16544
00016	80124	35635	17727	08015	45318	22374	21115	78253	14385	53763
00017	74350	99817	77402	77214	43236	00210	45521	64237	96286	02655
00018	69916	26803	66252	29148	36936	87203	76621	13990	94400	56418
00019	09893	20505	14225	68514	46427	56788	96297	78822	54382	14598
00020	91499	14523	68479	27686	46162	83554	94750	89923	37089	20048
00021	80336	94598	26940	36858	70297	34135	53140	33340	42050	82341
00022	44104	81949	85157	47954	32979	26575	57600	40881	22222	06413
00023	12550	73742	11100	02040	12860	74697	96644	89439	28707	25815
00024	63606	49329	16505	34484	40219	52563	43651	77082	07207	31790
00025	61196	90446	26457	47774	51924	33729	65394	59593	42582	60527
00026	15474	45266	95270	79953	59367	83848	82396	10118	33211	59466
00027	94557	28573	67897	54387	54622	44431	91190	42592	92927	45973
00028	42481	16213	97344	08721	16868	48767	03071	12059	25701	46670
00029	23523	78317	73208	89837	68935	91416	26252	29663	05522	82562
00030	04493	52494	75246	33824	45862	51025	61962	79335	65337	12472
00031	00549	97654	64051	88159	96119	63896	54692	82391	23287	29529
00032	35963	15307	26898	09554	33351	35462	77974	50024	90103	39333
00033	59808	08391	45427	26842	83609	49700	13021	24892	78565	20106
00034	46058	85236	01390	92286	77281	44077	93910	83647	70617	42941
00035	32179	00597	87379	25241	05567	07007	96743	17157	85394	11838
00036	69234	61406	20117	45204	15956	60000	18743	92423	97118	96338
00037	19565	41430	01758	75379	40419	21585	66674	36806	84962	85207
00038	45155	14938	19476	07246	43667	94543	59047	90033	20826	69541
00039	94864	31994	36168	10851	34888	81553	01540	35456	05014	51176
00040	98086	24826	45240	28404	44999	08896	39094	73407	35441	31880
00041	33185	16232	41941	50949	89435	48581	88695	41994	37548	73043
00042	80951	00406	96382	70774	20151	23387	25016	25298	94624	61171
00043	79752	49140	71961	28296	69861	02591	74852	20539	00387	59579
00044	18633	32537	98145	06571	31010	24674	05455	61427	77938	91936
00045	74029	43902	77557	32270	97790	17119	52527	58021	80814	51748
00046	54178	45611	80993	37143	05335	12969	56127	19255	36040	90324
00047	11664	49883	52079	84827	59381	71539	09973	33440	88461	23356
00048	48324	77928	31249	64710	02295	36870	32307	57546	15020	09994
00049	69074	94138	87637	91976	35584	04401	10518	21615	01848	76938

00050	09188	20097	32825	39527	04220	86304	83389	87374	64278	58044
00051	90045	85497	51981	50654	94938	81997	91870	76150	68476	64659
00052	73189	50207	47677	26269	62290	64464	27124	67018	41361	82760
00053	75768	76490	20971	87749	90429	12272	95375	05871	93823	43178
00054	54016	44056	66281	31003	00682	27398	20714	53295	07706	17813
00055	08358	69910	78542	42785	13661	58873	04618	97553	31223	08420
00056	28306	03264	81333	10591	40510	07893	32604	60475	94119	01840
00057	53840	86233	81594	13628	51215	90290	28466	68795	77762	20791
00058	91757	53741	61613	62269	50263	90212	55781	76514	83483	47055
00059	89415	92694	00397	58391	12607	17646	48949	72306	94541	37408
00060	77513	03820	86864	29901	68414	82774	51908	13980	72893	55507
00061	19502	37174	69979	20288	55210	29773	74287	75251	65344	67415
00062	21818	59313	93278	81757	05686	73156	07082	85046	31853	38452
00063	51474	66499	68107	23621	94049	91345	42836	09191	08007	45449
00064	99559	68331	62535	24170	69777	12830	74819	78142	43860	72834
00065	33713	48007	93584	72869	51926	64721	58303	29822	93174	93972
00066	85274	86893	11303	22970	28834	34137	73515	90400	71148	43643
00067	84133	89640	44035	52166	73852	70091	61222	60561	62327	18423
00068	56732	16234	17395	96131	10123	91622	85496	57560	81604	18880
00069	65138	56806	87648	85261	34313	65861	45875	21069	85644	47277
00070	38001	02176	81719	11711	71602	92937	74219	64049	65584	49698
00071	37402	96397	01304	77586	56271	10086	47324	62605	40030	37438
00072	97125	40348	87083	31417	21815	39250	75237	62047	15501	29578
00073	21826	41134	47143	34072	64638	85902	49139	06441	03856	54552
00074	73135	42742	95719	09035	85794	74296	08789	88156	64691	19202
00075	07638	77929	03061	18072	96207	44156	23821	99538	04713	66994
00076	60528	83441	07954	19814	59175	20695	05533	52139	61212	06455
00077	83596	35655	06958	92983	05128	09719	77433	53783	92301	50498
00078	10850	62746	99599	10507	13499	06319	53075	71839	06410	19362
00079	39820	98952	43622	63147	64421	80814	43800	09351	31024	73167
00080	59580	06478	75569	78800	88835	54486	23768	06156	04111	08408
00081	38508	07341	23793	48763	90822	97022	17719	04207	95954	49953
00082	30692	70668	94688	16127	56196	80091	82067	63400	05462	69200
00083	65443	95659	18288	27437	49632	24041	08337	65676	96299	90836
00084	27267	50264	13192	72294	07477	44606	17985	48911	97341	30358
00085	91307	06991	19072	24210	36699	53728	28825	35793	28976	66252
00086	68434	94688	84473	13622	62126	98408	12843	82590	09815	63146
00087	48908	15877	54745	24591	35700	04754	83824	52692	54130	55160
00088	06913	45197	42672	78601	11883	09528	63011	98901	14974	40344
00089	10455	16019	14210	33712	91342	37821	88325	80851	43667	70883
00090	12883	97343	65027	61184	04285	01392	17974	15077	90712	26769
00091	21778	30976	38807	36961	31649	42096	63281	02023	08816	47449
00092	19523	59515	65122	59659	86283	68258	69572	13798	16435	91529
00093	67245	52670	35583	16563	79246	86686	76463	34222	26655	90802
00094	60584	47377	07500	37992	45134	26529	26760	83637	41326	44344
00095	53853	41377	36066	94850	58838	73859	49364	73331	96240	43642
00096	24637	38736	74384	89342	52623	07992	12369	18601	03742	83873
00097	83080	12451	38992	22815	07759	51777	97377	27585	51972	37867
00098	16444	24304	36151	99073	27493	70939	85130	32552	54846	54759
00099	60790	18157	57178	65762	11161	78576	45819	52979	65130	04860

〈표 2〉 $e^{-\lambda}$의 값

$e^{-\lambda}$의 값

λ	$e^{-\lambda}$	λ	$e^{-\lambda}$
0.0	1.00000	2.5	.08208
0.1	.90484	2.6	.07427
0.2	.81873	2.7	.06721
0.3	.74082	2.8	.06081
0.4	.67032	2.9	.05502
0.5	.60653	3.0	.04979
0.6	.54881	3.2	.04076
0.7	.49659	3.4	.03337
0.8	.44933	3.6	.02732
0.9	.40657	3.8	.02237
1.0	.36788	4.0	.01832
1.1	.33287	4.2	.01500
1.2	.30119	4.4	.01228
1.3	.27253	4.6	.01005
1.4	.24660	4.8	.00323
1.5	.22313	5.0	.00674
1.6	.20190	5.5	.00409
1.7	.18268	6.0	.00248
1.8	.16530	6.5	.00150
1.9	.14957	7.0	.00091
2.0	.13534	7.5	.00055
2.1	.12246	8.0	.00034
2.2	.00180	8.5	.00020
2.3	.10026	9.0	.00012
2.4	.09072	10.0	.00005

〈표 3〉 이항분포표

$$P_r(X \le c) = \sum_{x=0}^{c} \binom{n}{x} p^x (1-p)^{n-x}$$

		p										
		.05	.10	.20	.30	.40	.50	.60	.70	.80	.90	.95
n=1	0	.950	.900	.800	.700	.600	.500	.400	.300	.200	.100	.050
	1	1.000	1.000	1.000	1.000	1.000	1.000	1.000	1.000	1.000	1.000	1.000
n=2	0	.902	.810	.640	.490	.360	.250	.160	.090	.040	.010	.002
	1	.997	.990	.960	.910	.840	.750	.640	.510	.360	.190	.097
	2	1.000	1.000	1.000	1.000	1.000	1.000	1.000	1.000	1.000	1.000	1.000
n=3	0	.857	.729	.512	.343	.216	.125	.064	.027	.008	.001	.000
	1	.993	.972	.896	.784	.648	.500	.352	.216	.104	.028	.007
	2	1.000	.999	.992	.973	.936	.875	.784	.657	.488	.271	.143
	3	1.000	1.000	1.000	1.000	1.000	1.000	1.000	1.000	1.000	1.000	1.000
n=4	0	.815	.656	.410	.240	.130	.063	.026	.008	.002	.000	.000
	1	.986	.948	.819	.652	.475	.313	.179	.084	.027	.004	.000
	2	1.000	.996	.973	.916	.821	.688	.525	.348	.181	.052	.014
	3	1.000	1.000	.998	.992	.974	.938	.870	.760	.590	.344	.185
	4	1.000	1.000	1.000	1.000	1.000	1.000	1.000	1.000	1.000	1.000	1.000
n=5	0	.774	.590	.328	.168	.078	.031	.010	.002	.000	.000	.000
	1	.977	.919	.737	.528	.337	.188	.087	.031	.007	.000	.000
	2	.999	.991	.942	.837	.683	.500	.317	.163	.058	.009	.001
	3	1.000	1.000	.993	.969	.913	.813	.663	.472	.263	.081	.023
	4	1.000	1.000	1.000	.998	.990	.969	.922	.832	.672	.410	.226
	5	1.000	1.000	1.000	1.000	1.000	1.000	1.000	1.000	1.000	1.000	1.000
n=6	0	.735	.531	.262	.118	.047	.016	.004	.001	.000	.000	.000
	1	.967	.886	.655	.420	.233	.109	.041	.011	.002	.000	.000
	2	.998	.984	.901	.744	.544	.344	.179	.070	.017	.001	.000
	3	1.000	.999	.983	.930	.821	.656	.456	.256	.099	.016	.002
	4	1.000	1.000	.998	.989	.959	.891	.767	.580	.345	.114	.033
	5	1.000	1.000	1.000	.999	.996	.984	.953	.882	.738	.469	.265
	6	1.000	1.000	1.000	1.000	1.000	1.000	1.000	1.000	1.000	1.000	1.000
n=7	0	.698	.478	.210	.082	.028	.008	.002	.000	.000	.000	.000
	1	.956	.850	.577	.329	.159	.063	.019	.004	.000	.000	.000
	2	.996	.974	.852	.647	.420	.227	.096	.029	.005	.000	.000
	3	1.000	.997	.967	.874	.710	.500	.290	.126	.033	.003	.000
	4	1.000	1.000	.995	.971	.904	.773	.580	.353	.148	.026	.004
	5	1.000	1.000	1.000	.996	.981	.938	.841	.671	.423	.150	.044
	6	1.000	1.000	1.000	1.000	.998	.992	.972	.918	.790	.522	.302
	7	1.000	1.000	1.000	1.000	1.000	1.000	1.000	1.000	1.000	1.000	1.000

		p										
		.05	.10	.20	.30	.40	.50	.60	.70	.80	.90	.95
n=8	0	.663	.430	.168	.058	.017	.004	.001	.000	.000	.000	.000
	1	.943	.813	.503	.255	.106	.035	.009	.001	.000	.000	.000
	2	.994	.962	.797	.552	.315	.145	.050	.011	.001	.000	.000
	3	1.000	.995	.944	.806	.594	.363	.174	.058	.010	.000	.000
	4	1.000	1.000	.990	.942	.826	.637	.406	.194	.056	.005	.000
	5	1.000	1.000	.999	.989	.950	.855	.685	.448	.203	.038	.006
	6	1.000	1.000	1.000	.999	.991	.965	.894	.745	.497	.187	.057
	7	1.000	1.000	1.000	1.000	.999	.996	.983	.942	.832	.570	.337
	8	1.000	1.000	1.000	1.000	1.000	1.000	1.000	1.000	1.000	1.000	1.000
n=9	0	.630	.387	.134	.040	.010	.002	.000	.000	.000	.000	.000
	1	.929	.775	.436	.196	.071	.020	.004	.000	.000	.000	.000
	2	.992	.947	.738	.463	.232	.090	.025	.004	.000	.000	.000
	3	.999	.992	.914	.730	.483	.254	.099	.025	.003	.000	.000
	4	1.000	.999	.980	.901	.733	.500	.267	.099	.020	.001	.000
	5	1.000	1.000	.997	.975	.901	.746	.517	.270	.086	.008	.001
	6	1.000	1.000	1.000	.996	.975	.910	.768	.537	.262	.053	.008
	7	1.000	1.000	1.000	1.000	.996	.980	.929	.804	.564	.225	.071
	8	1.000	1.000	1.000	1.000	1.000	.998	.990	.960	.866	.613	.370
	9	1.000	1.000	1.000	1.000	1.000	1.000	1.000	1.000	1.000	1.000	1.000
n=10	0	.599	.349	.107	.028	.006	.001	.000	.000	.000	.000	.000
	1	.914	.736	.376	.149	.046	.011	.002	.000	.000	.000	.000
	2	.988	.930	.678	.383	.167	.055	.012	.002	.000	.000	.000
	3	.999	.987	.879	.650	.382	.172	.055	.011	.001	.000	.000
	4	1.000	.998	.967	.850	.633	.377	.166	.047	.006	.000	.000
	5	1.000	1.000	.994	.953	.834	.623	.367	.150	.033	.002	.000
	6	1.000	1.000	.999	.989	.945	.828	.618	.350	.121	.013	.001
	7	1.000	1.000	1.000	.998	.988	.945	.833	.617	.322	.070	.012
	8	1.000	1.000	1.000	1.000	.998	.989	.954	.851	.624	.264	.086
	9	1.000	1.000	1.000	1.000	1.000	.999	.994	.972	.893	.651	.401
	10	1.000	1.000	1.000	1.000	1.000	1.000	1.000	1.000	1.000	1.000	1.000
n=11	0	.569	.314	.086	.020	.004	.000	.000	.000	.000	.000	.000
	1	.898	.697	.322	.113	.030	.006	.001	.000	.000	.000	.000
	2	.985	.910	.617	.313	.119	.033	.006	.001	.000	.000	.000
	3	.998	.981	.839	.570	.296	.113	.029	.004	.000	.000	.000
	4	1.000	.997	.950	.790	.533	.274	.099	.022	.002	.000	.000
	5	1.000	1.000	.988	.922	.753	.500	.247	.078	.012	.000	.000
	6	1.000	1.000	.998	.978	.901	.726	.467	.210	.050	.003	.000
	7	1.000	1.000	1.000	.996	.971	.887	.704	.430	.161	.019	.002
	8	1.000	1.000	1.000	.999	.994	.967	.881	.687	.383	.090	.015
	9	1.000	1.000	1.000	1.000	.999	.994	.970	.887	.678	.303	.102
	10	1.000	1.000	1.000	1.000	1.000	1.000	.996	.980	.914	.686	.431
	11	1.000	1.000	1.000	1.000	1.000	1.000	1.000	1.000	1.000	1.000	1.000

		p										
		.05	.10	.20	.30	.40	.50	.60	.70	.80	.90	.95
n=12	0	.540	.282	.069	.014	.002	.000	.000	.000	.000	.000	.000
	1	.882	.659	.275	.085	.020	.003	.000	.000	.000	.000	.000
	2	.980	.889	.558	.253	.083	.019	.003	.000	.000	.000	.000
	3	.998	.974	.795	.493	.225	.073	.015	.002	.000	.000	.000
	4	1.000	.996	.927	.724	.438	.194	.057	.009	.001	.000	.000
	5	1.000	.999	.981	.882	.665	.387	.158	.039	.004	.000	.000
	6	1.000	1.000	.996	.961	.842	.613	.335	.118	.019	.001	.000
	7	1.000	1.000	.999	.991	.943	.806	.562	.276	.073	.004	.000
	8	1.000	1.000	1.000	.998	.985	.927	.775	.507	.205	.026	.002
	9	1.000	1.000	1.000	1.000	.997	.981	.917	.747	.442	.111	.020
	10	1.000	1.000	1.000	1.000	1.000	.997	.980	.915	.725	.341	.118
	11	1.000	1.000	1.000	1.000	1.000	1.000	.998	.986	.931	.718	.460
	12	1.000	1.000	1.000	1.000	1.000	1.000	1.000	1.000	1.000	1.000	1.000
n=13	0	.513	.254	.055	.010	.001	.000	.000	000	000	000	000
	1	.865	.621	.234	.064	.013	.002	.000	.000	.000	.000	.000
	2	.975	.866	.502	.202	.058	.011	.001	.000	000	000	000
	3	.997	.966	.747	.421	.169	.046	.008	.001	.000	.000	.000
	4	1.000	.994	.901	.654	.353	.133	.032	.004	.000	000	000
	5	1.000	.999	.970	.835	.574	.291	.098	.018	.001	.000	.000
	6	1.000	1.000	.993	.938	.771	.500	.229	.062	.007	.000	000
	7	1.000	1.000	.999	.982	.902	.709	.426	.165	.030	.001	.000
	8	1.000	1.000	1.000	.996	.968	.867	.647	.346	.099	.006	.000
	9	1.000	1.000	1.000	.999	.992	.954	.831	.579	.253	.034	.003
	10	1.000	1.000	1.000	1.000	.999	.989	.942	.798	.498	.134	.025
	11	1.000	1.000	1.000	1.000	1.000	.998	.987	.936	.766	.379	.135
	12	1.000	1.000	1.000	1.000	1.000	1.000	.999	.990	.945	.746	.487
	13	1.000	1.000	1.000	1.000	1.000	1.000	1.000	1.000	1.000	1.000	1.000
n=14	0	.488	.229	.044	.007	.001	.000	.000	.000	.000	.000	.000
	1	.847	.585	.198	.047	.008	.001	.000	.000	.000	.000	.000
	2	.970	.842	.448	.161	.040	.006	.001	.000	.000	.000	.000
	3	.996	.956	.698	.355	.124	.029	.004	.000	.000	.000	.000
	4	1.000	.991	.870	.584	.279	.090	.018	.002	.000	.000	.000
	5	1.000	.999	.956	.781	.486	.212	.058	.008	.000	.000	.000
	6	1.000	1.000	.988	.907	.692	.395	.150	.031	.002	.000	.000
	7	1.000	1.000	.998	.969	.850	.605	.308	.093	.012	.000	.000
	8	1.000	1.000	1.000	.992	.942	.788	.514	.219	.044	.001	.000
	9	1.000	1.000	1.000	.998	.982	.910	.721	.416	.130	.009	.000
	10	1.000	1.000	1.000	1.000	.996	.971	.876	.645	.302	.044	.004
	11	1.000	1.000	1.000	1.000	.999	.994	.960	.839	.552	.158	.030
	12	1.000	1.000	1.000	1.000	1.000	.999	.992	.953	.802	.415	.153
	13	1.000	1.000	1.000	1.000	1.000	1.000	.999	.993	.956	.771	.512
	14	1.000	1.000	1.000	1.000	1.000	1.000	1.000	1.000	1.000	1.000	1.000

		p										
		.05	.10	.20	.30	.40	.50	.60	.70	.80	.90	.95
n=15	0	.463	.206	.035	.005	.000	.000	.000	.000	.000	.000	
	1	.829	.549	.167	.035	.005	.000	.000	.000	.000	.000	.000
	2	.964	.816	.398	.127	.027	.004	.000	.000	.000	.000	.000
	3	.995	.944	.648	.297	.091	.018	.002	.000	.000	.000	.000
	4	.999	.987	.836	.515	.217	.059	.009	.001	.000	.000	.000
	5	1.000	.998	.939	.722	.403	.151	.034	.004	.000	.000	.000
	6	1.000	1.000	.982	.869	.610	.304	.095	.015	.001	.000	.000
	7	1.000	1.000	.996	.950	.787	.500	.213	.050	.004	.000	.000
	8	1.000	1.000	.999	.985	.905	.696	.390	.131	.018	.000	.000
	9	1.000	1.000	1.000	.996	.966	.849	.597	.278	.016	.002	.000
	10	1.000	1.000	1.000	.999	.991	.941	.783	.485	.164	.013	.001
	11	1.000	1.000	1.000	1.000	.998	.982	.909	.703	.352	.056	.005
	12	1.000	1.000	1.000	1.000	1.000	.996	.973	.873	.602	.184	.036
	13	1.000	1.000	1.000	1.000	1.000	1.000	.995	.965	.833	.451	.171
	14	1.000	1.000	1.000	1.000	1.000	1.000	1.000	.995	.965	.794	.537
	15	1.000	1.000	1.000	1.000	1.000	1.000	1.000	1.000	1.000	1.000	1.000
n=16	0	.440	.185	.028	.003	.000	.000	.000	.000	.000	.000	.000
	1	.811	.515	.141	.026	.003	.000	.000	.000	.000	.000	.000
	2	.957	.789	.352	.099	.018	.002	.000	.000	.000	.000	.000
	3	.993	.932	.598	.246	.065	.011	.001	.000	.000	.000	.000
	4	.999	.983	.798	.450	.167	.038	.005	.000	.000	.000	.000
	5	1.000	.997	.918	.660	.329	.105	.019	.002	.00	.000	.000
	6	1.000	.999	.973	.825	.527	.227	.058	.007	.000	.000	.000
	7	1.000	1.000	.993	.926	.716	.402	.142	.026	.001	.00	.000
	8	1.000	1.000	.999	.974	.858	.598	.284	.074	.007	.000	.000
	9	1.000	1.000	1.000	.993	.942	.773	.473	.175	.027	.001	.000
	10	1.000	1.000	1.000	.998	.981	.895	.671	.340	.082	.003	.000
	11	1.000	1.000	1.000	1.000	.995	.962	.833	.550	.202	.017	.001
	12	1.000	1.000	1.000	1.000	.999	.989	.935	.754	.402	.068	.007
	13	1.000	1.000	1.000	1.000	1.000	.998	.982	.901	.648	.211	.043
	14	1.000	1.000	1.000	1.000	1.000	1.000	.997	.974	.859	.485	.189
	15	1.000	1.000	1.000	1.000	1.000	1.000	1.000	.997	.972	.815	.560
	16	1.000	1.000	1.000	1.000	1.000	1.000	1.000	1.000	1.000	1.000	1.000
n=17	0	.418	.167	.023	.002	.000	.000	.000	.000	.000	.000	.000
	1	.792	.482	.118	.019	.002	.000	.000	.000	.000	.000	.000
	2	.950	.762	.310	.077	.012	.001	.000	.000	.000	.000	.000
	3	.991	.917	.549	.202	.046	.006	.000	.000	.000	.000	.000
	4	.999	.978	.758	.389	.126	.025	.003	.000	.000	.000	.000
	5	1.000	.995	.894	.597	.264	.072	.011	.001	.000	.000	.000
	6	1.000	.999	.962	.775	.448	.166	.035	.003	.000	.000	.000
	7	1.000	1.000	.989	.895	.641	.315	.092	.013	.000	.000	.000
	8	1.000	1.000	.997	.960	.801	.500	.199	.040	.003	.000	.000

		p										
		.05	.10	.20	.30	.40	.50	.60	.70	.80	.90	.95
n=17	9	1.000	1.000	1.000	.987	.908	.685	.359	.105	.011	.000	.000
	10	1.000	1.000	1.000	.997	.965	.834	.552	.225	.038	.001	.000
	11	1.000	1.000	1.000	.999	.989	.928	.736	.403	.106	.005	.000
	12	1.000	1.000	1.000	1.000	.997	.975	.874	.611	.242	.022	.001
	13	1.000	1.000	1.000	1.000	1.000	.994	.954	.798	.451	.083	.009
	14	1.000	1.000	1.000	1.000	1.000	.999	.988	.923	.690	.238	.050
	15	1.000	1.000	1.000	1.000	1.000	1.000	.998	.981	.882	.518	.208
	16	1.000	1.000	1.000	1.000	1.000	1.000	1.000	.998	.977	.833	.582
	17	1.000	1.000	1.000	1.000	1.000	1.000	1.000	1.000	1.000	1.000	1.000
n=18	0	.397	.150	.018	.002	.000	.000	.000	.000	.000	.000	.000
	1	.774	.450	.099	.014	.001	.000	.000	.000	.000	.000	.000
	2	.942	.734	.271	.060	.008	.001	.000	.000	.000	.000	.000
	3	.989	.902	.501	.165	.033	.004	.000	.000	.000	.000	.000
	4	.998	.972	.716	.333	.094	.015	.001	.000	.000	.000	.000
	5	1.000	.994	.867	.534	.209	.048	.006	.000	.000	.000	.000
	6	1.000	.999	.949	.722	.374	.119	.020	.001	.000	.000	.000
	7	1.000	1.000	.984	.859	.563	.240	.058	.006	.000	.000	.000
	8	1.000	1.000	.996	.940	.737	.407	.135	.021	.001	.000	.000
	9	1.000	1.000	.999	.979	.865	.593	.263	.060	.004	.000	.000
	10	1.000	1.000	1.000	.994	.942	.760	.437	.141	.016	.000	.000
	11	1.000	1.000	1.000	.999	.980	.881	.626	.278	.051	.001	.000
	12	1.000	1.000	1.000	1.000	.994	.952	.791	.466	.133	.006	.000
	13	1.000	1.000	1.000	1.000	.999	.985	.906	.567	.284	.028	.002
	14	1.000	1.000	1.000	1.000	1.000	.996	.967	.835	.499	.098	.011
	15	1.000	1.000	1.000	1.000	1.000	.999	.992	.940	.729	.266	.058
	16	1.000	1.000	1.000	1.000	1.000	1.000	.999	.986	.901	.550	.226
	17	1.000	1.000	1.000	1.000	1.000	1.000	1.000	.998	.982	.850	.603
	18	1.000	1.000	1.000	1.000	1.000	1.000	1.000	1.000	1.000	1.000	1.000
n=19	0	.377	.135	.014	.001	.000	.000	.000	.000	.000	.000	.000
	1	.755	.420	.083	.010	.001	.000	.000	.000	.000	.000	.000
	2	.933	.705	.237	.046	.005	.000	.000	.000	.000	.000	.000
	3	.987	.885	.455	.133	.023	.002	.000	.000	.000	.000	.000
	4	.998	.965	.673	.282	.070	.010	.001	.000	.000	.000	.000
	5	1.000	.991	.837	.474	.163	.032	.003	.000	.000	.000	.000
	6	1.000	.998	.932	.666	.308	.084	.012	.001	.000	.000	.000
	7	1.000	1.000	.977	.818	.488	.180	.035	.003	.000	.000	.000
	8	1.000	1.000	.993	.916	.667	.324	.088	.011	.000	.000	.000
	9	1.000	1.000	.998	.967	.814	.500	.186	.033	.002	.000	.000
	10	1.000	1.000	1.000	.989	.912	.676	.333	.084	.007	.000	.000
	11	1.000	1.000	1.000	.997	.965	.820	.512	.182	.023	.000	.000
	12	1.000	1.000	1.000	.999	.988	.916	.692	.334	.068	.002	.000
	13	1.000	1.000	1.000	1.000	.997	.968	.837	.526	.163	.009	.000

						p						
		.05	.10	.20	.30	.40	.50	.60	.70	.80	.90	.95
n=19	14	1.000	1.000	1.000	1.000	.999	.990	.930	.718	.327	.035	.002
	15	1.000	1.000	1.000	1.000	1.000	.998	.977	.867	.545	.115	.013
	16	1.000	1.000	1.000	1.000	1.000	1.000	.995	.954	.763	.295	.067
	17	1.000	1.000	1.000	1.000	1.000	1.000	.999	.990	.917	.580	.245
	18	1.000	1.000	1.000	1.000	1.000	1.000	1.000	.999	.986	.865	.623
	19	1.000	1.000	1.000	1.000	1.000	1.000	1.000	1.000	1.000	1.000	1.000
n=20	0	.358	.122	.012	.001	.000	.000	.000	.000	.000	.000	.000
	1	.736	.392	.069	.008	.001	.000	.000	.000	.000	.000	.000
	2	.925	.677	.206	.035	.004	.000	.000	.000	.000	.000	.000
	3	.984	.867	.411	.107	.016	.001	.000	.000	.000	.000	.000
	4	.997	.957	.630	.238	.051	.006	.000	.000	.000	.000	.000
	5	1.000	.989	.840	.416	.126	.021	.002	.000	.000	.000	.000
	6	1.000	.998	.913	.608	.250	.058	.006	.000	.000	.000	.000
	7	1.000	1.000	.968	.772	.416	.132	.021	.001	.000	.000	.000
	8	1.000	1.000	.990	.887	.596	.252	.057	.005	.000	.000	.000
	9	1.000	1.000	.997	.952	.755	.412	.128	.017	.001	.000	.000
	10	1.000	1.000	.999	.983	.872	.588	.245	.048	.003	.000	.000
	11	1.000	1.000	1.000	.995	.943	.748	.404	.113	.010	.000	.000
	12	1.000	1.000	1.000	.999	.979	.868	.584	.228	.032	.000	.000
	13	1.000	1.000	1.000	1.000	.994	.942	.750	.392	.087	.002	.000
	14	1.000	1.000	1.000	1.000	.998	.979	.874	.584	.196	.011	.000
	15	1.000	1.000	1.000	1.000	1.000	.994	.949	.762	.370	.043	.003
	16	1.000	1.000	1.000	1.000	1.000	.999	.984	.893	.589	.133	.016
	17	1.000	1.000	1.000	1.000	1.000	1.000	.996	.965	.794	.323	.075
	18	1.000	1.000	1.000	1.000	1.000	1.000	.999	.992	.931	.608	.264
	19	1.000	1.000	1.000	1.000	1.000	1.000	1.000	.999	.988	.878	.642
	20	1.000	1.000	1.000	1.000	1.000	1.000	1.000	1.000	1.000	1.000	1.000
n=25	0	.277	.072	.004	.000	.000	.000	.000	.000	.000	.000	.000
	1	.642	.271	.027	.002	.000	.000	.000	.000	.000	.000	.000
	2	.873	.537	.098	.009	.000	.000	.000	.000	.000	.000	.000
	3	.966	.764	.234	.033	.002	.000	.000	.000	.000	.000	.000
	4	.993	.902	.421	.090	.009	.000	.000	.000	.000	.000	.000
	5	.999	.967	.617	.193	.029	.002	.000	.000	.000	.000	.000
	6	1.000	.991	.780	.341	.074	.007	.000	.000	.000	.000	.000
	7	1.000	.998	.891	.512	.154	.022	.001	.000	.000	.000	.000
	8	1.000	1.000	.953	.677	.274	.054	.004	.000	.000	.000	.000
	9	1.000	1.000	.983	.811	.425	.115	.013	.000	.000	.000	.000
	10	1.000	1.000	.994	.902	.586	.212	.034	.002	.000	.000	.000
	11	1.000	1.000	.998	.956	.732	.345	.078	.006	.000	.000	.000
	12	1.000	1.000	1.000	.983	.846	.500	.154	.017	.000	.000	.000
	13	1.000	1.000	1.000	.994	.922	.655	.268	.044	.002	.000	.000
	14	1.000	1.000	1.000	.998	.966	.788	.414	.098	.006	.000	.000

		p										
		.05	.10	.20	.30	.40	.50	.60	.70	.80	.90	.95
n=25	15	1.000	1.000	1.000	1.000	.987	.885	.575	.189	.017	.000	.000
	16	1.000	1.000	1.000	1.000	.996	.946	.726	.323	.047	.000	.000
	17	1.000	1.000	1.000	1.000	.999	.978	.846	.488	.109	.002	.000
	18	1.000	1.000	1.000	1.000	1.000	.993	.926	.659	.220	.009	.000
	19	1.000	1.000	1.000	1.000	1.000	.998	.971	.807	.383	.033	.001
	20	1.000	1.000	1.000	1.000	1.000	1.000	.991	.910	.579	.098	.007
	21	1.000	1.000	1.000	1.000	1.000	1.000	.998	.967	.766	.236	.034
	22	1.000	1.000	1.000	1.000	1.000	1.000	1.000	.991	.902	.463	.127
	23	1.000	1.000	1.000	1.000	1.000	1.000	1.000	.998	.973	.729	.358
	24	1.000	1.000	1.000	1.000	1.000	1.000	1.000	1.000	.996	.928	.723
	25	1.000	1.000	1.000	1.000	1.000	1.000	1.000	1.000	1.000	1.000	1.000

〈표 4〉 표준정규분포표

$$F(z) = \int_{-\infty}^{z} \frac{1}{\sqrt{2\pi}} e^{-z^2/2} dz$$

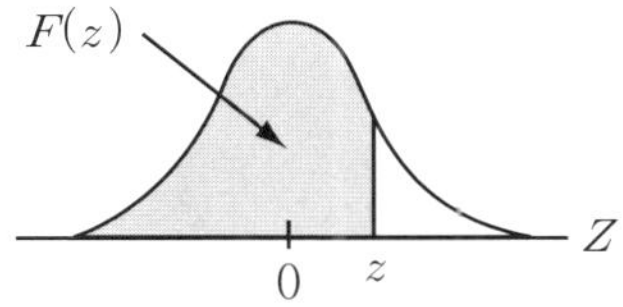

z	.00	.01	.02	.03	.04	.05	.06	.07	.08	.09
.0	.5000	.5040	.5080	.5120	.5160	.5199	.5239	.5279	.5319	.5359
.1	.5398	.5438	.5478	.5517	.5557	.5596	.5636	.5675	.5714	.5753
.2	.5793	.5832	.5871	.5910	.5948	.5987	.6026	.6064	.6103	.6141
.3	.6179	.6217	.6255	.6293	.6331	.6368	.6406	.6443	.6480	.6517
.4	.6554	.6591	.6628	.6664	.6700	.6736	.6772	.6808	.6844	.6879
.5	.6915	.6950	.6985	.7019	.7054	.7088	.7123	.7157	.7190	.7224
.6	.7257	.7291	.7324	.7357	.7389	.7422	.7454	.7486	.7517	.7549
.7	.7580	.7611	.7642	.7673	.7704	.7734	.7764	.7794	.7823	.7852
.8	.7881	.7910	.7939	.7967	.7995	.8023	.8051	.8078	.8106	.8133
.9	.8159	.8186	.8212	.8238	.8264	.8289	.8315	.8340	.8365	.8389
1.0	.8413	.8438	.8461	.8485	.8508	.8531	.8554	.8577	.8599	.8621
1.1	.8643	.8665	.8686	.8708	.8729	.8749	.8770	.8790	.8810	.8830
1.2	.8849	.8869	.8888	.8907	.8925	.8944	.8962	.8980	.8997	.9015
1.3	.9032	.9049	.9066	.9082	.9099	.9115	.9131	.9147	.9162	.9177
1.4	.9192	.9207	.9222	.9236	.9251	.9265	.9279	.9292	.9306	.9319
1.5	.9332	.9345	.9357	.9370	.9382	.9394	.9406	.9418	.9429	.9441
1.6	.9452	.9463	.9474	.9484	.9495	.9505	.9515	.9525	.9535	.9545
1.7	.9554	.9564	.9573	.9582	.9591	.9599	.9608	.9616	.9625	.9633
1.8	.9641	.9649	.9656	.9664	.9671	.9678	.9686	.9693	.9699	.9706
1.9	.9713	.9719	.9726	.9732	.9738	.9744	.9750	.9756	.9761	.9767
2.0	.9772	.9778	.9783	.9788	.9793	.9798	.9803	.9808	.9812	.9817
2.1	.9821	.9826	.9830	.9834	.9838	.9842	.9846	.9850	.9854	.9857
2.2	.9861	.9864	.9868	.9871	.9875	.9878	.9881	.9884	.9887	.9890
2.3	.9893	.9896	.9898	.9901	.9904	.9906	.9909	.9911	.9913	.9916
2.4	.9918	.9920	.9922	.9925	.9927	.9929	.9931	.9932	.9934	.9936
2.5	.9938	.9940	.9941	.9943	.9945	.9946	.9948	.9949	.9951	.9952
2.6	.9953	.9955	.9956	.9957	.9959	.9960	.9961	.9962	.9963	.9964
2.7	.9965	.9966	.9967	.9968	.9969	.9970	.9971	.9972	.9973	.9974
2.8	.9974	.9975	.9976	.9977	.9977	.9978	.9979	.9979	.9980	.9981
2.9	.9981	.9982	.9982	.9983	.9984	.9984	.9985	.9985	.9986	.9986
3.0	.9987	.9987	.9987	.9988	.9988	.9989	.9989	.9989	.9990	.9990
3.1	.9990	.9991	.9991	.9991	.9992	.9992	.9992	.9992	.9993	.9993
3.2	.9993	.9993	.9994	.9994	.9994	.9994	.9994	.9995	.9995	.9995
3.3	.9995	.9995	.9995	.9996	.9996	.9996	.9996	.9996	.9996	.9997
3.4	.9997	.9997	.9997	.9997	.9997	.9997	.9997	.9997	.9997	.9998

〈표 5〉 t 분포표

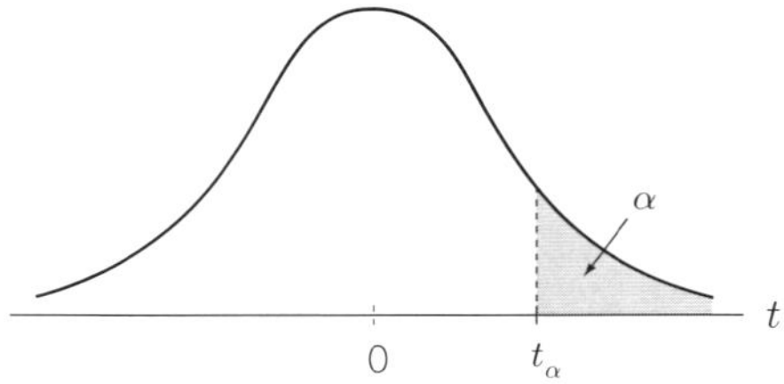

	α					
$d.f.$	0.25	0.1	0.05	0.025	0.01	0.005
1	1.000	3.078	6.314	12.706	31.821	63.657
2	0.816	1.886	2.920	4.303	6.965	9.925
3	0.765	1.638	2.353	3.182	4.541	5.841
4	0.741	1.533	2.132	2.776	3.747	4.604
5	0.727	1.476	2.015	2.571	3.365	4.032
6	0.718	1.440	1.943	2.447	3.134	3.707
7	0.711	1.415	1.895	2.365	2.998	3.499
8	0.706	1.397	1.860	2.306	2.896	3.355
9	0.703	1.383	1.833	2.262	2.821	3.250
10	0.700	1.372	1.812	2.228	2.764	3.169
11	0.697	1.363	1.796	2.201	2.718	3.106
12	0.695	1.356	1.782	2.179	2.681	3.055
13	0.694	1.350	1.771	2.160	2.650	3.012
14	0.692	1.345	1.761	2.145	2.624	2.977
15	0.691	1.341	1.753	2.131	2.602	2.947
16	0.690	1.337	1.746	2.120	2.583	2.921
17	0.689	1.333	1.740	2.110	2.567	2.898
18	0.688	1.330	1.734	2.101	2.552	2.878
19	0.688	1.328	1.729	2.093	2.539	2.816
20	0.687	1.325	1.725	2.086	2.528	2.845
21	0.686	1.323	1.721	2.080	2.518	2.831
22	0.686	1.321	1.717	2.074	2.508	2.819
23	0.685	1.319	1.714	2.069	2.500	2.807
24	0.685	1.318	1.711	2.064	2.492	2.797
25	0.684	1.316	1.708	2.060	2.485	2.787
26	0.684	1.315	1.706	2.056	2.479	2.779
27	0.684	1.314	1.703	2.052	2.473	2.771
28	0.683	1.313	1.701	2.048	2.467	2.763
29	0.683	1.311	1.699	2.045	2.462	2.756
30	0.683	1.310	1.697	2.042	2.457	2.750
40	0.681	1.303	1.684	2.021	2.423	2.704
60	0.697	1.296	1.671	2.000	2.390	2.660
120	0.677	1.289	1.658	1.980	2.358	2.617
∞	0.674	1.282	1.645	1.960	2.326	2.576

〈표 6〉 카이제곱(χ^2) 분포표

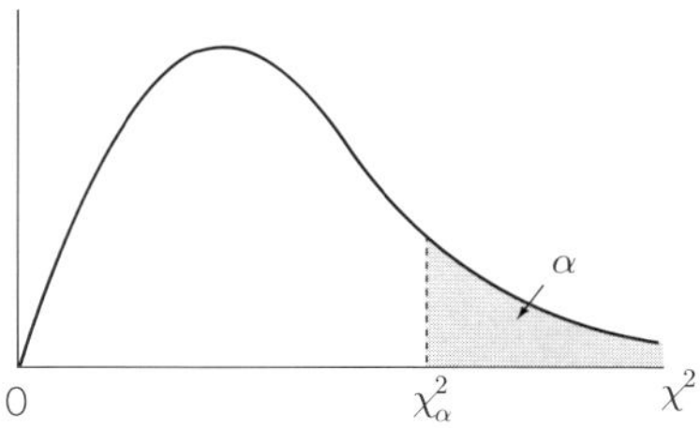

$d.f.$	0.990	0.975	0.950	0.900	0.500	0.100	0.050	0.025	0.010	0.005
1	0.002	0.001	0.004	0.02	0.45	2.71	3.84	5.02	6.63	7.88
2	0.02	0.05	0.10	0.21	1.39	4.61	5.99	7.38	9.21	10.60
3	0.11	0.22	0.35	058	2.37	6.25	7.81	9.35	11.34	12.84
4	0.30	0.48	0.71	1.06	3.36	7.78	9.49	11.14	13.28	14.86
5	0.55	0.83	1.15	1.61	4.35	9.24	11.07	12.83	15.09	16.75
6	0.87	1.24	1.64	2.20	5.35	10.64	12.59	14.45	16.81	18.55
7	1.24	1.69	2.17	2.83	6.35	12.02	14.07	16.01	18.48	20.28
8	1.65	2.18	2.73	3.49	7.34	13.36	15.51	17.53	20.09	21.95
9	2.09	2.70	3.33	4.17	8.34	14.68	16.92	19.02	21.67	23.59
10	2.56	3.25	3.94	4.87	9.34	15.99	18.31	20.48	23.21	25.19
11	3.05	3.82	4.57	5.58	10.34	17.28	19.68	21.92	24.72	26.76
12	3.57	4.40	5.23	6.30	11.34	18.55	21.03	23.34	26.22	28.30
13	4.11	5.01	5.89	7.04	12.34	19.81	22.36	24.74	27.69	29.82
14	4.66	5.63	6.57	7.79	13.34	21.06	23.68	26.12	29.14	31.32
15	5.23	6.26	7.26	8.55	14.34	22.31	25.00	27.49	30.58	32.80
16	5.81	6.91	7.96	9.31	15.34	23.54	26.30	28.85	32.00	34.27
17	6.41	7.56	8.67	10.09	16.34	24.77	27.59	30.19	33.41	35.72
18	7.01	8.23	9.39	10.86	17.34	25.99	28.87	31.53	34.81	37.16
19	7.63	8.91	10.12	11.65	18.34	27.20	30.14	32.85	36.19	38.58
20	8.26	9.59	10.85	12.44	19.34	28.41	31.41	34.17	37.57	40.00
21	8.90	10.28	11.59	13.24	20.34	29.62	32.67	35.48	38.93	41.40
22	9.54	10.98	12.34	14.04	21.34	30.81	33.92	36.78	40.29	42.80
23	10.20	11.69	13.09	14.85	22.34	32.01	35.17	38.08	41.64	44.18
24	10.86	12.40	13.85	15.66	23.34	33.20	36.42	39.36	42.98	45.56
25	11.52	13.12	14.61	16.47	24.34	34.38	37.65	40.65	44.31	46.93
26	12.20	13.84	15.38	17.29	25.34	35.56	38.89	41.92	45.64	48.29
27	12.83	14.57	16.15	18.11	26.34	36.74	40.11	43.19	46.96	49.64
28	13.56	15.31	16.93	18.93	27.34	37.92	41.34	44.46	48.28	50.99
29	14.26	16.05	17.71	19.77	28.34	39.09	42.56	45.72	49.59	52.34
30	14.95	16.79	18.49	20.60	29.34	40.26	43.77	46.98	50.89	53.67
40	22.16	24.43	26.51	29.05	39.34	51.81	55.76	59.34	63.69	66.77
50	29.71	32.36	34.76	37.69	49.33	63.17	67.50	71.42	76.15	79.49
60	37.48	40.48	43.19	46.46	59.33	74.40	79.08	83.30	88.38	91.95
70	45.44	48.76	51.74	55.33	69.33	85.53	90.53	95.02	100.43	104.21
80	53.54	57.15	60.39	64.28	79.33	96.58	101.88	106.63	112.33	116.32
90	61.75	65.65	68.13	73.29	89.33	107.57	113.15	118.14	124.12	128.30
100	70.06	74.22	77.93	82.36	99.33	118.50	124.34	129.56	135.81	140.17

〈표 7〉 F 분포표

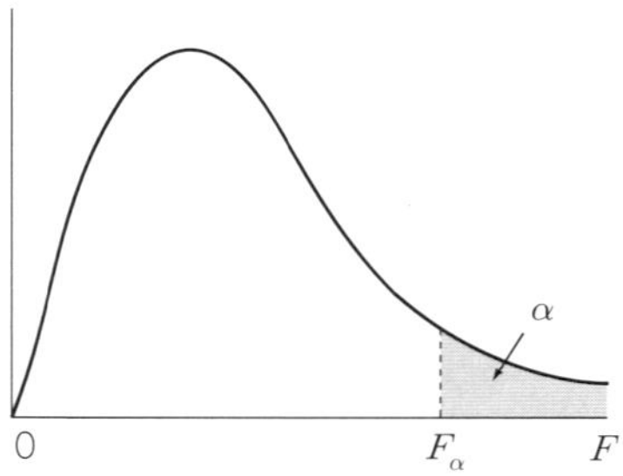

$\alpha = 0.01$

ν_2 \ ν_1	1	2	3	4	5	6	7	8	9
1	4052.0	4999.0	5403.0	5625.0	5764.0	5859.0	5928.0	5982.0	6022.0
2	98.50	99.00	99.17	99.25	99.30	99.33	99.36	99.37	99.39
3	34.12	30.82	29.46	28.71	28.24	27.91	27.67	27.49	27.34
4	21.20	18.00	16.69	15.98	15.52	15.21	14.98	14.80	14.66
5	16.26	13.27	12.06	11.39	10.97	10.67	10.46	10.29	10.16
6	13.74	10.92	9.78	9.15	8.75	8.47	8.26	8.10	7.98
7	12.25	9.55	8.45	7.85	7.46	7.19	6.99	6.84	6.72
8	11.26	8.65	7.59	7.01	6.63	6.37	6.18	6.03	5.91
9	10.56	8.02	6.99	6.42	6.06	5.80	5.61	5.47	5.35
10	10.04	7.56	6.55	5.99	5.64	5.39	5.20	5.06	4.94
11	9.65	7.21	6.22	5.67	5.32	5.07	4.89	4.74	4.63
12	9.33	6.93	5.95	5.41	5.06	4.82	4.64	4.50	4.39
13	9.07	6.70	5.74	5.21	4.86	4.62	4.44	4.30	4.19
14	8.86	6.51	5.56	5.04	4.69	4.46	4.28	4.14	4.03
15	8.68	6.36	5.42	4.89	4.56	4.32	4.14	4.00	3.89
16	8.53	6.23	5.29	4.77	4.44	4.20	4.03	3.89	3.78
17	8.40	6.11	5.18	4.67	4.34	4.10	3.93	3.79	3.68
18	8.29	6.01	5.09	4.58	4.25	4.01	3.84	3.71	3.60
19	8.18	5.93	5.01	4.50	4.17	3.94	3.77	3.63	3.52
20	8.10	5.85	4.94	4.43	4.10	3.87	3.70	3.56	3.46
21	8.02	5.78	4.87	4.37	4.04	3.81	3.64	3.51	3.40
22	7.95	5.72	4.82	4.31	3.99	3.76	3.59	3.45	3.35
23	7.88	5.66	4.76	4.26	3.94	3.71	3.54	3.41	3.30
24	7.82	5.61	4.72	4.72	3.90	3.67	3.50	3.36	3.26
25	7.77	5.57	4.68	4.68	3.85	3.63	3.46	3.32	3.22
26	7.72	5.53	4.64	4.14	3.82	3.59	3.42	3.29	3.18
27	7.68	5.49	4.60	4.11	3.78	3.56	3.39	3.26	3.15
28	7.64	5.45	4.57	4.07	3.75	3.53	3.36	3.23	3.12
29	7.60	5.42	4.54	4.04	3.73	3.50	3.33	3.20	3.09
30	7.56	5.39	4.51	4.02	3.70	3.47	3.30	3.17	3.07
40	7.31	5.18	4.31	3.83	3.51	3.29	3.12	2.99	2.89
60	7.08	4.98	4.13	3.65	3.34	3.12	2.95	2.82	2.72
120	6.85	4.79	3.95	3.48	3.17	2.96	2.79	2.66	2.56
∞	6.63	4.61	3.78	3.32	3.02	2.80	2.64	2.51	2.41

$\alpha = 0.01$

ν_2 \ ν_1	10	15	20	24	30	40	60	120	∞
1	6056.0	6157.0	6209.0	6235.0	6261.0	6287.0	6313.0	6339.0	6366.0
2	99.40	99.43	99.45	99.46	99.47	99.47	99.48	99.49	99.50
3	27.23	26.87	26.69	26.60	26.50	26.41	26.32	26.22	26.12
4	14.55	14.20	14.02	13.93	13.84	13.74	13.65	13.56	13.46
5	10.05	9.72	9.55	9.47	9.38	9.29	9.20	9.11	9.02
6	7.87	7.56	7.49	7.31	7.23	7.14	7.06	6.97	6.88
7	6.62	6.31	6.16	6.07	5.99	5.91	5.82	5.74	5.65
8	5.81	5.52	5.36	5.28	5.20	5.12	5.03	4.95	4.86
9	5.26	4.96	4.81	4.73	4.65	4.57	4.48	4.40	4.31
10	4.85	4.56	4.41	4.33	4.33	4.17	4.08	4.00	3.91
11	4.54	4.25	4.10	4.02	3.94	3.86	3.78	3.69	3.60
12	4.30	4.01	3.86	3.78	3.70	3.62	3.54	3.45	3.36
13	4.10	3.82	3.66	3.59	3.51	3.43	3.34	3.25	3.17
14	3.94	3.66	3.51	3.43	3.35	3.27	3.18	3.09	3.00
15	3.80	3.52	3.37	3.29	3.21	3.13	3.05	2.96	2.87
16	3.69	3.41	3.26	3.18	3.10	3.02	2.93	2.84	2.75
17	3.59	3.31	3.16	3.08	3.00	2.92	2.83	2.75	2.65
18	3.51	3.23	3.08	3.00	2.92	2.84	2.75	2.66	2.57
19	3.43	3.15	3.00	2.92	2.84	2.76	2.67	2.58	2.49
20	3.37	3.09	2.94	2.86	2.78	2.69	2.61	2.52	2.42
21	3.31	3.03	2.88	2.80	2.72	2.64	2.55	2.46	2.36
22	3.26	2.98	2.83	2.75	2.67	2.58	2.50	2.40	2.31
23	3.21	2.93	2.78	2.70	2.62	2.54	2.45	2.35	2.26
24	3.17	2.89	2.74	2.66	2.58	2.49	2.40	2.31	2.21
25	3.13	2.85	2.70	2.62	2.54	2.45	2.36	2.27	2.17
26	3.09	2.81	2.66	2.58	2.50	2.42	2.33	2.23	2.13
27	3.06	2.78	2.63	2.55	2.47	2.38	2.29	2.20	2.10
28	3.03	2.75	2.60	2.52	2.44	2.35	2.26	2.17	2.06
29	3.00	2.73	2.57	2.49	2.41	2.33	2.23	2.14	2.03
30	2.98	2.70	2.55	2.47	2.39	2.30	2.21	2.11	2.01
40	2.80	2.52	2.37	2.29	2.20	2.11	2.02	1.92	1.80
60	2.63	2.35	2.20	2.12	2.03	1.94	1.84	1.73	1.60
120	2.47	2.19	2.03	1.95	1.86	1.76	1.66	1.53	1.38
∞	2.32	2.04	1.88	1.79	1.70	1.59	1.47	1.32	1.00

$\alpha = 0.05$

ν_2 \ ν_1	1	2	3	4	5	6	7	8	9
1	161.45	199.50	215.71	224.58	230.16	233.99	236.77	238.88	240.54
2	18.51	19.00	19.16	19.25	19.30	19.33	19.35	19.37	19.38
3	10.13	9.55	9.28	9.12	9.01	8.94	8.89	8.85	8.81
4	7.71	6.94	6.59	6.39	6.26	6.16	6.09	6.04	6.00
5	6.61	5.79	5.41	5.19	5.05	4.95	4.88	4.82	4.77
6	5.99	5.14	4.76	4.53	4.39	4.28	4.21	4.15	4.10
7	5.59	4.74	4.35	4.12	3.97	3.87	3.79	3.73	3.68
8	5.32	4.46	4.07	3.84	3.69	3.58	3.50	3.44	3.39
9	5.12	4.26	3.86	3.63	3.48	3.37	3.29	3.23	3.18
10	4.96	4.10	3.71	3.48	3.33	3.22	3.14	3.07	3.02
11	4.84	3.98	3.59	3.36	3.20	3.09	3.01	2.95	2.90
12	4.75	3.89	3.49	3.26	3.11	3.00	2.91	2.85	2.80
13	4.67	3.81	3.41	3.18	3.03	2.92	2.83	2.77	2.71
14	4.60	3.74	3.34	3.11	2.96	2.85	2.76	2.70	2.65
15	4.54	3.68	3.29	3.06	2.90	2.79	2.71	2.64	2.59
16	4.49	3.63	3.24	3.01	2.85	2.74	2.66	2.59	2.54
17	4.45	3.59	3.20	2.96	2.81	2.70	2.61	2.55	2.49
18	4.41	3.55	3.16	2.93	2.77	2.66	2.58	2.51	2.46
19	4.38	3.52	3.13	2.90	2.74	2.63	2.54	2.48	2.42
20	4.35	3.49	3.10	2.87	2.71	2.60	2.51	2.45	2.39
21	4.32	3.47	3.07	2.84	2.68	2.57	2.49	2.42	2.37
22	4.30	3.44	3.05	2.82	2.66	2.55	2.46	2.40	2.34
23	4.28	3.42	3.03	2.80	2.64	2.53	2.44	2.37	2.32
24	4.26	3.40	3.01	2.78	2.62	2.51	2.42	2.36	2.30
25	4.24	3.39	2.99	2.76	2.60	2.49	2.40	2.34	2.28
26	4.23	3.37	2.98	2.74	2.59	2.47	2.39	2.32	2.27
27	4.21	3.35	2.96	2.73	2.57	2.46	2.37	2.31	2.25
28	4.20	3.34	2.95	2.71	2.56	2.45	2.36	2.29	2.24
29	4.18	3.33	2.93	2.70	2.55	2.43	2.35	2.28	2.22
30	4.17	3.32	2.92	2.69	2.53	2.42	2.33	2.27	2.21
40	4.08	3.23	2.84	2.61	2.45	2.34	2.25	2.18	2.12
60	4.00	3.15	2.76	2.53	2.37	2.25	2.17	2.10	2.04
120	3.92	3.07	2.68	2.45	2.29	2.17	2.09	2.02	1.96
∞	3.84	3.00	2.60	2.37	2.21	2.10	2.01	1.94	1.88

$\alpha = 0.05$

	ν_1								
ν_2	10	15	20	24	30	40	60	120	∞
1	241.88	245.95	248.01	249.05	250.09	251.14	252.20	253.25	254.32
2	19.40	19.43	19/45	19.45	19.46	19.47	19.48	19.49	19.50
3	8.76	8.70	8.66	8.64	8.62	8.59	8.57	8.55	8.53
4	5.96	5.86	5.80	5.77	5.75	5.75	5.69	5.66	5.63
5	4.74	4.62	4.56	4.53	4.50	4.46	4.43	4.40	4.36
6	4.06	3.94	3.87	3.84	3.81	3.77	3.74	3.70	3.67
7	3.64	3.51	3.44	3.41	3.38	3.34	3.30	3.27	3.23
8	3.35	3.22	3.15	3.12	3.08	3.04	3.01	2.97	2.93
9	3.14	3.01	2.94	2.90	2.86	2.83	2.79	2.75	2.71
10	2.98	2.84	2.77	2.74	2.70	2.66	2.62	2.58	2.54
11	2.85	2.72	2.65	2.61	2.57	2.53	2.49	2.45	2.40
12	2.75	2.62	2.54	2.51	2.47	2.43	2.38	2.34	2.30
13	2.67	2.53	2.46	2.42	2.38	2.34	2.30	2.25	2.21
14	2.60	2.46	2.39	2.35	2.31	2.27	2.22	2.18	2.13
15	2.54	2.40	2.33	2.29	2.25	2.20	2.16	2.11	2.07
16	2.49	2.35	2.28	2.24	2.19	2.15	2.11	2.06	2.01
17	2.45	2.31	2.23	2.19	2.15	2.10	2.06	2.01	1.96
18	2.41	2.27	2.19	2.15	2.11	2.06	2.02	1.97	1.92
19	2.38	2.23	2.16	2.11	2.07	2.03	1.98	1.93	1.88
20	2.35	2.20	2.12	2.08	2.04	1.99	1.95	1.90	1.84
21	2.32	2.18	2.10	2.05	2.01	1.96	1.92	1.87	1.81
22	2.30	2.15	2.07	2.03	1.98	1.94	1.89	1.84	1.78
23	2.27	2.13	2.05	2.00	1.96	1.91	1.86	1.81	1.76
24	2.25	2.11	2.03	1.98	1.94	1.89	1.84	1.79	1.73
25	2.24	2.09	2.01	1.96	1.92	1.87	1.82	1.77	1.71
26	2.22	2.07	1.99	1.95	1.90	1.85	1.80	1.75	1.69
27	2.20	2.06	1.97	1.93	1.88	1.84	1.79	1.73	1.67
28	2.19	2.04	1.96	1.91	1.87	1.82	1.77	1.71	1.65
29	2.18	2.03	1.94	1.90	1.85	1.81	1.75	1.70	1.64
30	2.16	2.01	1.93	1.89	1.84	1.79	1.74	1.68	1.62
40	2.08	1.92	1.84	1.79	1.74	1.69	1.64	1.58	1.51
60	1.99	1.84	1.75	1.70	1.65	1.59	1.53	1.47	1.39
120	1.91	1.75	1.66	1.61	1.55	1.50	1.43	1.35	1.25
∞	1.83	1.67	1.57	1.52	1.46	1.39	1.31	1.22	1.00

$\alpha = 0.10$

ν_2	ν_1 1	2	3	4	5	6	7	8	9
1	39.86	49.50	53.59	55.83	57.24	58.20	58.91	59.44	59/86
2	8.53	9.00	9.16	9.24	9.29	9.33	9.35	9.37	9.38
3	5.54	5.46	5.39	5.34	5.31	5.28	5.27	5.25	5.24
4	4.54	4.32	4.19	4.11	4.05	4.01	3.98	3.95	3.94
5	4.06	3.78	3.62	3.52	3.45	3.40	3.37	3.34	3.32
6	3.78	3.46	3.29	3.18	3.11	3.05	3.01	2.98	2.6
7	3.59	3.26	3.07	2.96	2.88	2.83	2.78	2.75	2.72
8	3.46	3.11	2.92	2.81	2.73	2.67	2.62	2.59	2.56
9	3.36	3.01	2.81	2.69	2.61	2.55	2.51	2.47	2.44
10	3.28	2.92	2.73	2.61	2.52	2.46	2.41	2.38	2.35
11	3.23	2.86	2.66	2.54	2.45	2.39	2.34	2.30	2.27
12	3.13	2.81	2.61	2.48	2.39	2.33	2.28	2.24	2.21
13	3.14	2.76	2.56	2.43	2.35	2.28	2.23	2.20	2.16
14	3.10	2.73	2.52	2.39	2.31	2.24	2.19	2.15	2.12
15	3.07	2.70	2.49	2.36	2.27	2.21	2.16	2.12	2.09
16	3.05	2.67	2.46	2.33	2.24	2.18	2.13	2.09	2.06
17	3.03	2.64	2.44	2.31	2.22	2.15	2.10	2.06	2.03
18	3.01	2.62	2.42	2.29	2.20	2.13	2.08	2.04	2.00
19	2.99	2.61	2.40	2.27	2.18	2.11	2.06	2.02	1.98
20	2.97	2.59	2.38	2.25	2.16	2.09	2.04	2.00	1.96
21	2.96	2.57	2.36	2.23	2.14	2.08	2.02	1.98	1.95
22	2.95	2.56	2.35	2.22	2.13	2.06	2.01	1.97	1.93
23	2.94	2.55	2.34	2.21	2.11	2.05	1.99	1.95	1.92
24	2.93	2.54	2.33	2.19	2.10	2.04	1.98	1.94	1.91
25	2.92	2.53	2.32	2.18	2.09	2.02	1.97	1.93	1.89
26	2.91	2.52	2.31	2.17	2.08	2.01	1.96	1.92	1.88
27	2.90	2.51	2.30	2.17	2.07	2.00	1.95	1.91	1.87
28	2.89	2.50	2.29	2.16	2.06	2.00	1.94	1.90	1.87
29	2.89	2.50	2.28	2.15	2.06	1.99	1.93	1.89	1.86
30	2.88	2.49	2.28	2.14	2.05	1.98	1.93	1.88	1.85
40	2.84	2.44	2.23	2.09	2.00	1.93	1.87	1.83	1.79
60	2.79	2.39	2.18	2.04	1.95	1.87	1.82	1.77	1.74
120	2.75	2.35	2.13	1.99	1.90	1.82	1.77	1.72	1.68
∞	2.71	2.30	2.08	1.94	1.85	1.77	1.72	1.67	1.63

$\alpha = 0.10$

ν_2	ν_1 10	12	15	20	24	30	40	60	120	∞
1	60.20	60.71	61.22	61.74	62.00	62.26	62.53	62.79	63.06	63.83
2	9.39	9.41	9.42	9.44	9.45	9.46	9.47	9.47	9.48	9.49
3	5.23	5.22	5.20	5.18	5.18	5.17	5.16	5.15	5.14	5.13
4	3.92	3.90	3.87	3.84	3.83	3.82	3.80	3.79	3.78	3.76
5	3.30	3.27	3.24	3.21	3.19	3.17	3.16	3.14	3.12	3.10
6	2.94	2.90	2.87	2.84	2.82	2.80	2.78	2.70	2.74	2.72
7	2.70	2.67	2.63	2.59	2.58	2.56	2.54	2.51	2.49	2.47
8	2.54	2.50	2.46	2.42	2.40	2.38	2.36	2.34	2.32	2.29
9	2.42	2.38	2.34	2.30	2.28	2.25	2.23	2.21	2.18	2.16
10	2.32	2.28	2.24	2.20	2.18	2.16	2.13	2.11	2.08	2.06
11	2.25	2.21	2.17	2.12	2.10	2.08	2.05	2.03	2.00	1.97
12	2.19	2.15	2.10	2.06	2.04	2.01	1.99	1.96	1.93	1.90
13	2.14	2.10	2.05	2.01	1.98	1.96	1.93	1.90	1.88	1.85
14	2.10	2.05	2.01	1.96	1.94	1.91	1.89	1.86	1.83	1.80
15	2.06	2.02	1.97	1.92	1.90	1.87	1.85	1.82	1.79	1.76
16	2.03	1.99	1.94	1.89	1.87	1.84	1.81	1.78	1.75	1.72
17	2.00	1.96	1.91	1.86	1.84	1.81	1.78	1.75	1.72	1.69
18	1.98	1.93	1.89	1.84	1.81	1.78	1.75	1.72	1.69	1.66
19	1.96	1.91	1.86	1.81	1.79	1.76	1.73	1.70	1.67	1.63
20	1.94	1.89	1.84	1.79	1.77	1.74	1.71	1.68	1.64	1.61
21	1.92	1.88	1.83	1.78	1.75	1.72	1.69	1.66	1.62	1.59
22	1.90	1.86	1.81	1.76	1.73	1.70	1.67	1.64	1.60	1.57
23	1.89	1.84	1.80	1.74	1.72	1.69	1.66	1.62	1.59	1.55
24	1.88	1.83	1.78	1.73	1.70	1.67	1.64	1.61	1.57	1.53
25	1.87	1.82	1.77	1.72	1.69	1.66	1.63	1.59	1.56	1.52
26	1.86	1.81	1.76	1.71	1.68	1.65	1.61	1.58	1.54	1.50
27	1.85	1.80	1.75	1.70	1.67	1.64	1.60	1.57	1.53	1.49
28	1.84	1.79	1.74	1.69	1.66	1.63	1.59	1.56	1.52	1.48
29	1.83	1.78	1.73	1.68	1.65	1.62	1.58	1.55	1.51	1.47
30	1.82	1.77	1.72	1.67	1.64	1.61	1.57	1.54	1.50	1.49
40	1.76	1.71	1.66	1.61	1.57	1.54	1.51	1.47	1.42	1.38
60	1.71	1.66	1.60	1.54	1.51	1.48	1.44	1.40	1.35	1.29
120	1.65	1.60	1.54	1.48	1.45	1.41	1.37	1.32	1.26	1.19
∞	1.60	1.55	1.49	1.42	1.38	1.34	1.30	1.24	1.17	1.00

박국흠

고려대학교 행정학박사
KIST 부설 시스템공학연구소 선임연구원
한국정책학회 상근이사
경기도 공무원시험 출제위원
국회 입법고시 출제위원
미국 University of Pittsburg Visiting Scholar
한경대학교 기획처장
현 한경대학교 행정학과 교수

엑셀을 활용한

계량행정

펴낸날 제1판 제1쇄 2017년 2월 20일
지은이 박국흠
펴낸이 임춘환
펴낸곳 도서출판 대영문화사
주소 서울특별시 용산구 청파로 61길 5(청파동 1가) 제일빌딩 2층
등록 1975년 12월 26일 제3-16호
전화 (02)716-3883, (02)714-3062
팩스 (02)703-3839
홈페이지 http://www.dymbook.co.kr

ISBN 978-89-7644-578-0
값 15,000원